本书受内蒙古自治区高等学校青年科技英才支持计划、
教育厅科学基金项目（NJSY19086）、2021年度内蒙古自治区哲学社会科学规划项目专项课题资助

平衡计分卡、企业员工薪酬与企业价值

——以我国煤炭企业数据为例

张学慧◎著

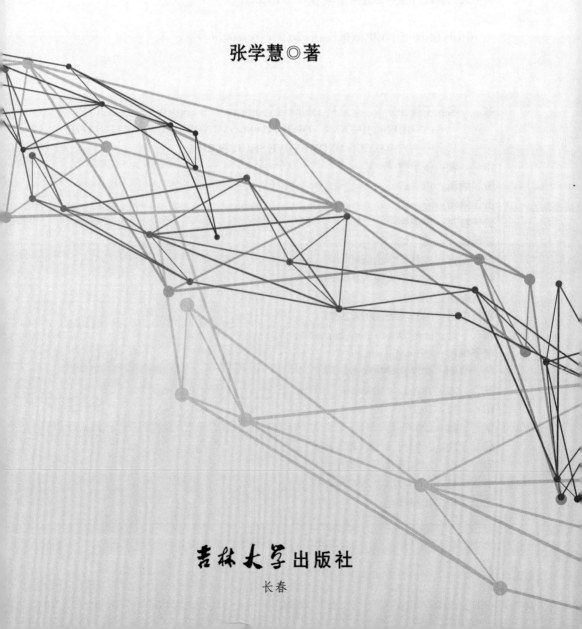

吉林大学出版社

长春

图书在版编目（CIP）数据

平衡计分卡、企业员工薪酬与企业价值：以我国煤炭企业数据为例 / 张学慧著 . -- 长春：吉林大学出版社，2021.8

ISBN 978-7-5692-8757-8

Ⅰ．①平… Ⅱ．①张… Ⅲ．①煤炭企业－工业企业管理－人力资源管理－研究－中国 Ⅳ．① F426.21

中国版本图书馆 CIP 数据核字（2021）第 180078 号

书　　名：平衡计分卡、企业员工薪酬与企业价值——以我国煤炭企业数据为例
　　　　　 PINGHENG JIFENKA、QIYE YUANGONG XINCHOU YU QIYE JIAZHI
　　　　　 ——YI WO GUO MEITAN QIYE SHUJU WEI LI
作　　者：张学慧 著
策划编辑：卢　婵
责任编辑：陈　曦
责任校对：田茂生
装帧设计：黄　灿
出版发行：吉林大学出版社
社　　址：长春市人民大街 4059 号
邮政编码：130021
发行电话：0431-89580028/29/21
网　　址：http://www.jlup.com.cn
电子邮箱：jdcbs@jlu.edu.cn
印　　刷：武汉鑫佳捷印务有限公司
开　　本：787mm×1092mm　　1/16
印　　张：16.75
字　　数：220 千字
版　　次：2021 年 8 月　第 1 版
印　　次：2021 年 8 月　第 1 次
书　　号：ISBN 978-7-5692-8757-8
定　　价：108.00 元

前　言

在全球化进程中，信息技术飞速发展，企业或组织要取得技术与产品上的竞争优势相对容易，因而在众多行业中，技术与产品上的差异不再是关键的竞争优势。绩效管理大师 James Kelley 指出："技术可以助你一臂之力，但并不能保证一家公司劳动力的效能或效率。"

那么，是什么让有些企业比其他企业更成功？当下的关键竞争优势到底是什么？答案是"人"。企业拥有思想积极并且工作优秀的员工，能够给顾客提供出色的服务，即使所提供的产品与竞争者相似，依旧可以在竞争中脱颖而出，赢得竞争优势。因为，顾客往往期望及时并精准地获得所需的商品或服务，拥有优秀的员工是保障上述事件发生的重要动因，是企业创造永续竞争优势的源泉。而绩效评价制度是将员工的才能转化为企业优势的关键工具。

绩效评价制度一直是企业或组织可持续成长与发展的核心制度之一。企业或组织的各种绩效评价制度，各国的理论演进及持续的实践跟进已经较为完善。然而，绩效评价理论与方法发生重大转折与进展的节点，首推

Kaplan 和 Norton 在 1992 年所提出的平衡计分卡理论及其后续的发展与实务应用。平衡计分卡问世后，经过二十多年持续的完善与实践推广，已从早期的绩效评价工具转而成为主要的战略管理工具与系统，近年来已发展成为完整的战略与运营管理平台。本书从回顾相关文献入手，以可持续发展理论、人本理论、委托代理理论等为理论支持，以某煤炭集团为案例企业，整合平衡计分卡绩效评价理论模型运用于案例企业员工薪酬激励中，实证检验了平衡计分卡绩效评价模型与企业价值的关系。

回顾平衡计分卡相关文献可以发现，平衡计分卡各个维度的绩效指标与员工薪酬以及企业价值之间缺乏系统的理论支持。基于此，本书将绩效评价的相关理论予以梳理，寻找出它们之间的逻辑机理及其路径依赖，并以可持续发展理论、人本理论与委托代理理论为理论基础，整合出平衡计分卡绩效评价模型。同时，对整合的理论模型予以实证检验和实际运用。

根据整合的理论模型，首先是以某煤炭集团为案例企业，检验平衡计分卡四个维度绩效指标对某煤炭集团员工薪酬激励的影响。其次，以煤炭行业上市公司的数据实证检验平衡计分卡四个维度绩效指标对煤炭行业上市公司企业价值的影响。相关研究结论如下。

（1）平衡计分卡绩效评价模型实施与员工薪酬激励。以某煤炭集团为案例的研究结果显示：首先，从全样本期间（2016 年 1 月—2018 年 3 月）的实证结果来看，针对某煤炭集团"五型"绩效指标与不同挂钩程度的员工薪酬人均影响值而言，在具有显著解释变量个数方面，挂钩程度越高的被解释变量，其显著性越高，这一实证结果对管理层的实际意义是想得到什么，即去衡量并挂钩什么。就组织而言，"What you measure is what you get."通过绩效评价会影响员工行为，进而影响组织绩效。其次，更改样本期间后的（2016 年 1 月—2016 年 12 月，2017 年 1 月—2018 年

3月）子样本中，变量显著的个数及显著性方面比全期间样本回归结果略弱，因此时间也是影响解释变量的潜在因素。最后，"五型"绩效指标对各矿井员工薪酬的影响主要是在员工薪酬的差异值，而非水平值。员工薪酬的水平值与矿井开采月数具有较显著的正向关系，意味着时间是影响员工薪酬水平值的重要因素。

以某煤炭集团为案例研究的结果表明：平衡计分卡各维度绩效指标显著正向影响企业员工薪酬，也即平衡计分卡各维度绩效指标能有效激励企业员工，支持了人本理论的思想。在提供员工所需要的薪酬的同时，加强各绩效指标的实施与考核，可实现员工与企业双赢。需要指出的是，本书平衡计分卡各维度指标对员工薪酬的影响，主要强调的是对人均薪酬的影响值，而非水平值，这是现有文献极少提及的甚至忽略的。

（2）平衡计分卡绩效评价模型与企业价值。以我国煤炭行业上市公司的数据为依据，分别对股价和股票报酬率予以实证的结果表明：首先，在股价与平衡计分卡各维度绩效指标回归结果中，无论是全体样本还是不同期间样本，考虑企业是否纳入中国500强及企业年龄等因素后，财务维度绩效指标系数均显著为正，顾客维度也显著为正，以支持本书的研究假设。学习成长指标中的企业年龄显著为负，不支持本书的研究假设。人力资本指数在企业"年龄"大于16年的子样本中显著为负，两个流程效率指标（固定规模报酬效率和变动规模效率）均不显著。

其次，股票报酬率对平衡计分卡各维度绩效指标的回归结果显示，无论是全体样本还是不同次期间样本、是否纳入中国500强及不同的成立年数等，财务维度指标中的每股股东权益账面值显著为正。然而，每股超额盈余则仅在成立年数大于16年的子样本中才具有显著性，但系数影响方向与预期相反。

其他影响我国煤炭行业上市公司股票报酬率的解释变量大多显著为正，如学习成长指标中的公司成立年数，然而，在2014—2017年的子样本中，人力资本指数与两个流程效率指标（固定规模报酬效率和变动规模效率）均为显著的负相关关系，此与预期不符，原因有待进一步探究。

比较煤炭集团的实证检验结果与某案例研究发现，平衡计分卡各维度绩效指标与表示企业价值的两个衡量指标股价和股票报酬率的实证结果较为多元。与股价连接时，财务与顾客维度均具有显著正向的影响，支持本书的研究假设。学习成长维度的影响则显著为负，流程效率维度的影响不显著；与股票报酬率连接时，其显著性略有不同，财务维度虽仍显著为正，但显著性降低，支持本书的研究假设；学习成长维度指标中的公司成立年数，大多数具有显著为正向的影响，支持本书的研究假设；两个流程效率指标则在特定的子样本（2014—2017年）中显著为负，不支持本书的研究假设，至于顾客维度绩效则不显著。

本书是第一本采用理论与实际相结合的方法研究平衡计分卡的文献，首次以煤炭行业上市公司大样本数据来验证平衡计分卡各绩效维度与企业价值之间的关系，尽管部分结论与预期不符的结果有待未来进一步厘清，但本书的研究结论可为未来平衡计分卡在大样本研究方面的运用初步提供有益参考。本书的研究创新主要体现在以下五个方面。

第一，整合平衡计分卡与员工薪酬及企业价值关系的理论基础。现有实证文献并未针对平衡计分卡与员工薪酬及企业价值间关系提供完整的核心理论及数理理论基础，本书以整合的方式将可持续发展理论、人本理论及委托代理理论纳入平衡计分卡的基础与核心理论，通过整理数理理论的相关经典文献，界定平衡计分卡各维度与员工薪酬及企业价值间的关系，提供数理理论的基础，并作为形成本书研究假设的依据。

第二，以中国上市公司为案例企业。现有有关平衡计分卡文献中的案例研究，案例绝大多来自欧洲与北美洲地区，鲜有其他地理位置的企业被纳入研究。从案例行业选择上，虽有矿业类公司，但并无煤炭行业公司。从案例的规模来看，现有文献中的研究案例以中小型企业为主，少有大型或国际型的企业案例研究。本书选择我国规模最大的煤炭集团，地点位于亚洲，故在实证案例选择上具有代表性及创新性。

第三，采用大样本数据开展实证研究。平衡计分卡的实证文献主要局限在个别案例企业，以大样本的方式对平衡计分卡各维度与企业价值间实证关系的探讨鲜见。本书以大样本方式实证研究了平衡计分卡各维度的绩效指标、企业的股价与股票报酬率间的关联性，进一步丰富与完善了平衡计分卡相关文献。

第四，采用实证研究方法而非传统的案例研究等方法。现有文献多采用访谈和案例研究，研究方法上过于同质化，且极少使用较长样本期间的次级数据来分析。本书采用案例企业内部的中长期间面板数据进行分析，将时间的动态信息纳入回归系数的估计，系数估计结果更具可信度及有用性。实证研究结果进一步丰富了平衡计分卡的内涵与外延，对未来的实证研究与理论文献具有一定的启示意义。

第五，聚焦企业的事后管控与评估。现有文献大多关注在事前的计划与决策阶段，至于事后的控制与评估阶段则很少触及，这意味着平衡计分卡的研究结果对企业或组织的影响记录不足。本书除了对案例企业事前的规划与决策进行了一定梳理，更多将研究焦点放在事后的控制与评估上，研究焦点的转移填补了现有案例企业文献的不足。

本书的出版得到了内蒙古供给侧结构性改革与创新发展研究基地的资助。在本书的编写过程中得到了内蒙古工业大学长青教授、文宗川教授的指点；中南财经政法大学罗飞教授、汤湘希教授审阅了全书，提出了宝贵的修改意见。同时，吉林大学出版社的各位领导和编辑也对书稿中存在的问题及时予以指正，他们的有力支持使得书稿质量不断提升。内蒙古工业大学经济与管理学院董菊萍同学、毕茜同学、曹东鑫同学参与了本书部分内容的撰写工作；毕茜同学和曹东鑫同学同时参与了本书文字核对工作。在此，一并由衷地感谢以上专家学者、出版社以及学生。

张学慧

2021 年 7 月于青城

目　录

目 录

导　论

一、研究背景与研究意义

（一）研究背景

绩效评价制度一直是企业或组织可持续成长与发展的核心制度之一，尽管经各国的理论演进及实践持续的跟进已经较为完善，但绩效评价理论与方法发生重大转折与进展的节点，首推 Kaplan 和 Norton 在 1992 年所提出的平衡计分卡理论及其后续的发展与实务应用。

平衡计分卡（balanced scorecard，BSC）是真正有效落实绩效评价制度的一套体系，其平衡（balance）的真正含义是指绩效评价的各个维度具有同样重要的地位，不能有所偏废。因为传统的绩效评价制度大多聚焦于财务维度，特别是基于财务报表的数据的评价。然而，这一评价制度早在20 世纪 80 年代就被诟病，因为财务报表的信息既来得太迟又太过笼统，使用不当会造成企业的短视行为，损害企业的长期利益。美国会计师协会（American Institute of Certified Public Accountants）早在 1994 年就建议财务报表应披露包括前瞻性的非财务信息，这些信息应反映智力资产（智慧资本）及社会责任的重要性的相关信息。

平衡计分卡所衡量的绩效，既包括财务指标，又包括非财务指标。除了财务维度外，还包括顾客维度、内部流程维度以及学习与成长维度。这四个维度彼此支持且相互推动，但财务维度仍然是最重要的维度，因为它代表了企业对股东及其利益相关者的责任。同时，若要达到较好的财务状态，企业必须服务好顾客，让顾客满意。而为了让顾客满意，则必须依赖内部流程的支持，包括创新产品、开拓市场、提升效率与质量等。所有上述维度的绩效实现，则又依赖人力资源与基础设施（含信息系统）的高度配合，因此，学习与成长的重要性也不容忽视。故在设计平衡计分卡时，必须考虑这四个维度间的互相依赖与互相支持的过程，以及相互平衡的关系。

平衡计分卡之所以平衡，除了平衡四个维度，响应股东期待、顾客需求、员工和睦以及员工成长外，在所设计的衡量指标中，有领先指标与落后指标，以及现实指标与长期战略使命之分。领先指标是显示落后指标可否达成的早期信号。若短期内领先指标达标率不佳，则落后指标将无法完成。相反地，若仅汲汲营营于领先指标的达成，则未必能达成企业的战略目标。例如，一家保险公司的战略目标为承保有利可图的业务，其现实指标为费用率与获利率，而其领先指标则为理赔频率与承保质量。若承保质量低、理赔频率高，则亏损率高，自然无法达成承保有利可图的业务目标。现实指标实际上就是平衡计分卡的成果衡量指标（outcome measures），而领先指标则是这些绩效的驱动因素，因此又称绩效驱动因素指标（performance drives）。

平衡计分卡的内涵不仅于此，它还是连接战略与行动的接口。许多公司高管对于企业的使命与战略了然于胸，但落实程度却不尽人意，因为尽管高管有很好的愿景，但无法很好地调动企业全部员工贯彻执行其美好愿景。另外，也有些公司的高管对其使命与愿景，或含糊其词，或无法形成共识，这样的企业即使采用一大堆的绩效指标，也不知道这些指标究竟要将整个企业或组织带到何处。平衡计分卡不仅平衡四个维度的绩效，更扮演着承前启后的中介角色。简言之，设计绩效指标时设计人员应扪心自问："导入这些指标，与企业的使命及战略目标关系如何？是否有助于战略的实施？"如果没有，则又是一次绩效指标的罗列而已，没有针对企业或组织的长处、不足、机会、挑战与使命加以设计。

借助平衡计分卡的设计，可迫使企业高层管理者澄清并诠释愿景与战略，沟通并连接战略目标与现实指标，规划与设定指标并校准战略行动方案以及加强战略性的回馈与学习。在此过程中，组织内的各个层级均有其计分卡，经理人有其计分卡，每位员工也均有其个人计分卡，卡片上记载不同层级人员的目标、成果衡量指标以及绩效驱动因素，虽然属于不同层级，彼此之间却互为因果，从而朝向整个组织的战略目标迈进。

Kaplan 和 Norton（2008）创新性提出的平衡计分卡理论，经过企业或组织近三十年的实践，已确认可针对性地解决企业或组织的战略与绩效评价不当的问题，历经多年持续的完善与实践推广后，平衡计分卡已从早期的绩效评价工具，转而成为主要的战略管理工具与系统，近年来已经发展成为完整的战略与运营管理平台。

从理论研究层面来看，Hoque（2013）系统性地阐述了近二十年来在全球重要期刊上发表的有关平衡计分卡的论文；Albertsen 和 Lueg（2014）选取了1992—2012年117篇有关平衡计分卡的实证论文进行研究后发现，平衡计分卡的实证文献在进行案例研究时，很少有非欧美地区的企业或组织被纳入。在案例企业的行业类别上，虽有矿业类公司，但并无煤炭行业公司。在案例企业的规模上，现有文献均以中小型企业为主，少有以大型或国际型的企业为研究对象。而大型企业无论业务与绩效评价体系均具有足够的复杂性，平衡计分卡能凸显其评价的有效性。另外，在管理阶段的研究上，过去实证文献大多将焦点置于决策或规划阶段，而忽略了控制与反馈阶段对企业或组织绩效的影响，然而控制与反馈阶段的探讨才足以累积案例企业的多期数据，扩大平衡计分卡体系在案例企业绩效评价影响的深广度。

除此之外，现有有关平衡计分卡的实证文献，一直欠缺数理模型的理论基础，来提供令人信服的研究假设。文献中大多对特定案例企业的内部单位或机构进行探讨，以大型公司大样本为对象实证研究平衡计分卡指标绩效与企业价值关联性的文献很少（Albertsen and Lueg，2014），使得平衡计分卡实证研究的边界受到局限，这明显体现了现有文献研究的不足，有待进一步研究。

鉴于此，本书以平衡计分卡的基本理论为基础，选取我国目前最大的现代化煤炭企业——某煤炭集团为案例企业，对于案例企业通过文献研究、案例研究和实证研究等方法验证平衡计分卡绩效指标、企业员工薪酬与企业价值的相关性，为平衡计分卡理论的进一步完善、在实践中进一步运用此方法评价企业绩效做出应有的理论贡献。

（二）研究意义

如前所述，针对现有研究的不足，本书对平衡计分卡理论基础进行了汇集整理，并对数理模型进行了整合，选择了更具代表性的实证案例，将实证对象延伸到公司层级，以及研究方法等各方面，希望能有新的学术贡献，其研究意义如下。

（1）汇集整理了平衡计分卡相关理论，并以此作为整合平衡计分卡数理模型的基础。由于现有平衡计分卡文献中并未强调理论基础，故本书分别汇集整理了人本理论、可持续发展理论及委托代理理论的内容作为平衡计分卡的理论基础，来作为后续发展数理模型以及形成研究假设的重要依据。

（2）整合与完善了平衡计分卡的数理模型。平衡计分卡的数理理论模型亦是现有平衡计分卡文献所欠缺的部分，这是形成本书研究假设的重要基础，故本书依据前述的理论基础，参考傅钟仁等（2015）所构建的无形资产价值创造的动态模型与傅钟仁（2004）所提出最能协助公司有效激励管理团队与员工的最适绩效评价与薪酬模型，将平衡计分卡的四个维度绩效指标加以整合，再以 Feltham 和 Ohlson（1995）设计的线性信息动态模型，构建整合式绩效评价与管控架构，说明如何将动态股权评价模型纳入最适绩效评价与薪酬模型中，以形成更为完整且适于动态环境的绩效评价与薪酬模型。本书整合的数理模型可为后续的案例研究，以及资本市场以上市公司的大样本数据进行实证研究提供基础，将平衡计分卡理论与方法在学术实证层面与实务层面紧密结合，进一步推动平衡计分卡方法在理论上的发展。

（3）选择具有代表性、典型性的案例企业进行案例研究，提供更具完整性的平衡计分卡与员工薪酬间关联性的实证证据。本书选择我国规模最大、现代化程度最高的某煤炭集团作为研究对象，采用案例研究方法，将某煤炭集团采用平衡计分卡方法进行绩效评价的实践进行总结，希望得出具有一定参考价值的案例结论，为平衡计分卡制度的进一步推广应用提供经验证据。本书作者曾多次深入某煤炭集团进行实地调研，并参与了某煤炭集团采用平衡计分卡制度以"员工薪酬"作为绩效评价指标来着力提升企业价值的研究课题。某煤炭集团多年成功的实践使其更具有代表性，研究结果也更具有参考性。另外现有实证文献大多聚焦研究企业的决策或规划等管理阶段，本书则专注在控制与回馈阶段，这是因为只有对控制与回馈阶段的探讨才足以累积案例的多期数据，扩大平衡计分卡制度在某煤炭集团绩效评价影响的深度及广度。尤其是以案例企业内部多期数据分析平衡计分卡四个维度的指标绩效对其矿井员工薪酬的影响更具研究价值。

（4）将实证样本扩大到以公司为层级的大样本，提供平衡计分卡制度下员工薪酬与企业价值关联性的实证证据。过去对平衡计分卡的实证研究，一直都是对特定案例企业的内部单位进行探讨，至于以公司为单位，讨论大样本层面的平衡计分卡指标绩效与企业价值关联性的文献很少（Albertsen and Lueg，2014），使得平衡计分卡实证的知识边界受到局限。据此，本书以我国煤炭行业上市公司为研究对象，采用平衡计分卡制度实证验证企业绩效与企业价值（股价与股票报酬率）的关联性，以填补已有文献研究的不足。

（5）综合多种研究方法来探讨平衡计分卡绩效指标、员工薪酬与企业价值的相关性。Hoque（2013）、Albertsen 和 Lueg（2014）在回顾了数百篇文献后发现，已有文献使用的研究方法均过于同质化，约75%以上的研究都采用访谈法和案例研究法，现有研究使用次级数据来佐证，使得实证研究受到一定程度的限制。Albertsen 和 Lueg（2014）特别指出，截至2014年，尚未见到以大样本来实证研究平衡计分卡相关问题的文献。

二、研究思路与研究方法

（一）研究思路

本书探讨了平衡计分卡指标、员工薪酬和企业价值的相关性。

第一，基于现有文献的不足，提出本书亟待回答的研究问题。

第二，在文献综述的基础上，对过去平衡计分卡实证文献的不足，包括案例研究与大样本实证研究的不足，确立可以扩展的内容，并作为本书的切入点。

第三，为平衡计分卡的实证研究提供理论基础，除了纳入可持续发展理论、人本理论与代理理论外，本书以整合的方式将平衡计分卡在财务、顾客、内部流程及员工学习与成长各维度的绩效指标与企业员工薪酬及企业价值间联系起来，为数理推导过程提供理论基础，并作为本书提出研究假设的基础。

第四，本书主要通过实证分析来检验本书提出的两个研究假设，包括检验平衡计分卡各绩效指标与煤炭行业具有代表性的案例企业各矿井员工薪酬（含影响值及水平值）和我国煤炭行业上市公司市场价值（含股价与股票报酬率）之间的关联性。

第五，基于案例研究和实证检验结果来提炼研究结论，并讨论对实务管理者与平衡计分卡实证文献的启示，提出未来值得进一步延伸的研究方向。

（二）研究方法

本书首先继续沿用现有文献使用的案例研究法，但研究样本来自我国大型煤炭企业。多年来，案例企业为追求成长、发展与积极转型，在公司内部各矿井实施以平衡计分卡制度为基础的员工薪酬绩效评价体系，并不断地改革与创新，已经形成相当完整的次级数据，除了公司内部长期追踪新制度实施成效外，也给本书提供了其他文献所无法获取的面板数据进行平衡计分卡绩效指标与各矿井员工薪酬关联性的分析，且将各绩效指标数值随时间变动因素纳入模型考虑，故所获得的实证结果将更具有用性及完整性。

其次，针对缺乏以平衡计分卡为基础的大规模样本的实证研究，本书特别选择在我国资本市场上市的煤炭行业上市公司 2011 年至 2017 年的数据，采取市场基础（market-based approach）的研究法进行分析，检验公司层次平衡计分卡各维度的绩效指标与企业价值（股价与股票报酬率）的关联性。综上所述，本书综合使用各种研究方法，相对于现有文献均有显著的突破与进展。

特别要说明的是，本书继续使用案例研究的方法是因为首先案例研究是社会科学中的一种经验探究，在真实的世界中探究案例当时的现象，特别是现象与脉络间联结不是很清楚的时候，运用技术性处理现场，依赖各种证据从中汇总，这是获取真相所不能疏忽之处。案例研究的特征大致可以归纳为七点（Merriam，1988；Yin，1994）：即特殊性、整体性、描述性、诠释性、启示性、归纳性及自然类推性。本书采用案例研究的理由是研究者不控制整个事件的发生，欲深入了解关于发生事件当时的过程（how）与原因（why）、研究具有的启示性（revelatory），希望研究结果为理论与实践提供参考。

三、研究目的与研究内容

本书所选择的案例企业属于亚洲地区，是我国规模最大、现代化程度最高的某 ×× 煤炭集团。且案例企业已经连续多年以平衡计分卡为基础构建其各矿井员工薪酬的绩效评价制体系，故在实证案例的选择上更具有代表性和典型性，研究结果在平衡计分卡的理论及管理实务上也更具有参考性。

另外，煤炭行业作为关系到国计民生的重要行业，其绩效的高低和企业价值的大小不仅直接关乎股东的利益，而且对其他利益相关者也具有重大影响。选择煤炭行业上市公司作为大样本实证的研究对象，探讨公司层次的平衡计分卡各维度对企业价值的影响，其实证结果更具有指导意义。

本书的研究主要目的在于探讨在平衡计分卡制度下，企业员工薪酬与企业价值的相关性，聚焦在企业事后控制与反馈等管理阶段，区别于现有实证文献多将焦点置于计划与决策阶段。而控制与评估阶段探讨才足以累积案例企业多期数据，扩大平衡计分卡体系在案例企业绩效评价影响的深广度。故本书以案例企业内部多期数据分析平衡计分卡四个维度的绩效指标对其矿井员工薪酬的和企业价值的影响。具体而言，主要有如下两大研究目的：

（1）实证验证平衡计分卡四个维度的指标绩效对案例企业矿井员工薪酬的影响；

（2）实证验证平衡计分卡四个维度的指标绩效对煤炭行业上市公司企业价值的影响。

本书由研究目的与研究内容所形成的总体分析框架，列示于图0-1中。

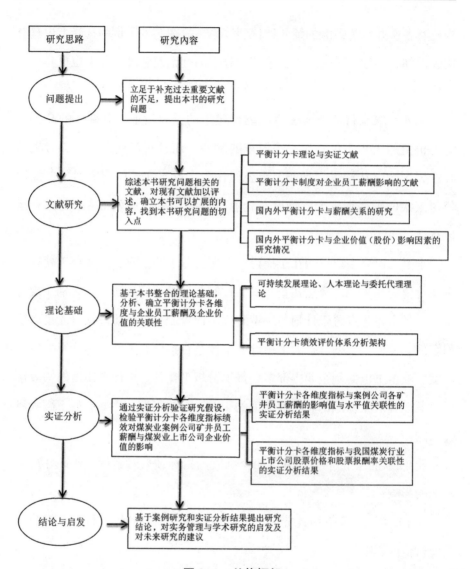

图 0-1　总体框架

四、本书的创新之处

通过对国内外研究动态的了解，可以比较完整地界定出本书相对于过去平衡计分卡实证文献的创新之处。

（1）在实证案例选择方面的创新：本书选择我国规模最大的煤炭集团，位于亚洲且属于煤炭行业的公司，故在实证案例的选择上除了具有代表性外，也非常具有创新性。

（2）在实证研究对象方面的创新：本书以我国煤炭行业上市公司为对象，以大样本方式实证其平衡计分卡各维度的绩效指标与企业的股价、股票报酬率间的关联性，以创新的实证对象选择增加平衡计分卡文献的丰富性与完整性，实证结果可将平衡计分卡的知识往前再延伸，有助于完善文献的完整性。

（3）在研究方法方面的创新：本书采取代表性案例内部的中长期间的次级数据库，用面板数据模型的计量方法进行分析，将时间的动态信息纳入回归系数的估计，将使得系数估计结果更具可信度及有用性。另外，本书针对煤炭行业上市公司的面板数据，采用市场基础的研究法进行探讨，所获得的实证结果可直接促使平衡计分卡的知识边界向外延伸，对未来的实证研究与理论文献具有一定的启示意义。

（4）在管理阶段方面的创新：本书除了对案例企业事前的计划与决策进行了一定的了解外，将研究焦点直接聚集在事后的控制与评估上，对案例企业以平衡计分卡为基础的绩效评价制度，实证其绩效指标对其员工薪酬的影响，这一具有创新性的研究焦点与实证证据填补了现有文献的不足。

（5）在整合平衡计分卡与员工薪酬及企业价值关系理论基础方面的

创新：本书以整合的方式将人本理论及委托代理理论纳入平衡计分卡的核心理论，并整理多篇数理理论的论文，分别为平衡计分卡各维度与员工薪酬，及平衡计分卡各维度与企业价值间关系的界定提供数理理论的基础，并作为形成本书研究假设的依据。

第一章　文献综述

绩效评价（performance appraisal）亦称业绩评价，系企业或组织对员工定期的努力成果加以评估的过程。员工考核绩效评价是一种正式的员工评估制度，它是通过系统的方法、原理来评定和测量员工在职务上的工作行为和工作成果。绩效评价是企业管理者与员工之间的一项管理沟通活动，绩效评价的结果可以直接影响到薪酬调整、奖金发放及职务升降等诸多员工的切身利益（Kaplan and Norton，1992）。

绩效评价是一项很复杂的工作，要提高评估工作的质量，达到预期的效果，应坚持以下原则：客观性原则，评估方法可行性原则，评估经常化、制度化原则，多层次评估原则以及反馈原则。在前述原则下，现有许多绩效评估制度为企业所使用，其中尤以平衡计分卡（balanced scorecard，BSC）最为风行。

在过去的近三十年中，Kaplan 和 Norton（1992）提出的平衡计分卡引起了研究人员、企业和组织的极大兴趣（Hoque，2013）。平衡计分卡作为一种绩效评价系统，它建立在财务和非财务指标融合的基础上，确保组织能够衡量、管理和评价员工的成功。平衡计分卡最突出的特点之一是它能够"将战略转化为行动"。达成这种战略一致性的第一步即是战略地图，其阐明了组织中假设的因果链。

其次，平衡计分卡在财务和各种非财务维度确定一组相关且全面的领先和落后的关键绩效指标（KPI），例如：财务、客户、流程和学习（Atkinson et al.，2011）。最重要的是，Kaplan 和 Norton（1996a：217）强调，只有在（非）财务视角有与组织的激励制度相连接时，任何形式的绩效管理系统（performance measurement system，PMS）才可被称为真正意义上的"BSC"。

然而，将绩效管理系统（PSM）与薪酬进行连接仍然是企业或组织尚未解决的问题。Hoque（2013：14）在对平衡计分卡的114篇经验研究的论文进行全面回顾后强调，虽然许多文献都强调了平衡计分卡对企业或组织的有效性，但对于如何使用平衡计分卡指标来考虑对代理人（和员工）的影响则较少。

由于本书是探讨平衡计分卡绩效指标对员工薪酬及股票价格的影响，故本书主要梳理国内外有关平衡计分卡与员工薪酬和股票价格关联性的相关文献。

第一节　平衡计分卡理论与实证文献

一、理论背景

20世纪50年代以来，非财务指标业绩评价体系开始在公司中得到关注。随着经济的发展到20世纪80年代，众多管理层发现了在企业竞争中产品质量的重要性，认为将产品质量作为企业自身的战略导向，将有助于企业在市场竞争中占据有利地位。80年代后期，全面质量管理运动进行得如火如荼，再加上美国等发达国家的推动，质量管理指标已成为评价一个企业业绩的重要指标之一。到了 20 世纪 90 年代，评价一个企业业绩的指标开始由质量指标渐渐地变成以客户为导向的评价指标，企业不再是仅仅关注企业内部产品的管理，而是发展到一个新阶段，开始重视消费者的诉求，以消费者为导向成为质量管理的必然走向。20 世纪 90 年代末，我国信息化经济开始兴起，逐渐成为企业以及社会大众关注的重点，单一的财务评价指标已经不适应社会经济的发展，在企业中很难全面地评价一个企业的业绩，尤其是那些随着信息化经济兴起的一些高新技术企业和网络服务型企业。为了全面衡量一个企业的业绩情况，平衡计分卡应运而生。

　　平衡计分卡的出现，不仅在美国等发达国家引起人们的重视，同时也引起了发展中国家的极大关注。近年来，亚太地区的经济快速发展，越来越多的企业开始重视平衡计分卡的应用。近年来，我国经济发展与世界上其他国家的贸易往来交往越来越密切，在世界经济大舞台上占据重要地位。伴随着跨国企业的逐渐增多，我国企业采用的传统以财务指标为主的企业业绩评价体系已经不适应当前的企业的经营，为了与国际经济相匹配，适应国际化的经营管理需要以及增强我国跨国企业的国际竞争力，我国一些企业开始引进平衡计分卡。企业之所以愿意引进平衡计分卡原因之一是其能够帮助企业有效地实施和贯彻企业的战略，解决企业战略设计与企业战略实施脱节的问题，综合考虑企业各个部门的实际情况制定适合企业发展的战略，再将制定的战略一层一层地细化到每个部门以及每个员工，以帮助企业在竞争中取得优势。另一个主要原因是平衡计分卡这一评价体系能够更加全面合理有效地评估企业的业绩。平衡计分卡是依据公司实际设立的指标评价体系，并且会随着企业内外部环境变化不断调整，使其与企业实际发展相符。除此之外，引进平衡计分卡提高了企业管理效率，企业除了通过以前传统的财务指标进行评价外，还更多地通过其他非财务维度对企业业绩进行评价，将那些对企业发展有重大影响的因素直接地选取出来，忽略剩余的无关紧要的因素，大大节省了企业管理者的时间和精力。

为厘清绩效管理系统与平衡计分卡的关系，以利于后续的分析，本书依循 Albertsen 和 Lueg（2014）及 Speckbacher 等（2003）所使用的分类方法，提出了三种相互补充的平衡计分卡类型，阐述如下：

首先，Ⅰ型平衡计分卡是最低标准的平衡计分卡（Speckbacher et al.，2003），它描述了第一种绩效管理系统（PSM），此方法不仅依赖于财务KPI（财务角度），还依赖于相关的非财务 KPI。这些非财务维度与客户、内部流程以及学习和成长有关；这些维度须适当添加或删除（Kaplan and Norton，1996a）。Ⅰ型平衡计分卡是一种不仅考虑实体资产而且考虑无形资产的衡量系统，比传统的绩效管理系统（PSM）具有更多的维度。由于平衡计分卡包括战略性、定性（质化）的 KPI，因此它是一种非线性、非可加性的会计模型。这使平衡计分卡与大多数其他绩效管理系统（PSM）区别开来（Kaplan and Norton，2001d；Malmi，2001）。

其次，Ⅱ型平衡计分卡基于上述最低要求外，还包括了所选维度下战略目标间的因果关系，称之为"战略地图"。因此，类型Ⅱ优于类型Ⅰ。与战略连接的因果关系，将Ⅱ型平衡计分卡与许多其他绩效管理系统（PSM）区分开来，形成价值管理的价值动因树（VBM）（Jensen，2010；Kaplan 和 Norton，2001b；Norreklit，2000）。当然，Ⅱ型平衡计分卡仍然是衡量和决策的描述性绩效管理系统（PSM），不会影响大多数组织参与者。它代表了"等待我们学习"的方法，其释放出的信息是Ⅱ型平衡计分卡，不是作业性的绩效管理系统（PSM）（Epstein and Manzoni，1998；Speckbacher et al.，2003）。

最后，Ⅲ型平衡计分卡从评价系统扩展到实施控制的管理系统（Speckbacher et al.，2003），它建立在Ⅱ型平衡计分卡的基础上，具有"平衡（涉及所有角度）"连接到薪酬的战略目标作为衡量指标（Kaplan and Norton，1996a）。根据 Kaplan 和 Norton（1996c）的观点，只有Ⅲ型平衡计分卡才是完整的平衡计分卡。因为任何平衡计分卡最终都需要与每个相关组织参与者的薪酬相关联（Dilla and Steinbart，2005；Kaplan and Norton，1996a，1996c，2001b，2006）。管理者必须为每个平衡计分卡的各维度选择 KPI，并为目标分配权重以实现平衡（Kaplan and Norton，1996a，2001b）。Kaplan 和 Norton（1996a）认为，一些企业或者组织可能"希望在明确与薪酬连接前获得管理平衡计分卡的一些经验"。然而，除非最终将奖励与惩罚指标与公司的平衡计分卡的平衡目标、衡量标准和目标相结合（显性或隐性的），否则企业或组织将无法使用平衡计分卡作为其核心的管理系统。

对于平衡计分卡的应用应该以具体的某个企业的整体情况为出发点，需遵循以下原则：一是以战略导向为原则，在设计平衡计分卡时，应考虑企业的长远发展，着眼于大局，不能只顾眼前的利益追求短期效益。先制定长期的战略目标，再将其层层分解和细化为各个时期的短期目标，最后再具体落实到各个部门以及员工，这样才有利于企业的可持续发展，提升企业的整体竞争力。二是综合性原则，身处信息化和数字化时代，企业机遇与挑战并存。企业的内外环境不断变化，对企业的综合能力提出了要求，因此在应用平衡计分卡时，要综合地考虑企业所处环境。最后是可实施性，在引进平衡计分卡时，要从企业实际情况出发，实事求是，考虑到平衡计分卡是否可操作，是否可以落地。如果不能在企业进行操作和实行，再完美的设计也只是一张白纸而已，因此应该全面综合考虑平衡计分卡的实用性和适用性。

二、权威学术期刊有关平衡计分卡发展情况文献梳理

1992 年 在 *The Balanced Scorecard—Measures That Drive Performance* 一书中，将平衡计分卡首次展现在大众的视野中。Robert Kaplan 和 David Norton 在该书中提出了新的观点，与传统观点进行了一次大的碰撞。他们认为管理是一项异常复杂的活动，作为企业的职业经理人必须要从多个角度考虑企业的业绩。他们提出了应该从四个维度去评价一个企业的业绩，且这四个维度存在着一种内在的逻辑关系，互为补充。进一步通过企业经营活动实践，Kaplan 和 Norton 发现平衡计分卡与企业战略有所联系，进一步研究了平衡计分卡和企业战略的关系，推动企业战略的实施。此后，Kaplan 和 Norton 又陆续发表了关于平衡计分卡的著作，指导平衡计分卡在企业中如何运用，提出了平衡计分卡执行的原则以及要求，对于企业战略则提出了两个新名词"战略地图"和"战略准备度"。简单来说，战略地图就是描绘企业战略的一个地图，将企业战略制定为长期战略、中期战略、短期战略并明确地描绘出来。而战略准备度就是为制定企业战略做的准备。随着平衡计分卡体系的不断完善和发展，不仅仅是美国企业选择使用平衡计分卡，其更是得到亚洲甚至全球企业的青睐。

Albertsen 和 Lueg（2014）、Hoque（2014）回顾、整理了全球权威学术期刊有关平衡计分卡的文献，除了解平衡计分卡理论研究及实证分析的情况外，也为未来的研究方向提供了重要指引。本书则将有关平衡计分卡在组织的绩效管理与薪酬应用的实证研究文献补充至 2018 年，整理如下。

在详细分析之前，本书说明了平衡计分卡随时间推移的实证出版的形态，并呈现出由平衡计分卡发明者 Kaplan 和 Norton 撰写的理论文献以及

发展态势。图 1-1 中的黑色柱状部分描绘了 33 项实证研究的结果，这些研究展示了 1992 年至 2018 年间的平衡计分卡与薪酬连接文献篇数，黑柱上方的白色部分显示了表示剩余的 95 项实证研究。平衡计分卡薪酬研究和其他平衡计分卡研究的相对频率也基本类似。

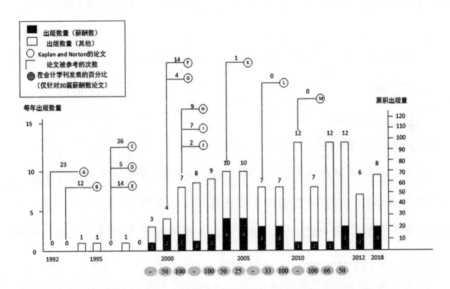

图 1-1 权威性期刊中在 2012—2018 年间平衡计分卡论文出版的频率

来源：30 篇关于薪酬的实证文章引用了 Kaplan 和 Norton 的文献（以连接线上的数字表示，即使没有被引用，也会显示主要书籍）：① Kaplan and Norton（1992），"The Balanced Scorecard–Measures that drvive perfourmance"，23 times cited；② Kaplan and Norton（1993b），"Putting the Balanced Scorecard to work"，12 times cited；③ Kaplan and Norton（1996a），"The Balanced Scorecard：Translating strategy into action"，26 times cited；④ Kaplan and Norton（1996b），"Linking the Balanced Scorecard to strategy"，5 times cited；⑤ Kaplan and Norton（1996c），"Using the Balanced Scorecard as a strategic management system"，14 times cited；⑥ Kaplan and Norton（2000b），"The strategy focused organization"，14 times cited；⑦ Kaplan and Norton（2000a），"Having trouble with your strategy–Then map it"，4 times cited；⑧ Kaplan and Norton（2001c），"Transforming the Balanced Scorecard from performance measurement to strategic management：part Ⅰ"，9 times cited；⑨ Kaplan and Norton（2001d），"Transforming the Balanced Scorecard from performance measurement to strategic management：part Ⅱ"，7 times cited；⑩ Kaplan and Norton（2000a），"Leading change with the Balanced Scorecard"，2 times cited；⑪ Kaplan and Norton（2004），"Strategy maps"，

1 time cited； ⑫ Kaplan and Norton（2006）， "Alignment: Using the Balanced Scorecard to create corporate synergies"， 0 time cited； ⑬ Kaplan and Norton（2008）， "The execution premium: Linking strategy to operations for competitive advantage"， 0 time cited.

从图 1-1 可知，关于平衡计分卡的实证研究首次出现在 1994 年，关于平衡计分卡薪酬的第一项研究直到 1999 年才出现（Mooraj et al.，1999）。截至 2012 年，实证研究文献累计达 117 篇，其后仍然持续有相关论文发表，至于是否符合 Albertsen 和 Lueg（2014）的筛选标准，本书不再详述。截至 2018 年，多年来在会计期刊上发表的关于平衡计分卡及薪酬的研究文献总计 30 篇。因此，与许多其他企业管理领域相比，平衡计分卡是会计研究的热门主题之一。

对平衡计分卡 – 薪酬主题发表的非会计期刊主要属于作业管理领域。因为平衡计分卡的内容将在营销（顾客视角）、人力资源或创新（学习和成长视角）及战略和一般管理（战略地图）中得到更多应用。特别是会计领域和作业管理领域。

图中的气泡表示 Kaplan 和 Norton 的规范性平衡计分卡出版物的出版年代。在连接点上显示了 33 篇关于平衡计分卡 – 薪酬这些规范性论文实证研究中的参考次数。举例而言：气泡 C 代表 Kaplan 和 Norton（1996a）的出版物《平衡计分卡：将战略转化为行动》，于 1996 年出版，在 30 项相关研究中有 26 次提到了这篇论文。

两篇最早发表的作品（Kaplan and Norton，1992，1996a）被引用次数最多的分别为 23 次和 26 次。Kaplan 和 Norton 后来对原始的平衡计分卡系统做了重要的扩展，例如将平衡计分卡与战略连接（Kaplan and Norton，2004），与薪酬连接（Kaplan and Norton，2006）或与管理综合效率连接（Kaplan and Norton，2008），与薪酬及管理综合效率连接的文献目前没有被引用过。

本书还发现，近年来的研究仍然还在关注 Kaplan 和 Norton 提出的平衡计分卡的基本概念和基本理论研究（1992，1996a）。例如，2006 年的 *Alignment:Using the Balanced Scorecard to Create Corporate Synergies*（气泡 L）一书特别提及薪酬与平衡计分卡。这一观察符合 Kaplan（2012：540）的观点，即平衡计分卡仍被视为评价系统而非管理系统。最近的研究可能复制了早期研究中的引用模式，这些研究涉及 Kaplan 和 Norton 的早期作品，但无论如何，实证文献似乎忽略了规范性文献中最近的发展。

三、已有研究的归纳与启示

受 Gosselin（2007）的启示，本书记录了图 1-2 中的地理位置和部门，以及表 1-1 中的组织规模和行业。本书将 30 篇平衡计分卡 - 薪酬的研究与其他 87 篇实证研究进行对比，检验一般情况中可能存在的差异。至于研究组织的地理位置，30 篇关于平衡计分卡与薪酬的研究大多数是在欧洲（43%）和北美（40%）进行的。除 Lee 和 Lai（2007）的研究外，与其他 87 篇实证研究相比，亚洲关于薪酬与平衡计分卡关系的研究并不多见。

前述各研究通常只关注单一国家，研究样本地理位置在北美。此外，Chan（2004）对美国和加拿大的公共城市进行了这项研究。在欧洲，Speckbacher 等（2003）对德语国家（奥地利、德国和瑞士）进行了研究；Kald 和 Nilsson（2000）调查了几个北欧国家（丹麦、瑞典、挪威和芬兰），但没有对主要地理区域之间的国家进行研究和比较，例如美国、英国或澳大利亚。

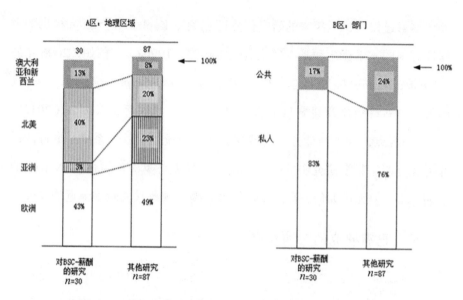

图1-2 实证研究的样本所属地理区域及组织规模与类型

至于研究组织的规模和类型，大约一半的平衡计分卡–薪酬研究主要聚焦中小企业（有13篇研究）或较小的地方/市政府（总共4篇）。这30篇论文中主要描述了10个大型组织和4个跨国组织（根据研究作者的描述）。因为绝大多数研究将在大型跨国组织中进行，基于绩效管理系统（PSM）的复杂性通常会随着企业或组织规模的增加而增加（Chenhall，2003）。

Speckbacher等（2003）发现，较大的组织表现出更高的平衡计分卡复杂性（Ⅲ型平衡计分卡）；来自Kaplan和Norton的研究数据也主要来自大型或跨国组织（Kaplan and Norton，1996a，2001b，2006，2008）。对于已有研究对象聚焦于相对较小组织的原因，本书认为是基于中小组织样本获取便利性的考虑。然而，这种选择可能会有问题，因为Kaplan和Norton的规范性观点是建立在大型或跨国组织之上的。

表 1-1 实证研究样本的组织规模与产业类别

	薪酬研究 /%		其他研究 /%	
组织规模与类型				
中小企业（私人）	13	43	34	39
大型组织（私人）	10	33	27	31
国际组织	4	13	7	8
医院与高校	1	3	10	11
地方政府（公共部门）	2	7	8	9
市政府（公共部门）	2	7	2	2
总计（非直接加总，按多个可能成分相加）	30	—	87	—
行业				
建筑	1	3	4	5
制造	28	93	37	43
电信	8	27	6	7
零售	8	27	17	20
金融	8	27	8	9
服务业	6	20	17	20
公共管理	4	13	12	14
其他	0	0	5	6
总计（非直接加总，按多个可能成分相加）	30	—	87	—

此外，Rompho（2011）认为，由于"频繁的战略变革"，平衡计分卡容易在中小企业应用失效。有关中小企业平衡计分卡的"非正常"案例研究，是"标准"知识体系非常理想的补充，但不得不承认，这种"标准"知识体系可能尚不存在。

再来看有关行业的组织，可见平衡计分卡已被私营和公共部门广泛采用和研究。在 30 篇研究中，私营部门的研究占 83%，这一百分比与 87 篇不涉及平衡计分卡薪酬的研究（76%）一致。30 篇实证研究论文中有 28 篇涉及制造业组织。因此，选择制造业企业为代表进行进一步研究，更具有研究价值。

Kaplan 和 Norton 声称平衡计分卡特别适用于非传统的、以知识为基础的行业，因此作者的选择似乎要么与此声明相矛盾，要么表明平衡计分卡并不像通常声称的那样广泛适用于各行各业。其他 87 篇平衡计分卡研究中有 10 项（11%）涉及医院和大学的样本，但 30 篇平衡计分卡 – 薪酬研究中只有 1 篇（3%）提及上述样本。这些样本的研究在薪酬研究中代表性不足可能原因在于监管降低了标准激励制度（如金钱和晋升）对医务人员、公务员、教育工作者和研究人员的影响，而不是经常研究制造业的高层管理人员。监管和缺乏有影响力的激励制度可能会阻止"完整"的平衡计分卡在这些行业中的应用。

Ittner 等（2003）记录了组织如何应用平衡计分卡 – 薪酬模式。由此可以得出，组织对平衡计分卡 – 薪酬的评估，从研究人员或所有相关参与者看来，它要求的是一种"最适"环境而不是绩效上是"最佳"环境。

从组织的角度来看，企业采用平衡计分卡评价绩效最初被认为是成功的，因为平衡计分卡是按照 Kaplan 和 Norton 的建议实施的。然而，Ittner 等（2003）提出由于存在对薪酬相关因素的主观性加权问题，完全成功的范例并不多见。几乎完美的平衡计分卡随后被丢弃，因为其主观加权目标的内在特征导致员工间的不公平感。本书发现 19 篇研究没有讨论组织对平衡计分卡效率的看法，因为这不是他们的主要研究目标（Ding and Beaulieu, 2011; Leeand Lai, 2007; Lipe and Salterio, 2000）。

其他研究的调查侧重于连接的存在（Speckbacher et al., 2003），一些研究人员在研究过程中对薪酬进行了研究，但并没有进一步阐述（Kald and Nilsson, 2000; Phillips and Louvieris, 2005; Tuomela, 2005）。推测这些研究人员中的一些人从他们的研究中有一种直觉，即平衡计分卡广泛应用可被视为效率（相关性）的同义词。8 篇研究报告显示，组织行为者自己认为平衡计分卡是成功的（Bassen et al., 2006; Davis and Albright,

2004；Feliniak and Olezak，2005；Greatbanks and Tapp，2007；Griffith and Neely，2009；Ittner et al.，2003；Jazayeri and Scapens，2008；Malina and Selto，2001）。

相对绩效评价允许每个经销商了解他的相对地位和他人正在做的事情，从而激励经销商并为他们提供改进工具（Malina and Selto，2001）。西门子风险投资（SVC）计分卡与个人激励系统间的连接使得计分卡成为一种非常有效的工具，因为它激励每个人参与并尽可能地为实现目标做出贡献（Bassen et al.，2006）。三个作者团队证实他们调查的案例只是部分有效（Decoene and Bruggeman，2006；Gumbus and Lussier，2006；Gumbus and Lyons，2002）。例如，Gumbus 和 Lussier（2006）发现，其中一个案例中的目标仅仅涵盖了财务和客户的观点。因此，"平衡"的条件只是部分实现。

第二节 平衡计分卡制度对企业员工薪酬的影响

在企业运营与管理中，员工薪酬问题一直是经理人以及高层领导的重点关注领域，其依据主要是管理学领域中亚当·斯密的"经纪人"假设、麦格雷格的"X 理论和 Y 理论"、马斯洛的需求层次理论、沙因的"复杂人理论"等。经研究发现，如果企业员工们没有得到有效的激励，那么员工潜能至多发挥出 20%～30%；反之如果企业制定了合理有效的激励措施，那么员工就可能将剩余的潜力全部发挥出来，为企业创造更多的价值。Kaplan 曾经指出，当今企业经营管理的失败主要原因不是战略设计的问题，而在于企业执行的情况，影响企业战略实施的因素众多，归根到底还是企业内部管理问题，员工薪酬在企业内部管理中又是重中之重。通常来讲，薪酬分为货币性薪酬和非货币性薪酬，货币性薪酬主要是岗位工资、绩效工资、股利分红等，非货币性薪酬包括企业帮职工缴纳的五险一金、退休工资、带薪休假等。不管是货币性还是非货币性薪酬，都是企业内部管理的重点。过去企业的薪酬管理往往只和财务指标相关，20 世纪 90 年代，随着信息化和数字化经济的兴起，企业内外部环境发生了重大变化，企业的生存和发展面临巨大的挑战。仅仅依靠财务指标难以反映企业的经营发展，必须加入非财务指标，改变以往企业的薪酬管理模式，使得薪酬激励不再只和营业收入、营业成本、净利润等有关，改变企业经理人重视短期效益的经营与管理模式，鼓励经理人将更多的能力和精力投入到长远利益上。改变仅以财务指标挂钩的薪酬管理已成为企业中的共识，但是在企业经营中影响薪酬管理的非财务指标众多，如果将所有的非财务指标都纳入薪酬管理中不太现实，因而本书将基于平衡计分卡的非财务指标作为薪酬管理设计的理论基础。将平衡计分卡与薪酬关系联系起来，是平衡计分卡战略实施的重要一步。要使得公司战略与个人目标相联系，薪酬激励就是二者联系的纽带，其可以使得公司战略渗透到员工工作的日常中。这些非财务指标与他们个人的目标息息相关，可以成为员工努力工作的动力，同时通过这些指标员工可以看到自己在工作中的不足或者错误，及时修正错误，助力公司战略目标的实现。

本节首先针对 6 篇平衡计分卡 - 薪酬开创性的文献进行整理，对平衡计分卡研究领域的开创性进行梳理，有利于对平衡计分卡相关理论与研究有综合的把握；其次，根据 6 篇开创性研究提供的实务方面的建议，进一步改进未来研究的设计（即作者的视角）；最后讨论了本书的研究局限。

一、关于平衡计分卡和薪酬的关联

（一）平衡计分卡指标设定与赋值

与传统的薪酬激励相比，以平衡计分卡为基础的薪酬管理主要具备以下特征：一是将平衡计分卡中的中间性指标与结果性的指标相结合。在现有薪酬管理中，企业的经理人以及下属员工的薪酬主要和结果性的指标相关联，如果公司期末的财务指标较以前年度有大幅度提升，那么经理人以及员工将会得到丰厚的薪酬奖励，因此可能会出现一些经理人为了眼前利益，对财务指标进行操纵和造假，使得财务报表不能真实反映企业业绩。而平衡计分卡不仅仅包含以上的财务指标，还涵盖了可以真实地反映企业业绩以及考虑企业长期发展的非财务指标，这样一来就大大降低了经理人虚报财务指标的可能性，促使经理人和员工把更多精力放在企业长期发展上。二是将非财务指标与个人薪酬紧密结合。传统的薪酬管理之所以对经理人和员工有重大的影响，主要是因为过去与薪酬管理相联系的财务指标是能够量化的，能够直接观察到，相应的非财务指标在传统薪酬激励中考虑得较少。平衡计分卡则充分考虑了非财务指标，将其进行量化使得和财务性指标一样作为业绩考核的标准，如在考核员工和领导者时，其薪酬与财务指标相关的仅仅只有50%，剩余的薪酬与非财务指标相关。这样使得经理人不只是关注短期目标的达成，转而更为顾全大局，注重企业的长期发展。三是指标的选取注重指标之间的因果关系。平衡计分卡中财务指标与非财务指标不是随便选取的，主要的挑选原因与企业战略有关，这些指标和战略之间具有因果关系。除此之外，指标之间也具有内在的逻辑关系。指标与战略之间的这种因果关系使得薪酬激励可以检测企业战略的执行进度，与企业长远发展挂钩，有助于战略的实施和执行。同时也保证了员工行为与战略实施的同步性。

第一个代表性研究是由 Ittner 等（2003）发表在 *The Accounting Review* 上的论文，他们调查了美国一家大型金融服务机构的平衡计分卡与薪酬关系中的主观权重赋值问题，是会计领域首篇有关平衡计分卡的研究，也是迄今为止最关键的研究之一。另外还有五篇论文研究成果发表在其他领域刊物上。

这些文献描述了用于评估部门经理的薪酬计划，该计划与平衡计分卡的所有观点相连接，即财务（3 项指标）、战略（7 ~ 18 项指标）、顾客（2 项指标）、控制（3 项审计判断）、人员（5 个定性评估）和标准（5 个定性评估）。管理人员根据 3 个级别（低于 / 等于 / 高于平均水平）进行评估，这些评估指标的组合构成了季度奖金的基础。评估计划与 Kaplan 和 Norton（2000b）建议的权重系统不同，但所有平衡计分卡观点的衡量标准有助于在中层管理人员的绩效评价中实现平衡。

Ittner 等（2003）记录了评估中的反功能维度，例如过分强调财务 KPI，引入不相关或非攸关的 KPI 以及不断切换评级公式。作者还强调了参与了该系统评估的参与者的意见，其中大多数人对评估不满意。Ittner 等表达了被评估者的担忧："这太主观而且不客观。倾向于客观评级，其中所有相关人员都知道在达到某些绩效水平时会发生什么（Ittner et al., 2003）。"由于主观性的驱使，该组织停止使用最初的基于平衡计分卡的评估系统来评估分支机构经理。

Decoene 和 Bruggeman（2006）研究了设立在比利时但国别属于丹麦的一家大型塑料制造商旗下部门的平衡计分卡 – 薪酬中的中层管理人员和员工的动机。员工和经理将根据平衡计分卡 – 薪酬计划获得奖励，该计划包括所有平衡计分卡维度（关心、客户、制造和员工）的财务和非财务指标。

非财务指标以非货币形式衡量，代表财务业绩的驱动因素。该组织使用基于公式的薪酬来平衡指标。年度奖金的计算方法是将绩效指标参数与变量年薪的最大百分比相乘：奖金计划看似是完善的，但它没有适当地沿用到组织内的所有级别，因为它没有反映制造业绩效目标，而是反映公司的业绩目标，这降低了经理人改善制造业业绩的内在动机。

该研究强调了"企业绩效目标与职能层级绩效目标"间的战略一致性的重要性，这些目标预计将增加人员的内在动机。同时，该研究意味着，如果在组织内特别为每个层级都与特别设定的绩效目标相连接，平衡计分卡－薪酬计划只能采用外部激励。

Griffith 和 Neely（2009）研究了英国一家跨国管道和供热公司的子公司内实施平衡计分卡－薪酬关系。此平衡计分卡－薪酬在五个平衡计分卡视角中使用 16 个绩效目标，这有助于形成累积积分系统，以形成半年度奖金决定的基础。要达成的目标是设定在所有平衡计分卡维度（财务、客户、内部流程和供货商）。基于三个结果水平上的预定目标给出点数。

平衡计分卡－薪酬计划的主要目的是激励员工注意以前没有得到奖励的活动。管理层表示，这些活动对组织的盈利能力有极重要的贡献。平衡计分卡－薪酬的有效性因分支机构而异，尤其是中层经理的工作经验是新激励措施决定性的成功因素。Griffith 和 Neely（2009）认为："在2003 年，分支机构工作人员 1 点的价值为 1 英镑（管理人员点数的价值更高），因此分支机构员工一个月可以获得的最高奖金为 51 英镑，或每年 612 英镑。分行员工的薪酬平均约为 12 英镑，因此最高奖金约占薪酬的 5.1%。"

该研究得出的结论是，如果平衡计分卡得到正确实施，它可以显著地提高组织绩效，尤其是销售、毛利和净利润等指标。

Greatbanks 和 Tapp（2007）则将平衡计分卡方法用于非企业组织的长期研究，即新西兰旦尼丁市议会（Dunedin City Council in New Zealand）如何决定薪酬，其从三个角度进行分析：战略规划、团队管理和个人员工绩效。

组织内的平衡计分卡 – 薪酬正向影响了参与者间角色的清晰度并促进了战略目标的实现。作者将这一成功归功于这样一个事实：实施的平衡计分卡与 Kaplan 和 Norton 的原始命题大不相同：它忽视了平衡记分卡中薪酬的作用，其获得任何卓越目标都可以获得奖励。员工薪酬与四个平衡计分卡维度相关（财务、运营、客户和发展）；经理人和团队领导者则有另外一个维度。该研究的特殊之处在于它为员工、团队领导和经理提供了详细的量身定做的计分卡。使用这些量身定做的平衡计分卡进行评估，可使不同的参与者对这些指标感到满意；因此，他们很容易接受这个系统。

将员工的奖金支付与平衡计分卡卓越指标连接起来，可以清楚地了解奖金绩效和预期的关系（Greatbanks and Tapp，2007）。Feliniak 和 Olczak（2005）专注在平衡计分卡对于人力资源管理中的适用性上，并将平衡计分卡 – 薪酬评估为"需要探索的激励工具"。该研究通过波兰的咨询培训机构用平衡计分卡计算高层管理人员的奖金。

结合 Kaplan 和 Norton 早期研究的成果，各个维度都有权重（财务：40%，客户：30%，内部流程：20%，学习和成长：10%）。对于每个维度，设定了目标和具体的考核指标。该研究描述了四种平衡计分卡观点，并为每项指标分配了权重，提供了计算激励的实际实例。目标奖金为基本薪酬的45%，加权平衡计分卡目标的实现率为92.08%，年度奖金达到

96 960.24 欧元（234 000 欧元 × 0.45 × 0.920 8）。该组织仅在研究时为董事会成员计算奖金，但最高管理层正计划将平衡计分卡 – 薪酬扩展到各个层级。

Gumbus 和 Lussier（2006）通过平衡计分卡 – 薪酬研究了美国的三家中小企业。通常，他们认为平衡计分卡是生产力的有效驱动因素，但也强调 Kaplan 和 Norton 的原始方法需要进一步扩展，例如：通过明确地将员工的个人价值纳入平衡计分卡（Gumbus and Lussier，2006）。比如，第一家企业海德电子从财务和客户角度为员工奖金设定目标：①营业利润 ——财务目标为 15%，②累积保修退货——客户目标为 1.7%，③准时交货——客户目标为 90%，④每条生产线废料—— 财务目标为 1.8%。在这个例子中，平衡计分卡 – 薪酬仅从两个平衡计分卡维度连接到目标，导致缺乏平衡。

再比如第二家企业 Futura Industries，在引入平衡计分卡 – 薪酬后工厂生产力提高了 20%：员工获得基本薪酬，并根据工作小时乘上点数系统地制定影响的季度公式，产生与以下三个变量相关的财务报酬：①准时交付，②公司整体首次合格良品率为 98.9%，③安全和内部管理（Gumbus and Lussier，2006）。

第三家中小企业 SGC，构建了奖金（或红利）平衡计分卡，它包括所有平衡计分卡维度（财务、内部指标、客户、核心价值观、创新和学习）设定的目标。参与者认为："将薪酬与平衡计分卡捆绑在一起是奖励个人和团队以实现公司目标的绝佳方式（Gumbus and Lussier，2006）。"

（二）相关研究的比较

在本小节中，我们试图综合开创性研究中的相似点和不同点，这有助于我们论述未来的研究进程。此处提供表1-2来比较这6篇研究的关键特征。平衡计分卡 – 薪酬在被研究的组织中有相似之处和不同之处。6篇开创性研究成果的共同性主要涉及奖金制度的设计（Hilton et al.，2003）。被研究组织的所有奖金计算公式都使用绝对数和相对数以及财务和非财务绩效指标。

只有一家地方政府机构限制使用财务指标，因为它认为财务不是目标，而是对其营运的限制（Greatbanks and Tapp，2007）。 此外，所有组织都为受评估的参与者定义了相当广泛的责任。至于奖金，所有组织的评估期间都相对较短：奖金以季度或年度现金支付。

表1-2　6篇平衡计分卡 – 薪酬开创性论文内容汇总

	Ittner et al.（2003）	Decoene and Bruggeman（2006）	Griffith and Neely（2009）	Greatbanks and Tapp（2007）	Feliniak and Olezak（2005）	Gumbus and Lussier（2006）
研究情境						
地理位置	美国	比利时	英国	新西兰	波兰	美国
组织规模与类型	大型	中小型	多国企业	地方政府	大型	中小型
行业	金融服务	制造	制造	公共部门	服务	服务
研究领域	会计	作业管理	经济	作业管理	作业管理	管理
组织视角						
受评估者	中层	中阶 / 员工	中层	高层 / 中层 / 员工	高层	员工
平衡的达成	是，主观与加权	是，加入可控制性	是，加入可控制性	是，加入可控制性	是	部分

续表

	Ittner et al.（2003）	Decoene and Bruggeman（2006）	Griffith and Neely（2009）	Greatbanks and Tapp（2007）	Feliniak and Olezak（2005）	Gumbus and Lussier（2006）
薪酬是否联系到所有 BSC 角度						
因果关系是否成立	否	否	部分	是	是	是
诱因计算的基础	加权的 BSC/其他公式	加权的 BSC/其他公式	加权的 BSC/其他公式	加权的 BSC/其他公式	有经加权的 BSC	只有经加权的 BSC
作者观点						
研究目标	主要	主要	主要	共同	共同	次要
研究方法	含控制组的案例	案例	含控制组的案例	案例	案例	案例
所有联系详细且完整呈现	是	是	是	是	是	是
为受评者的目标呈现定制化 BSC	否	是	否	是	是	是
呈现对受评者的效果	是	是	是	是，纳入受评者意见	否	否，纳入受评者意见
BSC 是否成功实施	缺某些维度	缺某些维度	大部分	是	是	是

　　从长远来看，研究人员离开后，可能会导致与平衡计分卡的长期战略目标发生冲突。最后，几乎所有企业或组织都使用机械公式来决定平衡计分卡 – 薪酬，由于具有高透明度，被评估的参与者对此均广泛赞赏。只有一个组织使用了主观评价，这些评价也改为基于公式的计算方案（Ittner et al.，2003）。另一个相似之处是所有被研究的组织只假设平衡计分卡各维度（战略地图）之间具有因果关系，且最终决定出奖金（Norreklit，2003）。

　　相当一致地，评估经理认为他们的假设成立，并且他们试图最大化的指标实际上提高了绩效。6 项研究中有 3 项挑战了经理人的观念。Griffith

和 Neely（2009）发现，因果链仅适用于那些在组织中具有高于平均经验的管理者。

Decoene 和 Bruggeman（2006）发现，由于指标的测量误差而导致假设的因果链不存在，并且因为作业经理人对因果的看法被忽略了。在一个组织中，客户满意度导致未来财务绩效的标准假设有时甚至与财务结果呈负相关（Ittner et al.，2003）。

最后一个观点与 Lueg 和 Norreklit（2012）的论点一致，认为客户满意度对财务绩效的影响可能会对非常高的客户满意度产生负面效应，因为在顾客组合中为满足最后一个顾客的边际成本可能超过其边际利益。另一方面，这些组织中的平衡计分卡之间的差异很大，这使得很难得出关于平衡计分卡 - 薪酬的最终结论。组织的战略地图也不同，有些人遵循古典的因果链，从学习和成长的角度来看过程，以及从顾客到财务。一个组织将财务置于中间作为限制（Greatbanks and Tapp，2007）。在另一个例子中，组织将顾客满意度视为财务成功的驱动因素，另外五个视角直接推动顾客满意度（Ittner et al.，2003）。薪酬计划对受评估参与者的实际动机的影响也存在重大差异。

奖金的相对规模太小对组织不具有相关性（Decoene and Bruggeman，2006）。另一方面，员工通过平衡计分卡报告展示相对较高的绩效而受到激励，其让研究人员得出结论，相对较小的货币奖金本身并没有产生重大的激励效应（Greatbanks and Tapp，2007）。另一个不同之处在于，只有一些组织能够为受评估的参与者选择与薪酬相关的指标。

Decoene 和 Bruggeman（2006）以及 Griffith 和 Neely（2009）发现演员在使用平衡计分卡指标方面存在无意间违反可控性原则的问题（关于平衡计分卡和可控性的概念性讨论，参见 Lueg 和 Jakobsen，2014）。与此密切相关的是，评估的绩效评价指标只是从另一个组织的顶层进行了流动。基于指标对中层管理人员的评估，这些指标实际上仅与高层管理人员相关（共同度量偏差）（Ittner et al.，2003）。这表明平衡计分卡－薪酬的问题与控制相关而不是计划，来自现场的证据并未指出组织在事先建立薪酬系统（即决策和规划）时面临任何相关的障碍（意思是障碍均出现在运行时间段，即所谓的控制阶段）。

由于主观性、评估人员的后见之明或共同衡量偏差下关键绩效指标的加权，问题多出现在事后阶段（即评估和控制）。Kaplan 和 Norton 根本没有提到这些问题。恰恰相反，他们只列举了成功的实行者。50%的这些开创性研究的（部分）关键词语应警示经理人，平衡计分卡的成功并不像其开发者所声称的那样无可争议。

二、未来可能的研究议题

通过对已有实证论文的回顾与归纳，有助于我们在实践中对平衡计分卡－薪酬的了解，从而启示我们未来的实证研究。

首先，如 Albertsen 和 Lueg（2014）所回顾 117 篇实证研究中只有 30 篇考虑了包括薪酬在内的完整平衡计分卡，其中只有 6 篇提供了详细的讨论。这是一个重要的发现，因为它显示对完整平衡计分卡进行一般化时较简洁的基础，胜过快速文献搜寻所建议的。

Albertsen 和 Lueg（2014）的分析显示，其中一个主要原因是组织和研究人员运用平衡计分卡但不遵守 Kaplan 和 Norton 对它的基本要求。因此，学术论文的读者面临着许多不同的绩效管理系统（PSM），但这些绩效管理系统（PSM）都被归入平衡计分卡。仅查看六篇开创性的研究成果，就发现这六篇研究中描述的完整实施平衡计分卡具有一些反复出现的主题。

然而，它们所进行的背景大不相同，从而导致矛盾的结论。这些可能包括强烈地推荐实施平衡计分卡（Gumbus and Lussier，2006），以及由于评估过程中的实际争斗而废除平衡计分卡的鼓励（Ittner et al.，2003）。为了获得更有效的发现以推进知识体系的完善，Albertsen 和 Lueg（2014）建议未来的研究应该更多地关注平衡计分卡 - 薪酬连接的细节与成功经验的总结和理论提炼。在这方面，Albertsen 和 Lueg（2014）还督促研究人员明确区分平衡计分卡（流行度）的采用和平衡计分卡的成功可衡量性（相关性）（Norreklit et al.，2012）。

其次，Albertsen 和 Lueg（2014）对因不存在已建立的构念，很难比较平衡计分卡的实证研究提供了相关的灼见。如果研究人员就绩效管理系统（PSM）必须达到的标准为何才能成为平衡计分卡达成一致的意见，他们建议，在平衡计分卡上建立一致的实证知识体系和理念来实施平衡计分卡（Malmi and Granlund，2009；Zimmerman，2001）。Albertsen 和 Lueg（2014）建议未来的研究人员设计这样的理念。

他们应该考虑 Kaplan 和 Norton 最近发表论文中的发展，到目前为止，这些论文在很大程度上被忽略了（参见图 1-1）。对构念发展的启示可能是 Speckbacher 等（2003）提出的三种平衡计分卡类型或 Burkert 和 Lueg（2013）提出的 VBM 的第一个多维理念，该理念开启了平衡计分卡 - 薪酬的研究潜力。

这样的研究可以提高我们对影响采用和扩散的因素的理解（对于VBM：Fiss and Zajac，2004），不同设计的选择（对于 VBM：Malmi and Ikaheimo，2003），采用者之间的不同复杂性（对于 VBM：Burkert and Lueg，2013）以及在哪种情况下平衡计分卡 - 薪酬是低效的（Norreklit et al.，2008）。

再次，研究人员需要在实践中阐述平衡计分卡中最紧迫的议题，即主观性、事后对 KPI 的加权或评估者的共同度量偏差。虽然这些评估问题似乎至关重要，但我们只能辨识有限的经验证据。

没有考虑"完整"平衡计分卡的研究非常符合 Zimmerman（2001：424）的猜想，即管理会计中缺乏实证知识体系源于研究侧重于决策而非控制。因此，我们建议未来的实证研究着眼于以下两个关键问题：

（1）主观性。为了提高人们对主观性和平衡计分卡的认识，未来的研究可以探索环境不确定性等外部因素对主观的平衡计分卡 – 薪酬有效性的影响（Bol，2011；Hooppe and Moers，2011；Ittner and Larcker，1997）。

几个内部因素也可能是有意义的。其一是主观性的认知角色，如果受评估的参与者具有平衡计分卡的积极内涵（例如灵活性）或负面的情绪（例如不公平）（Franco-Santos et al.，2012）。另一个可能是评估者分配奖金的心理动机（Ding and Beaulieu，2011；Roberts）。最后，Ittner 和 Larcker（2002b）认为即使是（非）财务 KPI 的加权产出控制也未能评估一个参与者成就的复杂性，例如：投入和遵守高质量的流程。

（2）平衡计分卡 – 薪酬中的加权 / 平衡。为了提高人们对加权 KPI 和平衡计分卡的认识，未来可以研究在参与者有限的认知能力限制下他们识别、处理和评估平衡计分卡信息以进行评估和控制的方式。 在这方面，Lipe 和 Salterio（2002）建议将信息分为更多类别；Kraus 和 Lind（2010）发现，管理者更喜欢简单的指标；而 Ittner 等（2003）强调管理者偏好结果指标（滞后）甚于动因指标（领先）。

具体而言，未来的研究应该考虑共同的衡量偏差，其导致评估者关注整个组织共同的指标，而不是为受评估的参与者量身订制（Dilla and Steinbart，2005）。现有的研究已经表明，这种偏见随着平衡计分卡（Kaplan and Wisner，2009）的沟通不足以及信息的不利表达而增加（Cardinaels and van Veen-Dirks，2010）。最后，外在与内在动机的平衡仅由 Decoene 和 Bruggeman（2006）提出并阐明。

未来研究的灵感可能来自 Bonner 和 Sprinkle（2002）的论文，他们回顾了货币激励、工作努力和绩效的相互作用，这是迄今为止平衡计分卡研究中尚未探索的方面。他们认为，奖励员工可变成内在的动机以提高他们的技能。这一发现可以成为研究连接至学习和成长维度的起点。

最后，现有关于平衡计分卡 - 薪酬和平衡计分卡的研究方法是非常同质的，因此我们对平衡计分卡的整体情况可能有偏误：大约 75% 的研究包括访谈和案例研究，很难使用次级数据来佐证。大多数研究都是在一个或一小部分中小企业组织中进行的，并且非常注重传统制造业。大多数情况下，数据是横截面的，并且有高级管理人员作为关键信息提供者，而受评估的参与者（中层管理人员、员工）并未直接说明。

在 30 篇平衡计分卡薪酬研究文献中，只有 1 篇来自亚洲的研究。未来的研究可能会考虑扩大其范围，至少加入其他关键信息提供者，而不仅仅是高层管理者，甚至考虑除案例研究以外的其他方法。特别是薪酬领域通常使用来自档案来源的大规模纵向数据，到目前为止，平衡计分卡还没有一个这样的研究设计。

虽然有人可能认为这些档案数据很难在绩效管理系统（PSM）上获得，但我们指出这样一个事实：某些研究已经使用年度报告评估了价值管理（VBM）在各组织中的复杂程度（Fiss and Zajac，2004；Rapp et al.，2011）。考虑到 Kaplan 和 Norton 的论文几乎只涉及大型组织，实证研究人员可以考虑更多地关注较大型组织，以及更广泛的背景（行业、地理位置等）。

综上所述，本书首先承认平衡计分卡无疑是非常受欢迎的，但我们发现只有 6 篇研究描述了完整的平衡计分卡，并且平衡计分卡上的判定非常矛盾。因此，仍然很少有证据显示平衡计分卡是否成功。其次，根据 Kaplan 和 Norton 的说法，仍然没有确定的理念来衡量"完整的"平衡计分卡，这会阻碍建立一致的知识体系。再次，实证研究过多地关注计划和决策（事前），而控制和评估（事后）则过少，这意味着平衡计分卡对组织的影响总和没有被充分记录。最后，我们观察到一种较为片面的方法，即过度依赖中小企业的横断面案例研究，这些研究落后于其他会计研究领域，如薪酬本身或价值管理（VBM）。因此，我们呼吁对我们研究议程所建议的平衡计分卡 – 薪酬进行更多研究，以构建更加一致的实证知识体系。

第三节 国内平衡计分卡制度与员工薪酬的关系研究

我国学术界对平衡计分卡的研究最早可追溯到 1996 年。孙永玲博士和毕意文博士在合著的《平衡计分卡：中国战略实践》一书中，探究了平衡计分卡在中国的一系列应用与实践，并探讨了其在绩效管理、企业流程改造等领域的应用，形成了一套较为全面的符合中国企业发展的平衡计分卡理论体系，该著作在指导企业进行战略管理方面具有极强的实用价值。

有关平衡计分卡方法论的研究，国内学者也做出了一些探讨，但这方面的研究并不是很多。应宇（2009）对公共部门的财务维度做了删减，并根据部门职能特性增加了依法行政维度。熊超等（2015）重新解释了平衡计分卡考核划分的四个维度，即投入、产出、效果、影响四个方面。闰梅（2002）在《企业绩效评价平衡计分卡与 EVA、ABC 法的有机结合》一文中将 BSC、ABC、EVA 相结合，在企业绩效评价体系中将平衡计分卡当作基础框架，EVA 作评测指标，建立起了运用 ABC 进行控制的企业绩效评价系统。回顾我国现有相关文献，有关组织绩效评价的文献汗牛充栋，然而以平衡计分卡为基础而设计的绩效评价制度则相对较少。至于将平衡计分卡指标与组织的影响或薪酬进行连接，使其能激励员工为组织创造更佳绩效与价值的实证文献则更少。

本书以"平衡计分卡及薪酬"为关键词，在我中国知网核心期刊中搜寻出 22 篇文献，涵盖期间为 2005—2018 年，并依论文的出版年度、研究类型（描述性或实证性）、样本产业类别、所探讨的管理阶段（规划阶段或控制阶段）、样本规模（小型、中型或大型）；以及平衡计分卡是否与企业员工薪酬挂钩等多个角度进行分类汇总于表 1-3 中。

表 1-3　我国对有关平衡计分卡的主要研究文献汇总表（核心期刊）

作者	年度	研究类型	行业	管理阶段	样本规模	平衡计分卡 - 薪酬
郑志扬，方彦	2018	描述性	银行业	规划	中大型	无
黄坚，管玉梅，杨秀群	2015	描述性	医疗业	控制	大型	有
董青，李宝元，仇勇，张静	2015	描述性	无	规划	无	有
张纬武，王星	2014	描述性	教育	规划	无	有
黄锐	2013	描述性	轮船制造	控制	中型	有
曹若霈	2014	描述性	专业服务	规划	小型	无
孙兰兰	2013	描述性	专业服务	规划	小型	有
傅飞强	2013	描述性	集团公司	控制	大型	有
李宝元，王文周	2013	描述性	无	规划	无	无
胡舟	2012	描述性	集团公司	规划	大型	无
韩平，张雷雅，曹洁琼	2012	实证性	多家公司	规划	中型	无
吴菲	2011	描述性	无	规划	无	无
周晓慧	2009	描述性	无	规划	无	无
王满，王金娜	2009	描述性	旅游业	规划	中型	无
郑开荣	2009	描述性	集团公司	规划	大型	无
刘琴，邱红林，舒晓兵	2008	描述性	无	规划	无	无
童丽丽，关勇	2008	描述性	无	规划	无	无
刘晓苏，武志红	2008	描述性	无	规划	无	无
赵京生，李林，朱茜	2007	描述性	无	规划	无	无
严效新，李成江	2007	描述性	无	规划	无	无
郭亦玮	2007	描述性	无	规划	无	无
龚华蕾，胡蓓	2005	描述性	无	规划	无	有

资料来源：来自中国知网期刊数据库，作者整理。

由表1–3可知，截至目前，对平衡计分卡的研究绝大部分都停留在描述性研究。只有韩平等（2012）进行了实证探讨。该论文是以西安高新技术公司为对象，分析平衡计分卡指标与企业绩效的关联性。各文献所讨论的产业涵盖服务业、制造业等多个行业，研究对象既有单一公司也有集团公司，公司规模有大有小，数量大体相当。因此，在产业及样本规模方面，我国文献与西方文献相当。

至于平衡计分卡制度是否落实到管理的控制与反馈阶段，或仅仅停留在规划阶段与计划阶段，主要反映了平衡计分卡在组织中应用的成熟度与管理有用性的不同。由表1–3中可知，绝大部分文献对平衡计分卡的讨论均停留在规划阶段，且主要是描述性的研究，可见在以平衡计分卡为理论基础的绩效评价实践中，有关平衡计分卡应用的成熟度与管理有用性的研究有待进一步展开探讨。究其主要原因，是研究者往往难以获得公司内部平衡计分卡各绩效指标的完整数据，因而无法开展相关实证研究。

同样地，从表1–3可见已有研究鲜有从实证的角度研究平衡计分卡对组织的影响或员工薪酬的影响。然而，平衡计分卡的绩效指标需与组织中员工的薪酬联系在一起，否则平衡计分卡的绩效评估效果无法保证。鉴于现有文献基本忽略对该问题的探讨，而该研究又非常重要，给本书的研究提供了较大的空间。

仍然以"平衡计分卡及薪酬"为关键词，在非核心期刊中搜寻出66篇文献，涵盖期间为2003—2017年，依据论文的出版年度、研究类型（描述性或实证性）、样本产业类别、探讨的管理阶段（规划或控制）、样本规模（小型、中型或大型）以及平衡计分卡是否与企业员工薪酬相连接等多个角度①进行分类汇总。可见，在非核心期刊的论文中，对平衡计分卡的研究绝大部分也都停留在描述性研究上，仅有3篇为实证性研究。各文献所讨论的产业类别，有些并未明示，银行业及专业服务业占较大比例，样本公司涵盖了单一公司和集团公司，样本规模以中小型最多，仅有3篇研究了大型规模企业。其研究结论与上述核心期刊的研究结果基本一致，此处不再赘述。另从附录一中可见，约有三分之二以上文献对平衡计分卡的讨论均停留在规划阶段，因此我国在以平衡计分卡为理论基础的绩效评价实践中，平衡计分卡应用的成熟度与管理有用性上仍然有较大的研究空间，因为没有取得案例企业的支持并给予内部平衡计分卡各绩效指标的相关数据，自然无法进行相关的实证分析，导致我国此方面的学术实证研究不足。最后，可由表1-3中观察到，可能是由于我国企业界与学术界对平衡计分卡理论与实践的情况尚未普及，各论文中以实证的角度来连接平衡计分卡及组织的诱因或员工薪酬的情况仅有两篇，其余均为叙述性文献，可推知在我国学术领域平衡计分卡与薪酬连接相关研究的发展空间甚为广阔。

第四节　平衡计分卡制度对企业价值的影响

本书第二个研究重点是检验平衡计分卡四个维度的指标绩效对煤炭行业上市公司企业价值的影响，故整理国内外影响企业价值变动的学术文献，作为分析后续平衡计分卡四个维度的指标绩效与我国煤炭行业上市公司企业价值关联性的文献基础。

---

① 由于表格较长，故汇总于附录一中供参考。

一、国外平衡计分卡对企业价值影响因素的研究

财务绩效是反映企业绩效的一个重要维度，它显示了公司过去的状况，去衡量财务因素、营业收入、销售增长和投资回报等反映公司过去业绩的一些指标，而平衡计分卡是过去和未来的战略计划。平衡计分卡中的每一项维度都是部分的因果关系和财务目的的总结。在许多公司，财务指标如降低风险、提高生产率、增加收入等都与平衡计分卡的四个维度有着必然联系（Niven，2002）。

顾客视角主要考虑相关措施对客户和市场份额的针对性，管理者应该认识到这两个因素的重要性，从而围绕上述两方面目标制定战略，满足顾客的需求和期望。最终结果的衡量标准包括市场份额、客户满意度、保留率和获取（Agrawal et al.，2016）。

内部运营视角考量满足顾客期望和需求的运营活动，包括短期和长期运营需要达到的目标，组织应该识别这些与客户和股东满意度有关的内部运营过程，同时应考虑通过一定的交互方式来留住目标市场的客户，并且也可以考虑利用科技手段减少耗损，提高生产力和售后服务质量，以及致力于创新等，从而满足当前和未来的需要（Kalender et al.，1992）。

学习和成长是最不可忽视的绩效驱动因素，这一角度主要集中体现在企业文化和员工技能上。为了提高组织绩效，管理者有责任提升员工的能力，所采取的措施包括员工的培训、成长、满意度和技能提升（Agrawal et al.，2016）。

有关股价波动的影响因素极多，基于有效市场假说，无论是财务维度因素还是非财务维度因素都会对股价造成波动的影响。有效市场假说（efficient market hypothesis，EMH）的主要倡导者 Jack Clark Francis 指出，

由于资本市场上各种证券的价格能及时且充分反映所有可能获得的信息，加上价格信息又是资本市场中促使资本有效配置的内在关键机制，因此，一个有效率的资本市场会迅速准确地把资本导向获利最高的企业。无论在任何时点上，证券交易价格都是证券内在价值的最佳评估值。

在此基础上，Fama 等（2010）把有效市场假说理论的研究向前推进了一大步。他们主张，如果市场价格能够充分、及时地反映所有有关信息，使股价位于其合理的价位上，能正确反映其内在价值，那么市场是有效的。按照可获得信息的分类不同，他们将有效率的资本市场细分为 3 种类型：①弱式有效，在此情况下，证券的现行价格所充分反映的是有关过去价格和过去获利的一切信息；②半强式有效，在此情况下，现行的证券价格不仅能反映过去价格和过去获利的一切信息，而且还融汇了一切可以公开得到的信息，包括公司的财务报表等；③强式有效，强式有效市场模型中的证券价格在充分反映过去获利以及一切可获得的公开信息的同时，还对非公开的信息异常敏感。

会计盈余与股票价格间相互关系的实证研究起源于 Ball 和 Brown（1968）的研究。该研究显示，年度和季度盈余能够向股票市场传输新信息，股票价格还经常在盈余公布时发生变化，盈余变化对股票价格变化产生巨大影响。他们以 261 家纽约证券交易所公司作为实证对象，以 1957—1965 年为样本期间，计算了公告期（第 0 月）前 12 个月和公告期后 6 个月的累计平均超额报酬（cumulative average residuals，CAR），发现意外盈余符号与公司股票的累计平均超额报酬间存在很强的关联性，进而得出了盈余数字含有对投资人决策有用信息的结论。

Beaver（1968）以 1961—1965 年间的 143 家纽约证券交易所上市公司作为实证样本，将盈余公告期间超额报酬的方差与非盈余报告期间超额报酬的方差进行比较，得出如下结论：在盈余公告期，股票价格波动幅度比非报告期的平均水平约高出67%；在盈余公告期后的两周内，仍存在股票价格超常波动（高出10%～15％）。Beaver的股票价格反应研究结果呈现出盈余公告对投资人决策有明显的信息含量。

与"有效市场假说"相对立的另一种理论为"功能锁定假说"（functional fixation hypothesis），其认为投资人在决策过程中往往仅会锁定某种特定的表面信息进行分析，不能充分理解和利用有关信息来评估证券价值，从而做出正确的投资决策。对于此种假说，Ijiri等（1996）和Jensen（1966）把"功能锁定"的概念首先引入证券市场和财务分析中；Chen和Schoderbek（1999）通过检验市场能否对暂时性利得做出价格上的反应，得出了市场确实存在"功能锁定"现象的结论。

影响资本市场股票价格的因素，除了以上讨论的大类别外，还有许多，列示如下。

（一）股权价值

Ball和Brown（1968）指出在效率市场下，若公司的会计信息公布后，股票价格能够迅速反映此信息内涵，则表示公司的财务报表传递了有用的信息内涵。但自20世纪90年代以来，由于亚洲金融危机的发生，以及美国大型企业爆发一连串财务报表编制与申报不实案件，引发学者与专家不断质疑财务报表对各使用者的作用，尤其是投资人的投资决策的有用性，许多学者认为某些会计信息如盈余、应计项目和现金流量等已缺乏决策攸关性，必须继续考虑非财务信息，方能够得到足够完整的信息。Easton（1985）指出股价常被视为等同于股东未来利益的折现值，因此探究盈余与股价间的关系，实质上是为了了解盈余与未来利益间的信息关联性，但是"未来利益"难以直接观察，所以必须找寻其他市场信息作为替代变量。

基于上述观点，Ohlson（1995）假设投资者具有风险中立性（risk neutrality）和异质性信念（homogenous belief）的特质，且在市场利率满足非随机、呈水平形态的期间结构经济环境下，公司的权益市场价值是权益的账面价值加上预期未来超额盈余折现值的总和；除此之外，Ohlson 更进一步假设超额盈余服从一个随机时间序列的行为，则此时公司的权益市场价值会是以下三种变量所组成的函数：①权益的账面价值；②当期超额盈余；③其他信息所修正的未来获利能力。

此外，Amir 和 Lev（1996）以无线通信产业为研究对象，探讨会计信息对高科技产业评价的应用价值，实证结果发现对具有大量无形资产的无线通信高科技产业而言，由于其拥有许多无法量化但能创造未来现金流量的价值因子，致使某些会计信息如盈余、账面价值及现金流量等已失去其价值相关性；相反地，某些非财务指标反而呈现高度的价值相关性，因此得出以下的推论：结合财务及非财务信息才能有效地解释企业股权价值的变动。

Chang（1998）及 Lev 和 Zarowin（1999）指出，由于企业创新的增加，财务报告的信息内容一直在减少。Amir 和 Baruch（1996）指出，在无线通信公司中，非金融指标如市场人口规模在预测股票价格方面具有更大的信息量。因此，Yogesh Chauhan（2020）研究探讨了与环境社会相关的信息披露，如董事会组成、环境和气候保护活动、慈善捐赠、员工福利以及类似的信息披露。与发达市场相比，印度等新兴市场在公司治理、环境标准和劳工标准方面容易受到较低透明度的影响（Khanna et al., 2000）。因此，披露董事会的组成、碳排放、员工福利等，可能使外国投资者了解公司活动的重要方面，而这些方面显然在财务报表中是没有的。例如，对碳排放征税可能会诱使企业投资于减排措施，从而影响企业收益。前人的研究也表明，与环境社会治理相关的信息披露缓解了内部与外部的信息不对称。因此，与环境社会治理相关的信息披露与公司的财务约束（Cheng et al.，2014）、资本成本（Dhaliwal et al.，2011）、分析师预测误差（Dhaliwal et al.，2012）和买卖价差（Siew et al.，2016）呈负相关关系。

（二）股利宣告

股利宣告的研究方法最常见的是事件研究法，而最早利用事件研究法从事进行股利宣告的研究者为 Fama、Fisher、以及 Jensen 和 Roll（1969）。他们选取 1927—1959 年间纽约证券交易所股票分割事件，利用月数据并以市场模式（market model）估计平均为正的异常报酬，且利用累积平均残差（cumulative average residual）分析法衡量异常绩效。结果发现在股票分割前的 29 个月，累积异常报酬即显著增加。值得注意的是，市场上的信息可能在股票分割信息公开前已不断传出。此外，Charest（2001）也以月资料研究股票分割事件的效果。该研究最后显示，在宣告月 –1 及 +2、+3 月由统计检验发现均有正向的异常报酬，而最大的异常报酬则是出现在宣告的当月。该研究也发现，宣告前有消息外泄的情况，在宣告月与宣告月之后，该事件带来正向的影响。

同时几项研究表明，市场对当天前后的股票分红公告有显著的积极反应。例如，Foster 和 Vickrey（1978）对 1972—1974 年的 82 个股票股利事件进行了信息含量测试，评估了公告日期的异常收益和提前日期的异常收益。研究发现在申报日期前后有少量显著的异常回报，但在申报日期之前没有异常回报。此外，作者没有发现股票股利有显著的前期影响。与此类似，Woolridge（1983）评估了 1964—1972 年 317 个股票股利事件的除权日股票价格调整，并得出在除权日调整股票价格时存在市场无效率的结论。Grinblatt 等（1984）利用 82 个纯股票股利事件，研究了 1967—1975 年股票股利公告对股价的影响，分别在第 0 天和第 1 天发现了显著的正异常收益；股票股息公告的平均回报率约为 4.90%。Crawford 等（2005）使用 1967—1996 年的数据，调查了 1967—1976 年、1977—1986 年和 1987—1996 年期间股票股利公告的反应，发现在抽样期间对股票价格的影响显著为正但在数量上减小，分别为 4.88%、3.24% 和 2.01%。Adaoglu 和 Lasfer（2011）研究了土耳其公司支付股票股利的动机，与 bechmann 和 Raaballe（2007）相似，他们发现股票股利提高流动性的微弱证据。然而，Adaoglu 和 lasfer（2011）发现，在公告发布前的六个月里，市场对表现不佳的公司的反应要高于表现良好的公司。作者认为，公司公布股票股息是为了预示未来的复苏。Al-Yahyaee（2014）通过分析 1997—2012 年阿曼证券交易所的 271 起股票股利事件，发现股票市场对股票股利分配的积极反应，并认为股票股利主要用于预示未来的经营业绩，并在较小程度上将股票价格降低到一个最优交易区间。Nguyen 和 Wang（2013）发现，在一个中国公司样本宣布股票分红后，小投资者的参与度更高。在股利宣告的公告日期前后出现了正的异常回报。整体上，股利宣告的确会影响到股票价格的波动，具有一定的市场实证证据的支持。

（三）盈余预测

有关盈余预测的文献，约可分为预测方面、信息方面、公司内部监管方面及制度方面等四部分。其中，有关信息方面的探讨重点主要在于盈余预测的信息内涵或信息移转效果。对盈余预测信息内涵的研究多探讨公司当局强制性、自愿性或分析师的盈余预测对股价造成的影响（Abarbanell，1991；Abarbanell and Bernard，1992；Brennan and Subrahmanyam，1995；Womack，1996）。此外，管理层盈余预测也是学术界关注的焦点。最初，这种兴趣源于对预测不可信信息的担忧，以至于证券交易委员会禁止公司在其证券备案文件中提供此类预测。但有大量证据表明，投资者确实会对盈余预测做出反应（Patell，1976；Waymire，1984；Baginski et al.，1994；Hutton et al.，2003；Rogers and Stocken，2005）。事实上，现有研究表明，管理层的预测比任何其他会计来源都能为投资者提供更多的信息（Beyer，2010），这些研究的一个共同主题是关注定量盈余预测。

（四）首次公开发行

关于首次公开发行（IPO）的研究文献较为丰富。Lowry 等（2017）认为综合的主题可以大致分为：①公司的上市目的是筹集资金或其他原因，如市场时机；②IPO 如何定价；③IPO 的长期表现如何；④新上市公司的治理。研究人员调查了泰国企业股票发行后的表现（Sherif et al.，2016；Vithessonthi，2008）、经营业绩（Connelly et al.，2004；Kim et al.，2004）、投机性上市的特征（Komenkul et al.，2017）和新上市公司的生存（Chancharat et al.，2012）。Loughran 和 Ritter（2002）将定价过低定义为第一个交易日的收盘价与向认购人提供的价格（也称为初始回报）之间的差额，可以被认为是发行人"未兑现的资金"。定价过低最具影响力的解释之一是信息不对称，这可能导致潜在的逆向选择问题，导致发行者设定的 IPO 的价格低于其基本价值，以增加发行的成功率（Rock，1986）；或者使用昂贵的信号向潜在投资者传达高质量信息（Ian，1977）。与国际研究一致，泰国的 IPO 研究也发现，信息相关因素可以解释定价过低。例如，Lonkani 和 fusi（2005）研究了文档管理盈利预测误差之间的积极关系和初始回报，而 Boonchuaymetta 和 Chuanrommanee（2013）调查了 IPO 主要因素与 IPO 抑价，发现分配机构投资者锁定时间的长度，问题规模和市场情况与初始回报有关。Sherif 等（2016）发现披露 IPO 收益的预期用途与定价过低有关，除了代表信息不对称不同方面的发行者特征外，政府监管和改革也会影响 IPO 抑价和业绩。Ekkayokkaya 和 Pengniti（2012）证明了，在危机后加强信息披露和改革公司治理后，定价过低的情况有所下降。资本市场法规没有直接针对融资有溢出效应，Komenkul 和 Siriwattanakul（2016）发现，抑价后增加临时无息存款准备金率抑制资本流入，最有可能是由于减少了知情交易者的参与，如外国和机构投资者。Michaely 和 Shaw（1994）是最早强调知情交易者作用的实证研究者，他们发现知情交易者和不知情交易者之间的投资者竞争与定价过低有关。内部人士和外部人士之间的区别，要求承销商在弥合不对称性方面发挥重要作用，从而提高他们的声誉和威望。在 IPO 设置中，机构投资者通常被认为是知情交易者，而散户投资者则是不知情的交易者，他们通过询价来帮助价格发现过程，这被称为询价和信息披露假说，主承销商可以以承销的形式奖励机构投资者的信息生产（Benvenist and Spindt，1989；Sherman and Titman，2002）。与国际证据相反，Boonchuaymetta 和 Chuanrommanee（2013）发现泰国承销商威望与定价过低无关，理由之一是监管对承销商的选择限制。

部分文献从资本市场的成熟性、法规环境的差异、IPO 公司从事保守性盈余报导决策的可能性等角度，讨论 IPO 公司的盈余报导决策与挂牌交易后股价报酬的关系。例如 Kimbro（2005）发现中国的 A 股 IPO 市场存在保守性会计报导的现象，这一现象与中国官方的持股比率高及管制环境严格有关。Ball 和 Sh ivakumar（2008）则发现复杂的市场机制运作与发展，可以有效地监督公开发行公司的会计报导质量，且因 IPO 公司将面对相对严谨的管制规定，亦促使 IPO 公司存在保守性的盈余报导行为，从而达到较高的会计报导质量。

Ah mad-Zaluki 等（2007）以马来西亚的 IPO 资料进行实证，发现积极性的会计报导决策与业绩不佳的股票绩效报酬的关系并不明显，作者认为投机性的盈余报导行为可能并非全面性的现象。最近，Gong 等（2009）在非 IPO 的情境中，发现当公司管理者以应计数传递其对公司前景的预期时，应计数与乐观的盈余预测呈现显著的正向关系，且此关系与公司管理者企图操控应计数获取交易利益无关，即积极性盈余报导决策确实存在传递管理者私有讯息的可能性。综合前述文献，IPO 公司的盈余报导行为并非局限于积极性的盈余报导，而积极性盈余报导亦非以投机性的盈余报导为唯一解释。至于信息性积极盈余报导的研究，在非 IPO 的情境下，Watts 和 Zimmennan（1986）、Healy 和 Palepu（1993）、Subramanyam（1996）、Arya 等（2003）、Louis 和 Robinson（2005）、Lewis（2008）与 Gong 等（2009）的研究都显示管理者会透过会计应计数的报导裁量权传递公司价值的私有信息，在信息不对称程度相对严重的 IPO 市场，则未发现探讨 IPO 公司是否应用积极性的盈余报导决策以传递公司经营前景私有信息的研究。

自从 Leland 和 Pyle（1977）主张 IPO 公司的原股东可通过股权保留率传递公司质量信息给投资者，以降低彼此信息不对称的程度后，IPO 公司讯号传递的理论在某种程度上已获得实证的支持（Downes and Heinkel，1982；Ritter，1984；Feltham et al.，1991）。而在 Hughes（l986）结合股权保留率与未来现金流量信息揭露两个变量，建立 IPO 公司信息价值相关性的双因子模型之后，更多的文献显示 IPO 公司可同时应用股权保留率、会计师质量的选择、经销商的影响、会计信息的揭露等信息传递渠道，以有效提高传递效果与降低揭露成本（Titman and Truem，1986；Datar et al.，1991）。

（五）重大事件对股价的影响

Brewer 等人（2000）针对金融机构倒闭进行了实证研究；Dietrich 等人（2001）研究了在每个厂商初始贸易期间的财务报表补充事项披露对资本市场的反应；Tumarkin 和 Whitelaw（2001）探讨了网络上留言讨论信息与异常股价报酬与交易量之间的关系。许多学者认为重大事件会产生异常股价报酬，如 Alra 等（1993）研究了苏联车诺比尔核能电厂的灾变；Bruce 和 Robison（1997）分析了伊拉克入侵科威特的事件对美国国防部的影响。现有文献有研究发现重大事件会造成股价正向的异常报酬，Shelor 等（1992）探讨了美国加州地震事件；Bosch、Eckard 和 Singal（1998）研究了 1978—1996 年的空难事件；Patten 和 Nance（1998）针对阿拉斯加石油外泄做了探讨。也有研究发现重大事件造成负的股价异常报酬，如 Davidson 等（1987）探讨了坠机事件；Shelor、Anderson 和 Cross（1990）研究了美国加州地震与其他各州对股市的影响；Lamb（1995）针对安德鲁飓风做了研究；Nobuyoshi 等（1999）研究了阪神大地震对日本的冲击。Bruning 和 Kuzma（1989）研究了公司规模大小、事件是否为死亡事故或事故发生的原因，但都无法显著解释航空事故造成异常报酬的原因。

由于石油在经济发展和金融市场具有重要地位，石油价格和股票市场之间的联系已经被大量的文献讨论（Sadorsky，1999；Papapetrou，2001；Park and Ratti，2008；Mohanty，2010；Wanget et al.，2013；Cunado and de Gracia，2014）。许多学者特别关注了油价冲击与股票收益之间的非线性关系。Kilian 和 Park（2009），Kilian（2009）已经证明，在大多数历史时期，全球油价主要是由总需求冲击驱动的。因此，温和的油价增长释放了全球经济复苏的积极信号，恢复了投资者对金融市场的信心（Kilian and Park，2009），我们可以把这称为油价上涨的激励效应。然而，油价的上涨可以重振股市，但不能长期持续或长期不显著，因为经济基本面的改善需要很长时间，与此同时投资者也逐渐回归理性。相比之下，当信贷市场处于正常的信贷体系中时，投资者的对冲动机比信贷紧缩时期要少，因为他们不必面对来自经济的下行压力。在正常情况下，油价上涨的激励效应消失了，但是当油价上涨时，他们需要认真面对通货膨胀导致的成本上升和高贴现率，这将导致股票收益下降。

也有学者讨论了关于南北关系主要事件对国内经济影响的研究。Nam（2004）分析了韩国综合股票价格指数（KOSPI）与1990—2003年62件与朝鲜有关的事件或不利于韩国的政策之间的相关性，结果表明，这些事件使股价在V形崩盘后出现反弹。与其他事件相比，它们对股价有短期影响。此外，朝韩关系与股市之间的相关性并不总是显著或恒定的。2000年朝韩峰会宣布后，韩国股市飙升，但在峰会期间股价下跌。因此，不可预测的政策比可预测的政策对股市的影响更大。

二、国内平衡计分卡对企业价值影响因素的研究

我国学者探讨资本市场中企业价值影响因素的实证研究起步晚于国外，但近二十多年中也累积了许多经验证据。为了能简明起见，本书列举了代表性实证文献来呈现有关我国企业价值影响因素相关研究的成果。

如表1-4中所示，现有文献主要研究了与会计信息相关或不相关因素对资本市场上市公司股价的影响。与会计信息相关的如会计盈余（或其组成成分或盈余预测）、净资产收益率、现金流量、中期报告、季度报告、年报迟滞、会计公报或股利分配方案等，多数的实证结果均支持会计信息对股价具有显著影响。与会计信息不相关的如脱钩改制对于审计独立性的影响（非标准无保留审计意见的出具及公司社会责任特定信息等），实证

结果对股价均未具有显著的影响。

表1-4　影响企业股价因素的主要文献

作者	年度	影响因子	实证样本	对股价的影响
赵宇龙	1998	会计收益	上海股票交易所158个盈余公告	对超额报酬为正向影响
陈晓、陈小悦和刘钊	1999	净资产收益率	中国A股261家上市公司	对超额报酬为正向影响
赵宇龙和王志台	2000	会计盈余的成分	我国证券市场	对股票定价无显著影响
魏兴耘	2002	会计盈余	A股上市公司股票价格	股票价格与盈余之间确实具有一定的相关性
赵春光	2004	现金流量	A股上市公司	长窗期下现金流量对股价具有显著影响
郭菁	2003	中期报告	我国上市公司	对股价具有显著影响
栗煜霞、李宏贵	2004	季度报告	我国上市公司	对股价具有显著影响
朱晓婷、杨世忠	2006	年报时滞	我国深沪两市上市公司	年报及时性对股价具有显著影响
陈信元、陈冬华和朱红军	2002	收益、净资产以及剩余收益	我国上市公司	具有价值相关性
孟焰、袁淳	2005	会计盈余	我国上市公司	亏损公司会计盈余价值相关性要明显弱于盈利公司
邓传洲	2005	特定会计计量属性，如IAS39	B股的上市公司	对股价具有显著影响
吴东辉、薛祖云	2005	财务分析师的盈利预测信息	我国上市公司	对股价具有显著影响
于鹏	2007	公司预测盈利	我国上市公司	对股价具有显著影响
魏刚	1998	股利分配预案	我国上市260家公司	分配股利公司的平均超额报酬显著高于不分配的公司
俞乔、程滢	2001	股利分配方案正式公告日	我国上市公司	对股价具有显著影响
王跃堂、陈世敏	2002	脱钩改制对于审计独立性的影响（非标准无保留审计意见的出具）	改制前后的A股公司	对股价无显著影响
陈玉清、马丽丽	2005	公司社会责任（特定信息）	我国上市公司	对股价影响不明显

资料来源：相关文献来自中国知网期刊数据库，作者自行整理。

　　总之，国内外已有较多文献探讨了多种因素对股价的理论与实证关系的影响，也探讨了影响股价的诸多因素，包括会计信息、财务信息与其他信息等。然而若以平衡计分卡的四大维度即财务维度、顾客维度、内部流程维度与员工学习成长维度等来重新观察时，发现现有文献大多仅探讨了平衡计分卡的财务维度指标对股价的影响，至于企业的顾客维度、内部流程维度与员工学习与成长维度等绩效指标对股价影响的实证研究仍然有待进一步进行。

第二章 理论基础

现有文献并未探讨平衡计分卡的核心理论与数理理论基础，本书将在第二章及第三章中加以论述，作为研究假设形成的基础。本质上它是由绩效评估理论演化出来的一套在现代商业环境中非常重要的绩效评价制度，除可持续发展理论之外，还需整合人本理论与委托代理理论，在本章的第二节与第三节中予以综述。依据此理论所推导平衡计分卡的数理理论则在第三章中论述。

第一节 可持续发展理论

"可持续发展"最直接的意思就是既要求发展，还要求发展是可持续性的，看似是两个词构成，实则指向一个重点，强调发展的可持续性。这种发展不是随意的或粗放式的，而是发展经济与节约资源同行，生态文明与社会文化共进，人类的发展与大自然的进化相协调，追求数量与规模的同时不忘提高质量与效率。

可持续发展理论最初是基于社会发展及环境保护的大背景下提出的，

其对象为社会、国家与政府。但随着可持续发展理论的深入探讨和实践，全社会开始逐渐认识到该理论的运用不应该仅仅局限于社会的宏观层面，而是应该渗透到社会的微观层面，大到跨国企业、小到个人都应该认识到可持续发展的重要性。同时，由于企业是微观层面的主体，同时也是宏观层面重要的考虑因素，因此，企业的可持续发展对于社会发展而言意义重大。

一、可持续发展概念的产生

"可持续"来自拉丁语，指维持或继续保持。在"发展"的基础上，加上这样一个修饰限定词，从而形成了如今的"可持续发展"概念。可持续发展理论不是近几年才发展起来的，它具有悠久的历史，只是在近几年才备受人们的关注。最早可以追溯到 20 世纪 50 年代，在应对经济迅速发展带来的资源匮乏、环境恶化等现实压力时，学者们在不断地讨论中重新审视增长和发展的概念，可持续发展的思想也开始悄然生长。

1972 年，斯德哥尔摩人类环境研讨大会中首次提出可持续发展（sustainable development，SD）的概念，但并没有获得主流学者和社会的关注。随后于 1987 年 4 月，联合国世界环境与发展委员会（World Commission on Environment and Development，WCED）公布了关于世界重大经济、社会、资源环境的长篇专题报告——《我们共同的未来》（Our Common Future）。报告主持人布伦特兰夫人对可持续发展这一概念给出了比较权威的定义：在不危害到后代满足自身需求的前提下，满足目前需求的发展（development that meets the needs of the present without compromising the ability of future generations to meet their own needs）。

可持续发展理论的正式提出则是在 1989 年 5 月第十五届联合国环境

署理事会通过的《关于可持续发展的声明》中。至此，可持续发展的概念被广泛接受与关注，并频繁地出现在各国及国际关于社会发展的各类报告与声明中。而与可持续发展相关的学术研究也在学术界兴起。1992 年联合国在里约热内卢召开的环境与发展会议上签署的《里约环境与发展宣言》和《21 世纪议程》等重要文件提出了 21 世纪世界发展的基本纲要，而这些文件的核心均为"可持续发展"。

可持续发展的实现需要全球各界的努力，中国作为世界大国，尤其是近年来随着综合国力的提升，在国际上的影响力不断增强，和世界各国携手推动全球可持续发展的实现势在必行。同时，对于中国来说，可持续发展战略是与社会主义核心价值观相契合的，是符合中国国情的发展之路。

《中国 21 世纪人口、资源、环境与发展白皮书》首次提出可持续发展战略应该是我国现代化建设中必须要实施的战略。2012 年 6 月 1 日对外正式发布的《中华人民共和国可持续发展国家报告》提出，就目前及未来一段时期而言，我国需进一步实施可持续发展战略，基本思路为：以经济结构战略性调整与转变经济发展方式为社会经济可持续发展的重要决策，以构建资源节约型和环境友好型社会为关键着力点，以加强对外开放合作与深化体制机制改革为重要保障，以科技创新为动力，推动经济的可持续发展，最终形成一套有助于环境保护与资源节约的机制。可见，实施可持续发展战略无疑有助于该政策的贯彻与落实。

二、可持续发展理论的含义

可持续发展理论之所以受到社会各界的广泛关注，是因为这一理论的核心与世界发展的本质是一致的，这一理论揭示了发展是永恒的，世界的本质是不断进步的，身处世间的运动变化的事物，可用可持续发展理论去指导其实现最本质的要求。

对于人类社会来说，可持续发展理论很好地契合了人类社会将不断前进的事实，这一理论对于人类社会的发展具有指导意义，并且其不是一成不变的，是会随着时代的进步被注入与时俱进的新理念，但却不会改变其本质的特征以及违背人类社会发展的要求。

对于生态资源环境而言，可持续发展理论更是贡献颇深。为了平衡资源的利用与保护，生态学家最早提出了"持续性"的概念。国际生态学会于 1991 年与国际生物科学联合会共同探讨了生态上的可持续发展问题，进而在本学科内界定了"可持续发展"的概念，即"维护以及强化生态环境系统的制造能力和更新能力"。在生态学领域，可持续发展理论指导其追求、保持生态系统的完整，具体来说就是减小资源的浪费，对资源合理配置，有节制的使用资源并延长其使用期限，注重资源的再生性，开发利用资源的同时不破坏其整体性及生产能力。生态学下的可持续发展理论旨在保证人类社会的绵延不绝，只有自然界保持着可持续发展，人类社会才能更好地发展。

对于经济增长而言，可持续发展理念要求我们改变经济增长方式，不一味地追求经济的增长速度，更要注重发展质量。经济增长的动力源泉应是整个社会的文化进步、科技进步，可持续发展下的经济体系应与生态环境、自然资源相适应，整个社会的经济应像溪水一样源源不断、生生不息。Edivard B.Barbier 在其著作《经济、自然资源：不足和发展》中认为可持续发展是"在保持自然资源的质量及其所提供服务的前提下，使经济发展的净利益增加到最大限度"。D-Pearce（2000）认为："可持续发展是今天的使用不应减少未来的实际收入。"

可持续发展理论在社会、生态、经济等方面的应用具有重要意义，其丰富的内涵可以概括为以下五大层面，即共同发展、公平发展、协调发展、高效发展和多维发展。

①共同发展指将全球看作一个整体的系统，各个国家是组成这一整体的部分，他们之间相互联系、相互影响，可持续发展要求各个国家共同发展，进而推动整个世界的进步。②协调发展分为横向的协调和纵向的协调，横向的是经济、社会、环境、资源四个维度的相适应，纵向的是指各个国家和全球、部分和整体的相协调，结合起来就是要求人与自然和谐相处，自然、社会的发展处于动态平衡的状态。③公平发展。世界上国家众多，公平发展指国与国之间要和谐相处，不做损人利己的事情，不以破坏他国环境与资源为基础来换取自己的发展，同时不能为了现时的利益牺牲子孙后代的福利。④高效发展指发展要有效率，追求节能高效，可持续发展要求我们注重保护环境，可保护环境的同时也不能停止发展经济的步伐，就像习近平总书记所说的"既要绿水青山，又要金山银山"。⑤多维发展指落实到个体、国家应追求全面发展，找适合自己的发展道路，从不同方面提升自己的综合实力，可持续发展强调多方面的发展。

可持续发展不仅指社会发展、经济发展和生态持续，其内涵更应是在以人为中心的前提下，实现社会、经济和自然的可持续发展。基于此，本书对可持续发展做出如下定义：可持续发展即在环境和资源可承载能力范围内，通过对包括社会、经济和自然在内的复合系统的能动性调节，实现资源永续利用、经济稳定发展以及人民生活质量的持续提升，简言之，是可持续发展系统在社会、经济和自然层面的协调与发展。

任何一个学科门类都是在一定的学科理论和客观性需求基础上出现的，可持续发展理论是一种有关世界的新看法与新观点，它的出现具有深厚的哲学理论基础。基于世界观和方法论角度，可持续发展问题涉及三个理论来源：物质性来源、认识论来源和伦理来源。

就物质性来源而言，社会经济只有在人与人、人与自然协调发展的基础上才能实现稳定增长，所以物质性利益对可持续发展理论的形成提出了现实性要求。就认识论来源而言，可持续发展借助统一思维综合了人类的当下与未来，并以此为基础做出决策与判断，这构成了可持续发展问题的认识论根源。就伦理来源而言，生态伦理是可持续发展理论的哲学根基，其对人与人、人与自然的内在关系做出了基本规定，成为协调人类关系的哲学基础。综合以上三个方面，可持续发展理论形成了如图 2-1 所示的基本理论框架。

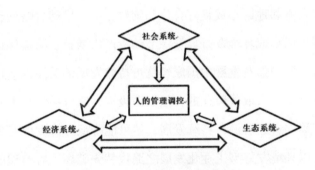

图 2-1　可持续发展理论框架图

可持续发展意味着生态、经济和社会协调发展，具有综合性、社会历史性和实践性的基本特征。可持续发展理论有三个维度，分别是生态环境维度、经济维度和社会维度。其中，生态环境可持续发展是该理论的首要问题和主要内涵，社会和经济的可持续发展离不开生态环境的可持续发展。其要求人们综合考虑短期利益和长期利益，从而形成正确的发展理念，把生态环境保护作为自身必须承担的责任和义务，避免人类活动超出生态环境的可承载范围。生态环境可持续发展是人与自然冲突激化的必然结果，不仅是可持续发展理论的最初来源，亦是该理论中最直观且最迫切的难题。

传统理念认为，经济增长和经济发展同等重要，但经济可持续发展对该理念做出了调整。它要求在合理的环境容量与承载力范围内以及确保资源永续供给的前提下，实现经济效益的最大化。这一发展理念同时强调了经济利益与环境保护的重要性，对经济增长的质量与效益做出了新的规定：降低以往自然资源的投入力度，取而代之的是更多的科技和人力投入。与此同时，对经济效益的评估也需考虑环境与资源成本，经济行为产生的负面环境效应不得超出生态自我修复与循环的极限，防止出现经济活动给自然环境带来无法弥补的破坏与损害。经济可持续发展必须以科技进步为引领，将产业结构转型升级作为推动经济发展的不竭动力，利用区域比较优势与全世界及毗邻地区形成良好合作和细致分工，推动战略性新兴产业的突破与发展，以形成环境友好、资源节约、产出增长、结构优化的发展新模式。同时，要加强对发展中国家经济可持续发展的关注，追根溯源，以更多的科技资本投入取代以往的自然资源投入，通过科学技术的突破和人力资本的积累促进经济的可持续发展，尽可能降低经济发展对生态环境造成的伤害，以环境友好型工业化发展之路代替先破坏、后治理的传统发展路径。

三、企业可持续发展的含义

企业可持续发展是指企业立足长远，借助持续性学习和创新活动构建合理的发展机制，使企业不断提升运作效率和经济效益，以扩大自身规模，维持甚至提高自身在竞争者中的市场地位。

企业可持续发展的含义是对组织可持续发展的宏观阐述，亦是对相关定义的概括和深化，将有利于人们对组织的可持续发展进行更细致和深入的了解。其含义包括以下几点。

（1）对企业可持续发展的考虑需选取一段较长的时间范畴。究其原因：一是要关注组织生命周期的延续；二是组织发展需要经历一段较长的平稳期，需要担负更多的责任。

（2）持续学习是企业可持续发展的精神根基。在技术进步和知识经济背景下，知识的更新速度不断加快，学习型企业将成为未来市场的主力军。所以，企业需要借助学习活动提升素质并构建竞争优势，持续学习可谓企业可持续发展的必然要求。

（3）持续创新是企业可持续发展的路径。若经济利益是企业发展的动力，那么创新可谓组织内部的生命力，将有效带动企业的可持续发展。

（4）合理的成长机制如激励制度和约束制度是企业可持续发展的内部表现。人力资源是企业能力的形成源泉，也是组织重要的稀缺资源。合理的激励制度有助于人力资源的潜能开发，促使其将个人目标与组织目标相结合，以产生更大的价值，而合理的约束制度有助于人力资源形成更强的合作意识与企业精神。

（5）经济效益的稳定提升是企业可持续发展的外部表现。企业的可持续发展状态表现为：企业组织规模持续扩大；运行效率稳定提升；在竞争者中的市场地位相对稳定或不断提高。

（6）企业是具有生命性的群体，因此企业可持续发展并非一个静态概念，而是处于不间断的发展和变化之中。对于一个可持续发展的企业而言，经历低潮之后便会步入崭新的发展阶段。

（7）企业可持续发展具有整体性和长期性特征，是关乎企业"今天"与"明天"的发展理念和基本战略，要在"明天"站稳脚跟的企业就需要经受可持续发展的磨砺。

（8）企业可持续发展是企业最高的战略目标要求。通过对企业今后一段时期发展环境的预测和分析提出可持续发展的最高战略目标，其他所有目标都必须服从并服务于这一最高目标。

四、中国能源可持续发展

虽然时代在不断进步，轻工业和第三产业规模日益扩大，可是作为支撑经济的关键力量——发展重工业，不论在哪个时代下都不容松懈。能源作为国民经济的命脉，其投入、产出、开采和生产等每一个运营环节都与人类社会休戚相关，直接影响着居民的生活水平及生存环境，能源的可持续发展是推动可持续发展战略的重要力量。具体而言，能源可持续发展是指能源的供应既满足了当代人的需求，使其能够高效利用创造收入，且不损害未来能源的供应能力，又要求当代人不盲目地开采能源，要谨慎地、高效地利用能源，实现能源的可持续供应。基于此种要求，就需要能源的发展是可持续的，可以通过科学手段提高利用效率或者研发可再生能源等措施来实现。除了能源的持续利用之外，能源的可持续发展还要求国家发展能源不能以破坏环境为代价，能源的开采和利用要与经济、生态环境等各方面相协调，共同促进，共同发展。

我国作为世界上的能源大国，虽然能源总量较大且种类较多，然而人均指标却远低于世界平均水平。高耗能、高污染和低效率是阻碍我国能源健康发展的三大顽疾，纵观我国能源发展现状，资源供给不足、结构不合理和对环境不友好等这些负面的影响，很大程度上抑制了我国经济社会的可持续发展。首先，能源的供应无法满足我国经济飞速增长下的能源需求量，使得产量和消耗不同步；其次，对于中国这样一个人口大国，随着人口总量的持续增加，未来人均能源占有量还会不断减小，使得资源短缺问题更加严重；另外，我国长期以来以煤炭消耗为主的能源结构既缺乏多样性，也是造成环境污染、能源供给不足、效率低和结构失衡的重要原因，尽管煤炭的使用有一系列消极的影响，可是目前短期内煤炭仍无法退出我国能源供给舞台。所以，随着新时代生态文明建设的不断推进，实现能源的绿色发展、可持续发展受到各国的高度重视。我国正处于供给侧结构性改革、转变经济增长方式的重要阶段，实现中国能源的可持续发展至关重要。能源结构的优化、煤炭利用效率的提高和净碳技术的改进是我国能源可持续发展的必然要求。

能源的可持续发展对我国可持续发展战略来说既是其主要内容，亦是其重要前提。就当前来看，我国能源规划的基本思路是使现行的能源体系逐渐转变为可持续发展的现代能源体系。一方面，能源系统可以对我国社会、经济和生态的可持续发展发挥有效的支持作用，另一方面，能源系统可以通过经济、安全、高效、公平、低碳和清洁的形式推动自身的可持续发展。要对我国能源可持续发展现状与趋势进行科学评价，不仅要立足于能源可持续发展的基本含义，还要展示出能源系统与社会、经济、科技和生态环境等外部系统之间以及能源系统内部各要素之间的关联。而要对可持续发展进行量化分析，其标准应涉及过去、现在与将来。若能源可持续发展的内部各要素之间产生矛盾，例如可持续发展的清洁性与经济性之间出现矛盾，该怎样对能源可持续发展进行科学评价并选择最优路径？图2-2显示了能源可持续发展的基本评价模型。

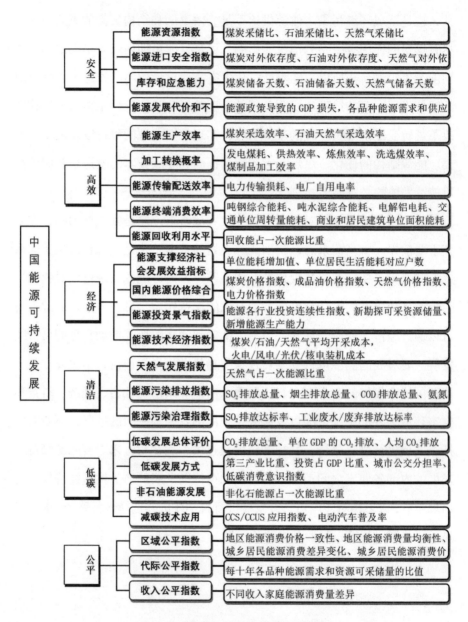

图 2-2　能源可持续发展评价模型图

　　能源管理机构需要对有关能源可持续发展的政策进行科学评价，在此基础上整合并优化能源制度体系，尤其要加强对相关政策与能源可持续发展所形成的协同效应的关注，防止出现不同政策间的矛盾和冲突。上述能源可持续发展评价模型从多个维度提出了发展能源的诸多要求。首先是安全，其次是高效，同时要考虑与经济、环境相协调、相适应，做到清洁、低碳、平衡和可持续发展。该指标评价体系的构建遵循着科学性、系统性、可比性、可行性和实用性原则，以目标为中心，以政策为依据，深入细致分析影响能源发展的各项指标，既注重当下，又放眼未来，既有全局观，又把握细节，科学合理，全面细致。实现中国能源可持续发展战略，需要建立满足上述指标衡量下的能源综合体系，使能源的开采利用与经济、环境、生态和社会等多方面协调、同步、平衡和适应。稳定、安全的能源体系能促进经济的稳定发展，清洁的能源不会对环境造成太大伤害，不会破坏生态系统的稳定。总之，基于目前我国能源现状及未来发展趋势，统筹能源与其他各方的和谐关系是能源可持续发展战略的核心，是推进国家可持续发展的重要内容。立足国内，保证国家能源安全，同时响应国际能源多元化，既以煤为基础，又不忘多元发展，提升技术，提升效率，改进结构，绿色优先。环境友好型的能源结构是未来能源发展的趋势，也是支撑经济社会可持续发展的中流砥柱。

五、煤炭企业的可持续发展

伴随我国能源压力、人口压力、生态恶化、环境破坏和资源短缺等问题的不断涌现，煤炭企业在当前及未来一段时期内面临诸多亟待解决的难题：怎样探索并找到具有中国特色的"新型工业化"发展道路？怎样主动转变经济增长方式？怎样提升自主创新能力，以推动建成资源节约型和环境友好型社会？基于以上发展难题，国内外学者纷纷做出讨论。魏同（1997）对煤炭可持续发展的内涵做出界定，即煤炭企业所处矿区的资源开发和利用与该区域社会进步、经济发展和环境保护相协调，促使矿区供给清洁的原料、燃料和动力。耿殿明（2003）在对我国煤炭矿区进行深入研究的基础上，对其可持续发展的内涵进行了界定，即在一定的空间地域（矿区）内，形成人与人、人与生态和谐共处、协调平衡的共同认识，该地域内的企业显示出强大的市场扩张和经济效益增长能力，环境支持系统和相关产业链将秉持代内公平和代际公平的基本原则，从而在矿区发展与当地城乡建设之间建立合理有效的互动关系。

煤炭企业的可持续发展应实现经济发展需要与生态环境需要之间的统一，应实现当代人口需求与后辈需求之间的统一，要将对煤炭资源的开发利用控制在合理的范围内，从而在对该资源进行消耗的代价超出上限时，使人们拥有相对宽裕的时间完成对可替代性资源的寻找与转移。相较于以往的发展观念，煤炭企业可持续发展观的区别显著：其关注的是经济与自然的和谐发展，强调人与生态的协调，最终目标是使人类社会获得在很长时间内的持续发展能力。这种发展观念从生态环境和自然资源的视角出发，为人类发展提供了新的模式和战略，其并非像字面意义所示的使发展在时间范畴中持续、不间断，而是认识到了环境和资源承载力发展的意义以及发展对生活质量提升的意义。对于可持续发展而言，发展是目的，可持续是关键。

从根本上说，煤炭企业的可持续发展就是借助对企业所属区域内煤炭资源的开发，满足市场对相关产品的需求，使企业经济增长与社会发展相适应，将资源开发利用对自然环境的影响控制在合理的环境容量限度内，具体内容涉及如下几点。

（一）煤炭企业经济发展的可持续

煤炭企业的生存和发展离不开对煤炭资源的开发与利用，这种开发和利用属于特定的产业经济活动，企业经济的持续发展可谓煤炭企业可持续发展的核心，经济发展对企业发展而言具有重要的推动作用。经济发展的可持续一方面反映在数量的积累上，另一方面反映为质量的改善。同时，还要加强对资源与环境保护的关注。可以说，实现企业产业经济的有效连接和提升企业的核心竞争力是矿区经济可持续发展的主要环节。

（二）煤炭企业资源利用的可持续

资源利用的可持续是指企业在开发利用煤炭资源过程中，秉持代际公平的资源伦理观，通过科技手段和创新活动，尽可能地扩大煤炭资源回收率，减少浪费以及对水资源、土地资源等其他自然资源的连带破坏，这并不意味着对可耗尽及不可再生资源的长期享有；同时，这种可持续也强调在开发和利用煤炭资源的过程中树立节约理念，从而提升煤炭资源的产出效益。

（三）社会的可持续

受区域特征和历史沿革的决定性影响，我国煤炭企业并非完全市场意义下的企业，社会氛围在煤炭企业所具有的矿业城市发展、工农关系、社会职能的共同作用下得以形成。所以，扩大煤炭企业员工的就业渠道，优化和调整员工的物质生活与精神生活，改善当地的城市化水平，维持社会和谐稳定，都将成为煤炭企业社会发展可持续的重要体现。

（四）生态环境的可持续

在当前技术条件下，煤炭资源的勘探和开发势必会对当地自然环境造成恶劣的影响。然而，生态环境可持续并非指煤炭企业的经济扩张和资源开发活动不能对生态环境造成任何负面影响，而是主张企业将这种影响控制在合理的环境容量阈值区间内，从而使环境污染和损害得到妥善处理和有效恢复。积极鼓励对清洁生产（开采）和洁净煤技术的使用，从而在根本上解决污染造成的环境问题，这才是煤炭企业生态环境可持续发展的最终目的。

第二节　人本理论

管理行为对应的管理对象可以是财产、物品、运营环节和信息资源等，其中最灵活、最关键、影响最深远的是对人员的管理。尤其在如今这个科技文化日益发达的时代，人力资源成为诸多企业的核心竞争力，直接或间接地决定着企业的发展方向及成败。可以说，对人的管理是现代企业管理理论的研究重点，即基于"以人为本"管理思想下的人本理论。

著名管理大师德鲁克（Derluk，1954）曾一针见血地指出，企业管理最终是落到了人力资源管理的问题上。人往往能创造出意想不到的价值，所以人是企业中重要的资源，管理者以及科学的管理方法，是增强企业竞争优势的关键因素。人本理论主要强调了在管理中要关注人，关注变革中的人，关注员工的行为，注重在管理活动中人的主动性、积极性以及创造性的作用，企业的员工不应是被动的、懈怠的。以人为本的管理思想的出发点是对人性的关怀，落脚点则是激发人的创造力，发挥人的主观能动性，由个人的更好发展进而促进整个组织的良好发展。著名管理学家陈怡安（1973）教授在积极自我的开拓中曾对人本理论这样解释道："点亮人性的光辉；回归生命的价值；共创繁荣和幸福"，这样的点评可谓是言简意赅。

关注人，关注变革中的人，关注员工的行为，是企业不得不面对的问题。亚当·斯密（1776）在其《国富论》中明确指出，劳动是国民财富的源泉，劳动创造的价值是工资和利润的源泉。人本管理的理念来源于将人性的概念纳入管理的范畴。

一、人性与企业

"舍得"是一种人生价值的选择，"舍得"是一种胸怀，"舍得"是一种境界。在构建企业与员工的和谐关系上，也需要懂得舍得之道。不舍则不得，有舍才有得。

伦斯基（1988）在其《权力与特权：社会分层的理论》一书做出了有关人性的五种假设：①人属于社会性动物；②党派集团利益或自我利益是人类大部分行为的驱动力；③人所抢夺的大部分客体的供应相对稀缺；④人在斗争所需的属性上存在不平等的天赋；⑤人是具有习惯的生物。

社会生活一方面是人类生存的必需品，另一方面也是尽可能满足人类所需并实现人类愿望的必然要求。合作行为能够满足人类诸多不可能独立完成的愿望，同时也有助于人类实现其他的（绝大多数）要求，换言之，合作能以很小的付出或其他投入换取更大的回报。

"经济学之父"亚当·斯密首次提出了理性经济人假设。1844年，约翰·斯图亚特·穆勒基于斯密的基本理论，首次对"经济人"的含义进行了系统阐述，基本思想为：①人具有自利性特征。换言之，人的一切活动都受个人利益的驱动；②人存在最大化取向，会不断寻求自身利益的最大化；③这种最大化取向会推动社会总体福利的增加，即每个人对自身利益的追求会由"看不见的手"促成整个社会福利的增长。

在很大程度上甚至完全情况下，许多利益目的因其工具性价值而备受人们追捧。换言之，它们会促进利益目的的达成。为实现利益目的并获取其最为欣赏的事物，人们必须竭尽所能运用自身拥有的由自然和社会赋予的不同类型的资源，例如个人财产或生理、智力、精力、美貌等个体特征。而在这个过程中，人们用所掌握的原始资源去获取金钱、职位、教育等工具性报酬；另一方面，这些工具性报酬又反过来作为资源作用于对最终目的，例如生命、健康、舒适、地位等的获得与维持。

在人性追求财富最大化的动力作用下，人们发现如果一群人聚集在一起进行劳动分工可以有效改善劳动效率，而每个人在劳动分工中又能获取更多的劳动报酬，由此形成了古典经济学派代表人物亚当·斯密提出的"企业性质论"；另一方面，企业会显著降低用于销售、采购等活动的交易费用，由此形成了新制度经济学派代表人物科斯提出的"企业性质论"。因为企业的存在显著降低了交易费用，因此可以花更少的钱获取更多的回报，这同上文所提出的每个人获取更多的报酬一样，符合人性的贪婪特征，因而推动了企业的发展，使近代社会形成了人类获取财富和收入的三种基本形式：①人们将自身劳动力作为商品出售给他人或企业，由此获得劳动力所带来的报酬，这构成了最重要的收入来源，也决定了人们的富裕水平；②人们将具有特定生产价值的物品租售给他人以获取租金，如将一辆载重汽车租售给房屋建筑公司；③人们利用与生俱来的企业家才能，创造发明新的产品，并成立公司销售这些产品。

从企业角度来看，企业的产品会转移到市场，但产品最后的使用主体仍然是人，而上文提及的有关人性的内容如性欲、食欲、防卫本能、自我保存等自然属性，以及精神属性和社会属性等需求本质，全部是企业产品所面向的市场，市场的存在使产品终将被售卖，企业终将取得收益，由此实现自身的生存和发展。所以，从更深刻的角度出发，人性一方面"催生"了企业，另一方面也不断给予企业必要的"滋养"。

二、人本思想的历史演进

新兴企业管理理论离不开以人为本这一思想要素。由重物向重人的转变推动了管理哲学质的飞跃，这意味着管理者逐渐意识到人是企业管理中最为核心的影响因素，企业日常管理的全部活动都将依赖人完成。同时，管理者也意识到企业管理活动的终极目标就是实现人的更好生存和全面发展。所以，在我国企业管理的各项活动中全面落实现代企业人本管理，不但顺应了"以人为本"的社会发展理念，同时也迎合了管理领域中的发展潮流。

以人为本是我国古代著名政治家和思想家管仲的管理哲学思想，其强调在治理国家的过程中关心人，考虑人的权利，具体有以下体现：首先，管仲认为人在世间虽渺小，可"打江山"最重要的是人，统治者即便是一国之主，拥有最高权位，要想长治久安，就应以人为本，保国卫民，得天下最终是要得人心；其次，动荡的社会无法带给人民幸福，也难以促进整个社会的生产进步，只有和谐的社会才能使得国家更好地发展，而和谐既包括人与人之间的和谐、人与自然的和谐，也包括国家和百姓之间的和谐，国家要重视人民，善待人民；最后，管仲的人本思想指出其重要内容是"强本事"，即国家的最终目的是富民，解决人民的吃饭问题和土地问题是关键。管仲作为齐国的重臣，其"民为邦本"的治国理念为齐国带来了很好的发展，使得齐国国家与百姓和谐相处，社会稳定发展，国力不断提升。

传统儒家思想也是以我国传统文化的"人"为基础展开论述的，具体包括以下两点：一是从个人修养出发，主张修身、齐家、治国、平天下；二是从处事谋事出发，主张天时不如地利、地利不如人和。孔子的思想中也处处体现着人的意义以及人的贡献对于社会的意义，如"天地之性人为贵"。

纵览我国上下五千年的历史文化，儒家思想在我国影响深远，其发展一脉相承、融会贯通，经历了许多阶段。其中先秦的儒家思想阶段是我国"以人为本"思想的重要阶段。儒家思想中，人具有较高的社会地位，因此，他们比较重视管理活动中对人的管理以及以人为核心的管理活动。需要对个体给予尊重，从人的本性出发，客观全面地对人性进行分析，以人为本。

儒家思想的杰出代表之一孟子，曾对人性进行探讨，认为"人性本善"，善良是人的天性，与生俱来，并且这种本能美好所在也会促使人们向善而生，若没有后天的影响，人都是善良纯真向往美好的。"善端"像人本应拥有的眼睛、嘴巴，天生存在，自然而然。"仁义礼智"是在人善良的本性的基础上通过后天实践，培养形成的美德，美德是对人的本性的开发。道德修养可以靠后天的养成，可此时不能将人性的"善"与之混谈，其在人心中自然存在。同时，孟子还指出这里所说的人性与生俱来的"善端"不能等于善的表现，当人在不同的生存环境下耳濡目染后，外界对人的发展往往有着很大的影响，天生存在的"善端"可能会渐渐消失，从而呈现在大众眼前一个十恶不赦的人。所以，"善端"在后天中不应被破坏、被迷惑，个人应加强自身修养，使之成为善的表现。儒家思想众多，通过对孟子"人性本善"的分析，可以更加坚定"以人为本"在社会发展、治国理政中的重要性。

综上所述，包括以管仲为代表的法家学派和以孟子为代表的儒家学派在内的我国传统管理思想无不反映出一种人本的哲学理念。

追溯西方的人本主义思想，其出现与政治中资产阶级的产生相契合，始于文艺复兴时期。西方社会的人本主义思潮基于人类自身，以人为核心和基本出发点，主张一切事物均为了人。这种哲学理论由西方马克思主义、人格主义、存在主义、弗洛伊德主义等诸多形态各异的流派形成，然而不同流派之间又具有一定的共性，即均主张以人为本和以人为中心。

在西方管理理论中，存在下述几个有关人性的主要观点。在人本管理思想的萌芽和孕育阶段，企业管理者往往凭借自身经验完成企业的日常管理工作。19 世纪晚期至 20 世纪初，美国著名工程师泰勒在"经济人"假设和反复实验的基础上，提出了系统、完善的操作程序和科学管理方法，大大提升了企业生产和运转的效率。从这一理论开始，人们渐渐认识到人对于企业和工作的重要意义。而科学管理理论也是首次将人对于企业和工作的意义引进管理领域，这其中不乏深刻的朴素人本主义管理思想。除此之外，泰勒提出个别工资制度仅仅是激发工人主动性和积极性的从属因素，应当坚持非物质激励和"适度"激励的策略，从而实现企业员工有关成长等诸多方面的需求。

所谓人本，就是"以人为本"，强调人的地位和本质。而人本管理就是组织在管理活动中突出人员的核心地位，从人员的各项需要出发，尊重个性，满足需求，并不断营造有利于人员生存和发展的组织环境，激发人们工作的主动性和创造性，激励人们积极进行自我管理并参与组织管理，将人的自由全面发展视为目的，并以竞争和合作的方式促进这一目的的达成。人的自由全面发展不仅反映着经济的转变和社会的发展，而且反映着人类的进步，体现着人本管理的本质与内在含义。

坚持"以人为本"的企业将有利于实现获取盈利的发展目标。在现代企业管理中，建立对员工的有效激励制度是"以人为本"的重要体现。但是，激励制度能否得到合理运用将对企业生产和经营活动的效果产生直接影响。借助激励制度，企业能有效激发员工的能动性、积极性、创造性和主动性，可以说，激励制度有利于组织生产效率的提升和企业的持续发展。

企业要提升经济效益，实现可持续发展，就必须关注员工劳动的重要价值，以薪酬为杠杆，激发员工工作的积极性，同时借助技术岗位工资、艰苦岗位工资、管理岗位工资、关键岗位工资等多样化的方法加快薪酬改革的步伐，在秉持"逐步完善、平稳过渡、效率优先、兼顾公平"的基本原则基础上，确保薪酬制度一方面保持相对稳定，另一方面具备基本的差异性，促使企业各项制度在变革和发展过程中得以不断完善和优化。

三、人本管理的内涵

人本管理既包括理论上对管理活动的指导，还包括实践中对以人为本思想的运用。虽然在管理学领域，学者们各抒己见，百家争鸣，但是关于人对于企业的重要性，学者们都持一致的观点，强调充分发挥人的知识、技能等多项优势，管理的重点也在于对人的管理。人在管理活动中具有较高的地位，不能与其他的物相提并论。人是方法的运用者，而不是像其他资源一样是企业实现目标的工具，基于此，确立了管理实践中人的核心地位。

人本管理相对于传统的管理理论是全新的管理理念。早期，在理性经济人假设的影响下，管理者像经济学中的厂商一样追求企业利润最大化，却不具有战略性眼光，没有从企业的长期发展考虑，也未考虑企业的未来盈利能力及可持续发展能力。随着信息化等媒体网络技术的发展，人在生产经营活动中发挥的作用越来越大，人为的因素对企业的发展越来越重要，如企业形象的树立、核心资源的获取、制造能力的研发、最终产品的销售和融资投资活动等等，每一个环节都离不开人的智慧经营管理。所以，科学的管理方式下，企业首先应以人的管理为核心，然后才是利润最大化。在人本理论中，管理活动最重要的任务是对人的潜能的激发与运用。人的潜能是无限的，也是需要挖掘的。加强对人才的培养，来促使企业获得优秀人才，将更有助于其可持续发展，激发人的潜能是企业发展的动力。

人本管理指出企业最高的经营宗旨是懂得尊重，企业发展的基石是建立一个高素质的优秀团队，企业运营的保障是增强每个人的团队合作精神，管理最终要达到的目标是实现人的全面发展。首先，尊重别人，无论他是基层员工，还是高层领导者抑或是企业的合作者、顾客等等，只有尊重别人的劳动成果，这样他才能有努力拼搏的动力。其次，人类从生物学角度来看就是群居动物，适合团体合作共同发展，优秀的团队更容易创造出一加一大于二的效益。总之，企业的发展离不开对个人的培养，也离不开高素质的团队，在提高员工个人专业素养的同时也要提升团队的协作水平，这样企业才能保持发展动力与活力。最后，在飞速发展的时代下，竞争激烈的市场环境下，企业之间的竞争变成人才之间的角逐，而对人才的要求势必会越来越严格，要求其具备多方面的技能，全面发展。实现人的全面发展不仅是人本管理的最终目标，也是新时代下的需要。

人本管理实质上就是将以人为本的理念引入企业管理的基本理论和实践中，在企业管理的各个阶段建立整体人本观，一方面关注员工的自由和价值，将实现人的需要和人的全面发展视为组织目标和各项活动的出发点，另一方面强调员工主观能动性的作用，通过这种能动性实现人的全面发展、企业发展和社会进步的和谐统一。正如中国台湾著名学者陈怡安（1973）提出的，"点亮人性的光辉，回归生命的价值，共创繁荣的幸福"正是人本管理的题中之义。

人本管理将"以人为本"视为最重要的管理理念，并由此形成了一套系统的管理方法和理论，这种"以人为本"体现着人本管理的思想高度。人本管理既关注员工存在的价值，又基于关心人、尊重人、认识人、理解人的基本理念，激发员工工作的主动性和积极性，以此构建科学和谐的人际关系。此外，人本管理还强调对人力资源的持续开发。若单以激发员工主动性和积极性的角度出发，促使企业获取盈利，并非实际意义上的人本管理。

系统来看，人本管理内涵深厚，包含以下几种基本含义。

其一，人本管理是基于"关注员工的自由和价值"这一理念形成的，换言之，在人本管理理论中，所谓人指的是拥有独立自主人格的人，这与现阶段我国社会主义市场经济制度建设实际相契合。究其原因，人的主观能动性是市场经济的基本前提。然而，值得注意的是，关注人的独立价值并非对集体利益的忽略与漠视。

其二，人本管理是一种复杂的系统工程，涵盖各种方法、思想和模式。人本管理并非单一的道德伦理思想或管理理念，同时也涉及各式各样的科学管理方法。尤为关键的是，人本管理实现了道德、制度、法律、文化的有机统一，具有符合人性和自身特性的独特管理模式。人本管理具体包括三个方面的管理，即行为管理、价值观管理和制度管理。

其三，人始终是人本管理的目的和基本出发点。对于管理因素而言，人是具有创造力和能动性的重要因素，合理的人本管理可以有效激发人的创造力和主动性，由此可以实现组织管理水平的改善，推动企业达成自身的发展目标。而对于管理目的而言，实现人的全面发展是全部管理活动的共同目的。

其四，马克思主义理论中所指的社会人即人本管理中的人。这种人是理性与非理性社会关系、精神与物质的集合——不仅拥有自然属性，同时拥有精神属性，更重要的是还存在社会属性。

从人本管理的内容来看，及时掌握并满足员工需要是人本管理关注的内容，这种管理形式强调人际关系和沟通互动的重要作用，主张培育员工的集体意识，激发员工参与企业重要决策的积极性，同时主张依据企业发展环境和员工的工作绩效，实施权变领导，并对员工进行适度激励。现代企业制度的建立离不开人本管理理论，人本管理可谓构建现代企业制度的客观需要和重要内容，它要求管理者将员工视为企业的重要资源和管理对象，通过使用不同的激励方式，激发员工的主动性，同时积极部署人力资源持续开发战略，依据员工的行为和思想规律，构建积极向上的企业文化，并将服务于人视为企业管理的最终目标。人本管理的主要模式为：企业及员工的定位与认识——统一组织整体目标和员工个人目标——环境营造和制度建设——选人、育人、用人、留人——推动企业与员工的共同发展。在组织内部构建真实有效的、同企业战略紧密关联的薪酬激励和绩效评价机制，是实施人本管理的关键条件之一。

　　要有效地落实公司的战略，需全体员工共同努力及协力推动。要让员工们参与及支持，需了解员工行为的决定因素，这些因素有些外显，有些则内隐。组织类似一座冰山，从外在可以看到组织的结构、指挥链和正式职权等，也可由相关文件中得知组织的战略、目标、政策与程序以及绩效评价等。但除此之外，还有许多潜藏的因素会对组织的运作造成实质的影响，如组织成员的态度、知觉、群体规范、非正式的互动、人际间与群际间的冲突等。如图2-3所示。

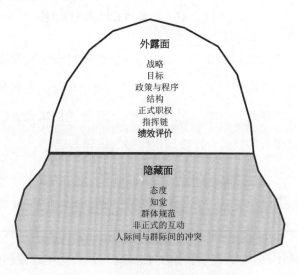

图2-3　员工行为决定因素冰山图

因此，有效落实公司的战略，必须从人的行为层面与绩效考核来着手。主要包括如下几个方面：

（1）工作投入度：指从业人员认同工作、热情参与工作，以及视工作表现为成就其自我价值的程度。

（2）员工热衷：指员工满意与热情于其工作。

（3）社会学习理论：认为人们经由观察和直接的经验来学习的论点。

（4）行为塑造：指系统地增强每个持续的步骤，来使个人渐进地达成组织所要求的反应以塑造行为。

（5）组织承诺：以忠诚、认同及投入于组织程度的观点来看员工对组织的态度。

归结而言，组织可通过绩效评价与配套的行为塑造方案，有效激励员工共同朝着组织的目标迈进，并积累坚实的组织资本，故以人为本，配合最适合的绩效评价体系，是创造组织增额价值的关键。

第三节　委托代理理论

本书的两大研究目的在于系统性地探讨平衡计分卡绩效指标与员工薪酬及企业价值的关联性，其中平衡计分卡绩效指标与员工薪酬关联的核心理论即为委托代理理论，故本书针对委托代理理论的来龙去脉与主要内容加以阐释，以作为后续整合数理理论模型的重要基础。

委托代理理论产生于20世纪30年代，由于企业的所有者与经营者经营合一时将产生许多缺点，于是美国经济学家Berle和Means（1932）提出"委托代理理论"，倡议所有权和经营权分离，企业所有者保留剩余索取权，而将经营权利让渡。"委托代理理论"已成为现代公司治理发展的理论基础，亦是资本市场能蓬勃发展的根源之一。

一、委托代理理论与薪酬激励

（一）委托代理理论建立的基础

在经济还比较落后的时代，企业没有大规模扩张，往往经营者亲力亲为管理公司，还未出现委托代理现象。后来，生产力不断进步，企业为了更好的发展会不断扩张，企业的所有者无法顾及大规模的企业管理，于是不得不找其他人来管理公司部分事务，这些人逐渐变成专业的管理人员，随着经营管理权与所有权的分离，委托代理关系逐渐形成，委托代理理论日益成熟。

委托代理理论中委托人和代理人本是相互合作、各取所需的。然而，由于双方目标的不同，各自为追求利益最大化就容易出现矛盾。控制权与经营权分离的情况下，委托代理关系规定委托人授予代理人管理企业的权利，并支付其劳动报酬，代理人应以委托人的目标为导向经营企业，完成其代理任务。由于各自出发点不同，信息不对称使得市场参与人有更大的空间追逐自身利益最大化，由此产生了委托代理关系中委托人和代理人的利益冲突。Jensen 和 Meckling（1976）进一步深入研究了委托代理关系，发现专业经理人管理企业的能力较强，他们掌握的资源及技能会使企业更好地发展，然而其与企业所有者之间的利益冲突也是委托代理理论中不可避免且需重点解决的问题。

委托代理理论是建立在信息不对称的博弈论的基础上的。信息不对称指的是某些参与人拥有但另一些参与人不拥有的信息。信息的非对称性可从以下两个角度进行区分：一是非对称发生的时间，二是信息不对称的内容。

从信息非对称发生的时间看，非对称性可能发生在当事人签约之前（ex ante），也可能发生在签约之后（ex post），分别称为事前非对称和事后非对称。研究事前信息不对称博弈的模型称为逆向选择模型，研究事后信息不对称的模型称为道德风险模型。

从信息不对称的内容看，信息不对称可能是指某些参与人的行为，研究此类问题的，我们称为隐藏行为模型；也可能是指某些参与人隐藏的信息，研究此类问题的模型我们称之为隐藏信息模型。

（二）委托代理理论主要内容

委托代理理论的发展使得现代企业管理理论变得丰富，最早在经济学家选取大量样本研究企业时，发现了经营权和所有权的分离以及相互之间的关联，发现经营权和控制权越是集中，企业的经营越是存在风险，而在控制权和经营权不那么集中的情况下，企业的经营越平衡，经营风险较低。

委托代理现象最早是经济学领域中为解决企业经营问题而出现的，并逐渐形成了这一学科下的理论。后来随着社会的发展、科学文化的发展，学科之间开始融合交流，委托代理理论在管理学等领域有了充分的发展。委托代理关系下的契约合同缓和了委托代理双方因信息、资源、能力、目标等不同带来的利益冲突，双方提前达成契约，建立平等合作关系，实现共赢。委托代理的初衷表明，代理方的行为目标导向应是由委托方的需求决定的，这种情况下便是委托方的利益最大化。但是有一些代理者为了自己利益的最大化，做一些不符合委托者目标的行为，基于这种情况，委托代理理论里有诸如提高代理人违约成本、增加代理人之间的竞争以及委托人给予代理人一定的激励措施等方法来增强委托代理关系下对代理人的制约。

委托代理理论是制度经济学契约理论的主要内容之一，主要研究的委托代理关系是指一个或多个行为主体根据一种明示或隐含的契约，指定或雇佣另一些行为主体为其服务，同时授予后者一定的决策权，并根据后者提供的服务数量和质量对其支付相应的报酬。授权者就是委托人，被授权者就是代理人。

委托代理关系起源于"专业化"的存在。当存在"专业化"时就可能出现一种关系，在这种关系中，代理人由于相对优势而代表委托人行动。现代意义的委托代理的概念最早是由罗斯提出的："如果当事人双方，其中代理人一方代表委托人一方的利益行使某些决策权，则代理关系就随之产生。"委托代理理论从不同于传统微观经济学的角度来分析企业内部、企业之间的委托代理关系，它在解释一些组织现象时，优于一般的微观经济学。

（三）委托代理理论的历史发展

委托代理理论是过去 30 多年里契约理论最重要的发展之一，最早是由经济学家伯利和米恩斯提出。随后在 20 世纪 60 年代末至 70 年代初，一些经济学家深入研究企业内部信息不对称和激励问题发展起来的。委托代理理论基于学者们的长期调研后分析得出经营权和所有权的高度集中将不利于企业的发展，而委托代理关系的出现较好地改善了这一局面，逐渐形成委托代理理论。委托代理理论的核心工作是研究在利益相冲突和信息不对称的环境下，委托人如何设计最优契约以激励代理人为委托人谋取相对最大的利益。经历了多年的演变，委托代理理论越来越丰富，从曾经的单纯的双边委托代理理论变为如今形式多样的代理理论，包括同一交易事项下"一对多"的多代理理论、"多对一"的共同代理理论，以及多项交易下的多任务代理理论。

我国的委托代理理论发展起步较晚，大约晚国外三十年，20 世纪 90 年代，我国学者张维迎对此进行了深入研究，他认为这一关系适用于更宽泛的领域，不只是对企业的管理，凡是信息不对称的交易，其中对于信息资源的掌握有优势的一方是代理方，劣势一方是委托方。这种更广泛的对委托代理的定义区别于狭义上的法律定义，前者是实质上的代理行为，后者是形式上的委托代理关系。

（四）委托代理理论的主要观点

委托代理理论的主要观点认为：委托代理关系是随着生产力大幅度提升和规模化大生产的出现而产生的。一方面是因为生产力发展使得分工进一步细化，权利的所有者由于知识、能力和精力受限的原因不能行使所有的权利了；另一方面因为专业化分工产生了一大批具有专业知识的代理人，他们有精力、有能力代理行使好被委托的权利。但在委托代理的关系当中，由于委托人与代理人的效用函数（utility function）不一样，委托人追求的是自己的财富更大，而代理人追求自己的薪酬津贴收入、奢侈消费和闲暇时间最大化，这必然导致两者的利益冲突。在没有有效的制度安排下代理人的行为很可能最终损害委托人的利益。而且，不管是经济领域还是社会领域，都普遍存在委托代理关系。

（五）委托代理理论的假设

理论的形成不是凭空想出的，而应在提出问题之后建立特定的假设，然后通过对假设的检验得出结论形成理论。委托代理理论也是如此，其核心假设是来自经济学领域的"理性经济人假说"，委托代理理论的研究范式中，具体提出以下两个假设并分析：

（1）委托代理双方出于各自利益最大化，会产生矛盾。经济环境中的委托人和代理人都是理性的，其行为动机最终会以自身利益为导向，然而双方目标并不相同。委托人作为企业的控制人，其最终从企业获得的收益取决于代理人对企业的经营状况，委托人为代理人的管理支付报酬，代理人为企业花费的时间精力、付出的人力成本越多，委托人需支付的工资越高，委托人对代理人的薪酬激励力度越大，代理人对企业的管理越认真的情况下，委托人能从企业获得的收益越多。但现实是委托人的收益和代理人的报酬是一种博弈的关系，若委托人不考虑代理人的薪酬，代理人不关心企业最终的收益，他们之间的利益目标就会相互冲突。代理人损害委托人利益的情况下，就产生了委托代理问题。

（2）市场参与人所拥有的信息是不对称的。委托代理关系中，委托人和代理人分工不同，他们从最初的掌握的资源不同，到之后关于同一个企业观察视角不同，彼此掌握的市场信息是有差异的，并且双方对对方的成本收益也无法完全了解。尤其是委托人不能直观地得知代理人为企业付出了多少，有没有按着自己的利益导向经营企业，这时，委托方就处于委托代理关系中的不利地位，而代理人则是具有优势一方。因此，代理人若是能够通过做出不利于企业发展的行为而为自身谋求更多收益，基于理性经济人假设，这样的行为也是极有可能的，这就是委托代理理论中的关键内容。为了解决代理问题，委托人需要拟定合理的委托代理合同，通过一些奖惩措施，既能激励代理人为企业做出积极努力，又能制约其不做损害企业利益的事。然而，在复杂的市场经济环境中，委托合同不能完全制约代理人的行为，市场中不确定的因素诸多，这些都会使得代理方行为不确定。

关于信息的不对称，经济学中从以下几点进行了详细的解释。①首先是存在逆向选择现象。逆向选择是指代理人对自己掌握的信息充分了解，而委托人不了解，无法辨别代理人的谎言，代理人故意提供错误信息迷惑委托人。②其次是道德风险的问题。道德风险是出现在签订合约之后的不平等行为，双方即便在订立合同时本着公平的原则彼此信息是对称的，可是在后期，若代理人不作为，本应为企业发展付出努力的时候，代理人却选择了偷懒，而且委托人还无法得知，只能接受最终不利于自身的结果，即企业的利益没有得到最大实现，所以双方的信息还是不对称的。区别于逆向选择，道德风险的信息不对称体现在发生时点靠后，而且代理人的消极行为是不作为，而不是逆向选择下的做坏事。③再次是信号传递。双方关系中掌握信息处于优势地位的一方会倾向于向劣势的另一方发出有利于自身的信息，而处于劣势的一方并不知情，对于委托代理来说，委托方就会签订有利于代理方的合同。④最后一点是信息甄别。由于代理方拥有的信息多于委托方，故面对委托方给出的条件、报酬，代理方可根据自己的信息优势甄别出有利于自身的方案，从而签订对自己有利的合同。总之，在这几种情况下，代理人总能利用自己的优势签订更利于自己利益最大化的契约，委托代理理论中设计最佳的合同机制来激励且制约代理人的行为是这一理论所要解决的重要问题。其中，逆向选择与道德风险又是研究的重点，需在事前、事中设计一种机制，从而有效制约在信息不对称下代理人的消极行为。

二、委托代理理论基本模型

近 20 多年来，委托代理理论的模型方法发展迅速，主要有三种。一种是由 Wilson（1969），Spence、Zeckhauser 和 Ross（1973）最初使用的"状态空间模型化方法"（Statespace formulation），其主要的优点是每种技术关系都很自然地表现出来。但是，此方法让我们无法得到经济上有用的解决方案（informative solution）。一种是由 Mirrlees（1974，1976）最初使用，Holmstrom（1979）进一步发展的"分配函数的参数化方法"（parameterized distribution formulation），这种方法可以说已成为标准化的方法。另一种模型化方法是"一般分配方法"（general distribution formulation），这种方法最抽象，它虽然对代理人的行动及发生的成本没有很清晰的解释，但是它让我们得到非常简洁的一般化模型。

在信息对称情况下，代理人的行为是可以被观察到的。委托人可以根据观测到的代理人行为对其实行奖惩。此时，帕累托最优风险分担和帕累托最优努力水平都可以达到。

在信息不对称情况下，委托人无法观测到代理人的行为，只能观测到相关变量，这些变量由代理人的行动和其他外生的随机因素共同决定。因而，委托人不能使用 "强制合同"（forcing contract）来迫使代理人选择委托人希望的行动，激励兼容约束是起作用的。于是委托人的问题是选择满足代理人参与约束和激励兼容的合同使自己的期望效用最大化。当信息不对称时，最适分担原则应满足莫里斯－霍姆斯特姆条件（Mirrlees–Holmstrom condition），这是由 Mirrlees（1974，1976）提出，由霍姆斯特姆进一步发展解释的。信息不对称情况与信息对称时的最适合同不同，代理人的收入随似然率（likelihood ratio）的变化而变化。似然率度量了代理人选择偷懒时特定可观测变量发生的概率，与给定代理人选择勤奋工作时相比此观测变量发生的概率告诉我们，对于一个确定的观测变量，有多大程度是由于偷懒导致的。较高的似然率意味着产出有较大的可能性来自偷懒的行为；相反地，较低的似然率则表明产出更有可能来自努力的行动。分配原则对似然率是单调的，因此，使用此原则的前提是似然率对产出是单调的，这就是统计学中著名的概念：单调似然率（monotone likelihood ratio property，MLRP），是由 Milgrom（1981）引入经济学的。Mirrlees（1974）和 Holmstrom（1979）引入了 "一阶条件方法"（the first-order approach）来证明了代理人行为是一个一维连续变量、信息非对称时的最适合同，其结论与非连续变量情况相似。由于一阶条件方法存在不能保证最适解的唯一性的问题，Grossm 和 Hart（1983）、Rogerson（1985）导出了保证一阶条件有效的条件：分配函数满足 MLRP 和凸性条件（convexity of distribution function condition，CDFC）。

除了基本模型外，委托代理理论亦发展出多个框架式模型，作为后人发展其他应用模型的基础，本书以表 2-1 加以汇总，整理出各延伸模型的类别、主要作者及主要论点。由于与本书数理模型的推导最具关系者为动态模型与代理模型，故以下针对前两个模型的内容加以回顾。

最早研究委托代理动态模型的是 Radner（1981）和 Rubbinstein（1979），他们使用重复博弈模型证明了如果委托人和代理人保持长期的关系，贴现因子足够大（双方有足够的信心），那么帕累托一阶最适风险分担和激励是可以实现的。也就是说，在长期的关系中，其一，由于大数定理，外生不确定可以剔除，委托人可以相对准确地从观测到的变量中推断代理人的努力水平，代理人不可能用偷懒的办法提高自己的福利。其二，长期合同部分上向代理人提供了"个人保险"（self-insurance），委托人可以免除代理人的风险。即使合同不具法律上的可执行性，出于声誉的考虑，合同双方都会各尽义务。在他们和后来 Rogerson（1985）和 Lambert（1983）以及 Roberts（1982）和 Townsend（1982）的研究中，都说明长期的关系可以更有效地处理激励问题，最适长期合同与一系列的短期合同不同。

但是，Fudenberg 等（1990）证明了如果代理人可以在与委托人同样的利率条件下进入资本市场，长期合同可以被一系列的短期合同所取代。然而，对委托代理人长期关系的关注和研究，启示人们从其他的角度来分析长期委托代理关系的优势。

表 2-1 委托代理理论基本模型的主要延伸模型

编号	模型类型	模型提出者	解决的问题	解决方法
1	动态模型	Radner，1981；Rubbinstein，1979	"显性激励机制"（explicit incentive mechanism）	没有显性激励机制的情况下，可否利用"时间"本身无成本地解决代理问题
2	代理模型	Rogerson，1985；Lambert，1983；Roberts，1982；Townsend，1982；Fudenberg et al.，1990	最适风险分担和激励	使用重复博弈模型证明，如果委托人和代理人保持长期的关系，贴现因子足够大，那么，帕累托一阶最适风险分担和激励是可以实现的
3	声誉模型	Radner，1981 Rubbinstein，1979；Fama，1980	激励问题	提出"事后结算"（ex post settling up）的概念，认为经理人为了提高收入，为了市场上的声誉，即使没有显性的激励合同，经理也有积极性努力工作
4	棘轮效应模型	Weitzman，1980	"鞭打快牛"	代理人越是努力，业绩越好，会使自己的"标准"提高。从而使代理人降低努力的积极性
5	退休模型	Lazear，1979	"工龄薪酬"	强制退休
6	任务模型	Holmstrom and Milgrom，1991	监督激励	固定薪酬合同有可能优于根据可观测的变量（有些是容易监督的，有些是不容易监督的）奖惩代理人的激励合同
7	预算模型	Holmstrom，1982	预算平衡对激励的影响	打破预算平衡才可能实现帕累托最优
8	选择模型	McAfee and McMillan，1991	逆向选择问题	让委托人监督代理人，而不仅收取代理人的保证金
9	合作模型	Itoh，1991	协同问题	激励机制诱使"团队工作"是最适的
10	评估模型	Lazear and Rosen，1981；Green and Stokey，1983	相对业绩评估	用锦标制度作为薪酬的基础不是最适的
11	风险模型	Malcomson，1984	道德风险	类似于锦标制度的激励合同是解决委托人道德风险的一个有效的办法
12	监督模型	Solow，1979；Shapiro and Stiglitz，1984	防止工人偷懒	薪酬越高，机会成本越大
13	安排模型	张维迎，1994，1995	委托权分配	企业成员在生产中的相对重要性和监督上的相对有效性

三、委托代理理论的理论价值与启示

组织、企业在发展的过程中，需要深入分析其有利因素和不利因素，从而选择更好的发展方向。委托代理理论可以更好地帮助企业分析并改进发展策略，更大程度地减少妨碍企业进步的不利因素。委托代理理论除了在经济学贡献颇深，如今在其他诸多领域也开始广泛应用。

整体来看，委托代理关系的形成是出于共赢的目的，即"共同利益诉求"，就如资产和技术的结合，共同创造价值，实现共同利益。其次，委托代理理论包含了第二层面的内容也即委托人和代理人共赢目标下各自利益大小的结构性问题。

委托代理理论从深层次上揭示了共同利益体之下，委托、代理双方的利益结构。根据这一理论，代理方可能会损害委托方的利益，因此要重点解决双方利益失衡问题，力求平衡委托代理双方的利益结构，实现双方各自的利益，不偏离共同利益，为实践指导提供理论依据。

委托代理理论被广泛地应用于社会生活的方方面面来解决各种问题。如国家与国企经理、国企经理与员工、国企所有者与注册会计师、公司股东与经理、选民与官员、医生与病人、债权人与债务人等都是委托代理关系。因此，应寻求激励的影响因素，设计最适合的激励机制。

委托代理理论是股权激励的理论基础之一。股权激励是代理成本的支付方式之一，是对经营层的人力资本最直接的承认。薪酬尤其是股权薪酬是解决代理问题的主要手段。科学而合理的股权激励方案能够有效地激励管理层努力地实现股东价值最大化。在众多股权激励方案提供者中，经邦股权集团提供的股权激励方案可以帮助企业构建起打通战略、治理、薪酬、考核、资本运作、文化等各个模块的中枢机制。总而言之，委托代理理论对我国企业建立现代企业制度具有重要指导意义，同时也是构成本书引用解释模型的核心理论。

本章回顾了企业绩效评估的基础理论，包括可持续发展理论、人本理论及代理理论等，了解如何推动人本与企业的可持续发展，以及在所有权与经营权分离的代理关系情况下来设计员工薪酬，以期能有效地激励员工努力工作，在追求企业成长的过程中，亦使员工能获得合理及适当的薪酬。

绩效评估基础理论的整理还作为下一章将平衡计分卡四个维度与企业员工薪酬及企业价值进行数理推导的理论背景，来建构出能整合平衡计分卡的多元绩效指标所形成的动态股权评价模型，汇总提出更加符合一般公司所需要的永续战略管理绩效评价体系，并作为本书研究假设形成的重要基础。

第三章 平衡计分卡绩效评价模型的构建

第一节 绩效评价体系的重要性

为简要说明企业中常见的问题及其与绩效评估系统间的关联性，本书借助限制理论的现况分析图来说明。图 3-1 列出了七个企业或其他组织中常见的问题，这些问题看似错综复杂，但通过深入梳理这些问题的脉络关系，我们能够找出解决这些问题的方向与重点（李荣贵和张盛鸿，2005）。根据 Goldratt（1984）的限制理论观点与分析手法，我们通过系统地分析这些问题彼此的因果关系及其影响因素间的关联性，得到了图 3-2 所示的因果关系图。

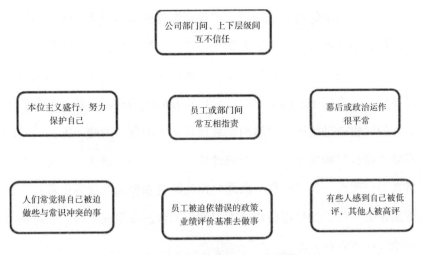

图 3-1　公司中常见的七个问题

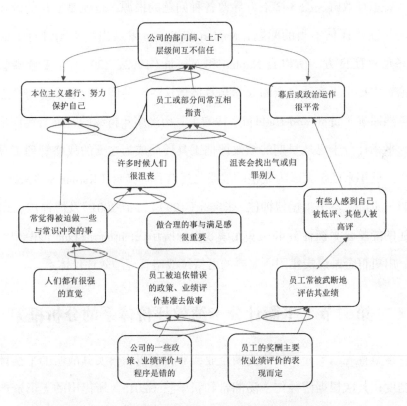

图 3-2　运用现状图分析公司常见问题的因果关系

运用限制理论的现状分析图，图 3-2 把这些公司中常见问题间的因果关系以箭头串连的方式呈现，有箭头一端的方框是果，箭尾一端的方框是因。有些地方用一个椭圆形把两个箭头圈起来，代表这些箭尾的两个因素共同导致了一个后果。由图 3-2 可看出这些问题的根源，基本上主要来自最下方的因也就是组织的政策与绩效评估不当所致。因此一家公司若能建立好的战略，且构建出适合的绩效评估方法与程序，则这些常见的问题就有机会加以改善，甚至消除。因此公司的经营管理团队都肩负着一个无可逃避的重大责任，就是帮公司或组织制订适合的政策或战略，并建构出良好的绩效评估体系。

要想有效解决图 3-2 下方导致各种问题的根源，也就是公司的政策或战略与绩效评估不当的问题，Kaplan 和 Norton 发展出的平衡计分卡制度正好是对症良方。所以自 Kaplan 和 Norton（1992，1993）在《哈佛管理评论》中提出平衡计分卡的观念与具体做法后，随即引起学术界与产业界的热烈回响（Chow and Haddad，1997）。历经多年持续的完善与实证推广后，平衡计分卡已从早期的绩效评估工具转而成为主要的战略管理工具与系统，近年来已扩大成为完整的战略与运营管理平台（Kaplan and Norton，2008）。因此，本书根据傅钟仁、张宝光（1999）、Fu（2001）及傅钟仁（2015）构建的能整合平衡计分卡的多元绩效指标所形成的动态股权评价模型，来发展出更符合某煤炭集团所需要的可持续战略管理绩效评价体系。

第二节　平衡计分卡绩效评价体系的分析框架

本节首先简要介绍最能协助企业或非营利组织落实其战略的平衡计分卡制度；其次根据傅钟仁、汤湘希和张学慧（2015）所提出的无形资产价值创造的动态模型，探讨一家公司的价值与其各方面绩效表现间的动态关联性，并提出一个简单的动态公司股权价值评估模式；再以傅钟仁（2004）所提出的最能协助公司有效激励管理团队与员工的最适绩效评价与薪酬模型，将平衡计分卡的四大维度的绩效指标加以整合；最后依据傅钟仁（2015）提出的整合式绩效评价与管控架构，说明如何将前述所发展出的动态股权评价模型纳入最适绩效评价与薪酬模型中，以形成更完整且适于动态环境的最适绩效评价与薪酬模型。

从宏观的角度来看，任何一家公司整体的经营战略与业绩管理，可以把其他企业竞争战略的方法与战略管理的模式经适度调整后，引用成为本企业的竞争战略与政策管理方法。因此本节首先简要介绍最被推崇的绩效评价与战略管理的平衡计分卡制度，其次介绍将不同维度的绩效评价与公司价值相连接的动态股权评价模型，接着介绍所整理出的整合性绩效评价模型，最后说明如何根据此理论模型的含义来提出本书待检验的研究假设。

一、平衡计分卡制度简介

Kaplan 和 Norton 两位教授很早就开始思考如何为十年之后的 21 世纪发展出更适合的绩效评价制度，因此召集 12 家在绩效评价领域成效卓著的公司，共同推动一项研究以期适用于 21 世纪的绩效评价制度。随后，他们将此研究成果形成《平衡计分卡——以指标驱动绩效》一文，发表在 1992 年的《哈佛商业评论》上，从此洛阳纸贵。此后，Kaplan 和 Norton（1993）进一步在《哈佛商业评论》上详细介绍了实施平衡计分卡制度的方法，使得平衡计分卡制度快速成为绩效评价的主流。

平衡计分卡制度之所以能如此受到重视并快速推广开来，在于其掌握到两个核心：以企业战略为核心，并且有系统地展开且有很好的逻辑性。

由于这两个核心所提供的指引，使得不同部门间能够更有效地沟通与聚焦，大家都能找出哪些是重要且对的事来做，更能达成全过程管理。同时每个部门向下展开时，因为逻辑清楚阻力也较小，容易做到无缝隙连接。因此，平衡计分卡成为许多公司与非营利组织有效的管理方法，开始有机会达成横到边、纵到底的管理境界。

由于平衡计分卡制度能有效协助公司落实其战略管理制度，因此很快被视为一种战略管理的工具。Kaplan 和 Norton（1996）进一步介绍了如何以平衡计分卡制度来作为组织战略管理系统，随后平衡计分卡制度很快成为被广泛运用的战略管理工具与系统。一直到今天，Kaplan 和 Norton（1992，1993，1996）所提出的平衡计分卡制度，已成为最能协助各类型公司与各种非营利组织来有效落实其战略、提升其竞争优势的绩效评价与战略管理的工具与系统（Niven，2014）。

平衡计分卡制度将企业的战略用简单的因果逻辑思维方式展现，从企业的目标开始，依财务维度、顾客维度、流程及学习与成长等四大维度，循序展开成环环相扣且明确的战略目标。一般而言，可以通过战略地图的方式，把这些战略目标的因果关系串联起来，以形成清楚且完整的推行架构。根据每个战略目标选择合适的关键绩效评价指标（KPI），并为这些 KPI 制定合理的目标值。通过这个过程，来让组织的高层领导团队明确自己所应该关注的重点，以及应该达成的绩效水平。之后，借助发展与选择适合的行动方案，来确保这些重要的战略目标能被具体执行，也能借助 KPI 来评估执行的绩效。最后，把这些重要的战略目标所串联起来的战略地图，即把 KPI、目标值及行动方案等结合起来形成公司整体的平衡计分卡，就成为最能协助组织聚焦，且能成为各级管理人员的政策指导。

公司整体的战略地图与平衡计分卡完成后，接着就要向下展开到各部门，让各部门依照各自的属性承接公司的战略目标，并据此形成部门的战略地图与平衡计分卡。此时的关键在于部门间的协同，因此制订部门战略地图与平衡计分卡不可以只由部门本身的人员来进行，必须邀请上、下游部门共同参与，以免形成高度本位主义的部门平衡计分卡。完成部门平衡计分卡后，接着再向下逐级展开，有些组织甚至展开到重要专业的个人，也就是个人平衡计分卡。

经由上述程序，平衡计分卡向下展开到各部门与各层级，成为协助组织聚焦且有效沟通各级管理人员的工具，同时也成为每个部门与员工的具体努力目标与绩效评价指标。平衡计分卡制度经过二十多年的持续改善与发展，不仅是公认最有效的战略管理工具，更是结合战略规划、预算与控制、绩效评价与改善的最佳管理平台。不过在实施时往往出现跨部门间的比较基准难以决定，及关键绩效指标（KPI）的相对权重不易选择等问题，尤其是主观性指标的权重常常过高，故常在实施一段时间之后，发现本身所实施的平衡计分卡制度运作成本很高，但功能有限，导致此制度无法持续推动（Ittner，Larcker and Meyer，2003；Banker and Pizzini. 2004）。因此若能提供一个更客观合理的绩效评价指标及其加权方式的参考基准，将有助于提升企业或非营利组织的长期竞争力。

二、公司价值评估的动态模型

公司的价值主要取决于其财务与非财务绩效，所以公司价值与财务及非财务绩效间的关联性一直是学术界与实务界探索的焦点。过去半个世纪对财务会计与管理会计的研究，逐步明确了三者间的关系。本书参照傅钟仁（2015）提出的平衡计分卡的分类架构，将公司的绩效指标区分成财务、顾客、流程及学习与成长等四大维度，并尝试将其与公司价值的创造与决定过程串联起来。同时，为了更明确地呈现不同维度绩效指标间及其与公司价值间的动态关系，傅钟仁（2015）参考 Feltham 和 Ohlson（1995）的线性信息动态模型，发展出公司价值决定的动态模型。其后，傅钟仁等（2015）将此模型延伸应用在无形资产的价值决定与分析上，发展出无形资产价值创造的动态模型，以利于公司更清楚地掌握其各方面的绩效表现以及对公司无形资产价值的影响，也提供了一种新的无形资产分类与管理的参考架构。

（一）公司价值与不同维度绩效间的关系架构

公司的价值是由其获利性、成长性与资金成本所决定，获利性与成长性取决于其产品市场维度的绩效，而资金成本则取决于资本市场与公司的风险管理效果（Palepu and Peek，2013）。产品市场的绩效主要构成项目除了获利性与成长性等常见的财务维度绩效外，也会纳入顾客维度、流程维度及学习与成长维度等非财务维度绩效。一般而言，公司的财务绩效指标是落后指标，主要取决于其营运流程的优劣，及顾客对公司产品或服务的整体评价。相对而言，学习成长方面的绩效则具有明显的领先效果，因为学习成长维度的投入短期内不易产生明显的财务效果，其成效往往是透过对未来营运流程的绩效改善间接影响公司的财务维度绩效，最终再反映到公司的价值上。

图3-3展示了公司不同维度绩效间的因果关系及其影响因素的关联性。本书将根据此架构图说明分析性模型的设定。首先看领先指标——学习成长维度。根据 Kaplan 和 Norton（1992，1993，1996）的研究，为使公司有限的学习成长资源更能充分发挥作用，公司应优先把此类资源投注于最能

有效改善未来营运流程绩效的地方，或是可直接提升顾客维度绩效的方面，而不是散弹打鸟般的平均分配，或是依循惯例分配。另外由于学习成长方面的投入与其产出绩效间具有较高的不确定性，也容易受到外在环境的影响，故许多公司或非营利组织的领导人虽了解学习成长方面的投入具有很好的未来效益，但在考虑当期的成本效益后多不愿积极投入。一般而言，学习成长方面的绩效主要反映在三个方面：人力资本、组织资本与智力资本，而影响这三类资本的形成的因素各不相同。

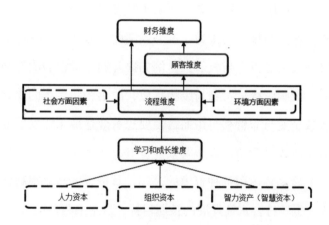

图3-3　不同维度绩效间的因果关系架构

考虑公司的经营状况，预期公司在学习成长方面的投入能产生相对应的绩效，且有助于改善未来在营运流程维度的绩效，但对于顾客维度的绩效影响不大。同时，公司在学习成长方面的投入与其产出间的关联性，深受其组织文化、价值观及运作模式等的影响，且学习成长方面产生绩效好的公司也比较愿意继续加大此方面资源的投入。换言之，若公司在学习成长方面的绩效表现良好（相对于其所投入的资源），则往往会持续投入学习成长方面的资源，也使其未来学习成长方面的绩效水平相对较高。故可假设当期公司在学习成长方面的绩效表现与其上一期学习成长方面的绩效存有正向关系，若以理论模型的方式呈现，就是一个具有自我回归性质的随机变量。

其次，探讨具有承上启下功能且居于核心的营运流程维度绩效及其影响因素。一般而言，当期营运流程维度的绩效除了取决于当期管理人员与员工在营运管理方面所投入心力外，也会受到以往营运流程维度绩效的水平高低及上一期公司在学习成长方面绩效的影响。此外还有许多因素也会影响公司营运流程维度的绩效。以煤炭行业为例，公司与同产业其他厂商的技术发展常会影响竞争的态势，并从永续发展的环境方面考虑对公司节能减碳及减少污染与排废的压力。本书预期此两方面的影响将主要反映在组织营运流程维度的投入与成效上，例如提升制造过程的能源利用效率及效能，以节能减碳，减少污染与废物排放，改善产销流程的规划与设计。因此对大多数企业与非营利组织而言，要想有效达成永续发展的目标，应在组织的营运流程维度实现效率及效能提升，也就是资源的合理利用。具体而言，一个能妥善运用各种资源的公司，其资源的转化率高，排废与排污相对较少，也较符合永续发展的长期目标，故本书将此纳入模型设定中。

同时结合前述学习成长方面的资源主要是投注于能改善未来营运流程绩效的地方，因此假设当期的营运流程的表现除了取决于上一期营运流程的绩效表现外，也会受到前一期学习成长方面的绩效表现影响。若公司能适当投入学习成长方面的资源，如节能减碳或减污减排的科技或产销流程改善的研发上，将有助于改善此方面的绩效，进而提升下一期营运流程的绩效表现。如此不仅有助于改善未来的财务维度绩效，也有助于逐渐达成公司永续发展的长期目标。

再次，有关顾客维度的绩效也就是顾客对公司的产品或服务的整体评价。通常人们对于公司或其他既有事物的评价，会以原有认知为基础，并结合新的感知来调整。换言之，当期顾客对公司的产品或服务的整体评价，除了会参考以往对于公司的整体评价水平外，也同时取决于当期公司的产品或服务相较于竞争者的表现。相对而言，公司在营运流程方面的表现好，其本身所能掌控的程度较高，也使得其可预测性较高；反之，影响外部顾客对公司的整体评价的外生因素较多，也使其可预测性较低。为避免模型过于复杂，在模型设定上，我们假设当期公司在顾客维度的绩效表现，是一个具有自我回归性质的随机变量。

最后，公司的财务维度绩效主要取决于当期顾客对其产品或服务的整体评价，及其整体营运流程的效率与效果上。此外，也会受到以往流程维度与顾客维度绩效的影响，及当期的政治、经济、法规等总体因素与产业方面因素等的影响。因此在模型设定上，我们可假设当期公司在财务维度的绩效表现，是一个具有自我回归性质的随机变量，但同时也受到其当期流程与顾客维度绩效的影响。至于公司在学习成长维度的绩效表现，是通过未来对营运流程维度的绩效改善，来间接影响财务维度的绩效的。

由于上述对一般公司不同维度绩效间的因果关系及其与影响因素间关联性的分析结果，基本与傅钟仁（2015）所发展出的动态评价模型的设定极为相近，因此本书将借鉴该模型来进行后续的分析。另将参考傅钟仁等（2015）对此模型延伸应用的分析结果，帮助公司更有效地掌握其不同方面的绩效表现对公司整体价值的影响，以协助其在不同维度上更有效地配置其资源。

（二）公司价值决定的动态模型

首先对股东而言，公司的价值是所有股东未来所能享有现金净流入的折现值合计数，这些现金净流入包含现金股利、现金增资（负的现金股利）

及清算股利等。Ohlson（1995）及 Feltham 和 Ohlson（1995）依据所有者权益变动表的概念，同时把各期的现金股利以盈余及净值（账面价值）的关系式来转换，因此可以把公司的价值表示成下列的评价模式：

$$V_t = bv_t + \sum_{\tau=1}^{\infty} (1+k)^{-\tau} E_t \left[x_{t+\tau}^a \right] \qquad (3.1)$$

式中：

V_t 表示公司的价值，由净值（bv_t）加上预期未来的超额盈余（x_t^a）的折现值合计数所构成；

k 为股东必要报酬率。

此基本评价模式虽然很简洁，但因为需要对未来的超额盈余做预期，所以无法直接根据现有的信息来评估公司价值。要想利用现有信息来评价，必须通过对未来的跨期信息演化过程进行假设与分析，才能通过动态分析的结果及合理的参数估计值来推估公司价值。

傅钟仁（2015）参考 Feltham 和 Ohlson 的线性信息模式（LIM），将图 3-3 中各维度绩效表现间的关联性，假设成如下的线性马尔可夫结构（linear Markov structure）。同时，根据图 3-3，本书的架构是将社会及环境的可持续发展也进行了考虑，一并纳入流程维度的绩效评价中，并以下列的方程组来呈现：

$$x_{t+1}^a = \omega_1 x_t^a + \omega_{12} P_t + C_t + \varepsilon_{t+1} \qquad (3.2a)$$

$$P_{t+1} = \omega_{22} P_t + G_t + \varepsilon_{2t+1} \qquad (3.2b)$$

$$C_{t+1} = \gamma_1 C_t + \varepsilon_{3t+1} \qquad (3.2c)$$

$$G_{t+1} = \gamma_2 G_t + \varepsilon_{4t+1} \qquad (3.2d)$$

式中：

P_t 表示公司流程维度的绩效表现，

C_t 表示顾客维度的绩效表现（以其所带来超额盈余的效果来衡量），

G_t 表示学习成长维度的绩效表现（也以其所带来超额盈余的效果来衡量）。

基于前述对不同维度绩效间的关联性分析结果，我们可以假设各参数的数值范围为：$\omega_{11} \in [0, 1)$，$\omega_{12} \geq 0$，$\omega_{22} \in [1, 1+r)$，$0 < \gamma_1 < 1$，$0 < \gamma_2 < 1$。另，$j = 1, \cdots, 4$ 为平均数为0的随机残差项。每一期的值不仅影响当期的各绩效指标值，也代表各维度绩效指标值当期的变动或创新。同时，同一期间是容许彼此存有相关性的。

上述的动态关系方程组，经过转换可以得出下列的公司价值与其各维度绩效指标间的关系式：

$$V_t = bv_t + \alpha_1 x_t^a + \beta_1 C_t + \alpha_2 P_t + \beta_2 G_t \tag{3.3}$$

式中：

$$\alpha_1 = \frac{\omega_{11}}{R - \omega_{11}}$$

$$\beta_1 = \frac{R}{(R - \omega_{11})(R - r_1)}$$

$$\alpha_2 = \frac{\omega_{11} R}{(R - \omega_{22})(R - \omega_{11})}$$

$$\beta_2 = \frac{\alpha_2}{R - r_2} = \frac{\omega_{12} R}{(R - \omega_{22})(R - \omega_{11})(R - r_2)}$$

为便于说明及避免与前述基本评价模式混淆，我们把上述的线性公司价值评价模式称为动态评价模式。此动态评价模式不仅相当简洁，且具体提供了不同维度的绩效表现对公司价值的影响关系，故具有很高的实务指导意义。因此，可借助对各系数影响参数的分析，来探讨公司应多投入资源于哪些方面，尤其是学习成长方面。因为大多数公司可能因学习成长维度的投入与产出的关联性比较不明确，或是不清楚学习成长维度的绩效所带来对财务维度绩效的间接效果，导致严重低估学习成长方面的投入所能产生公司价值的总效益，因而使得公司在学习成长面的投资不足，降低公司的价值。

根据（3.3）式的动态评价模式，可以把公司价值区分成五个部分。首先是资产负债表的底线数字——净值（所有者账面价值），其次是当期超额盈余及其持续性所带来累积价值的合计数；三、四、五等项分别表示顾客维度、营运流程维度与学习成长维度等三类非财务维度绩效，衍生出未来累积超额盈余的价值合计数。与前述（3.1）式的基本评价模式相比较，（3.3）式的动态评价模式把公司的超额盈余价值部分区分成财务维度、顾客维度、营运流程维度和学习成长维度等四部分。以下分别针对此四个部分及其影响因素进行分析。

财务维度、顾客维度、营运流程维度和学习成长维度的价值大小，取决于其绩效的持续性的高低。当持续性越高，也就是自我回归系数越大时，此部分所带来的未来超额盈余的累积价值将越高。因此，若能建立更好的竞争战略与管理控制系统，将提升这些非财务维度的绩效水平及其持续性，进而提升公司价值。明智的高阶经理人应当掌握此要点，并积极促使各级管理人员落实与强化与其相关的非财务维度绩效水平，以提升其持续性，尤其应着重于提升学习成长维度的绩效，因为此部分绩效所能带来公司价值的乘数效果最高。此外，当组织已能建立竞争优势时，如何提升与巩固其竞争优势将成为领导团队的关注的经营重点，例如可通过建立隔离机制以阻碍竞争者的模仿，提升这些非财务维度绩效水平的持续性，从而提升公司价值。

若就不同维度绩效的系数比较来看，营运流程维度绩效的系数 α_2 大于财务维度绩效的系数 α_1，且学习与成长维度绩效的系数 β_2 大于营运流程维度绩效的系数 α_1 与 α_2。因此，$\beta_2 > \alpha_2 > \alpha_1$。同时，学习与成长维度绩效的系数 β_2 也大于顾客维度绩效的系数 β_1。因而，相较于营运流程维度与顾客维度的绩效，企业在学习成长维度绩效的提升能够给企业带来更多的价值提升。针对煤炭行业公司的营运特性而言，其营运流程维度绩效的可控制性高且系数 α_2 大，因此成为大多数管理人员投注心力的焦点。但若要更有效地提升其营运流程维度的绩效，应更强化在学习成长面的投入，以强化其后续营运流程维度的绩效并据此创造更多的超额盈余。因为学习成长方面的绩效虽未能对当期财务维度的绩效有帮助，但可通过对后续营运流程维度绩效的提升，来提升其公司的竞争力，并间接且更大幅度地提升后续的超额盈余，进而大幅提高公司价值。故公司除了要积极改善其营运管理外，更应该加强学习成长面的投入，才能更有效地提升公司价值。

第三节　整合性绩效评价模型

在了解不同维度绩效表现的动态关系对公司价值的影响后，本书再探讨如何将不同维度的绩效指标加以整合以形成最适线性薪酬模型。本节延续傅钟仁、张宝光（1999）、Fu（2001）及傅钟仁等（2002）一系列研究所提出的结合多元绩效指标的最适薪酬契约模型，及傅钟仁（2015）的整合式最适薪酬契约模式，建构出一般公司的整合性最适薪酬模型。

一、多元绩效指标的最适线性薪酬模型

由前述不同维度绩效指标间的关联性分析可知，公司的财务维度绩效是落后的指标，除取决于其经理人与员工在顾客维度、营运流程维度及学习与成长维度等非财务维度的努力水平外，部分亦由法规、科技与总体或产业经济状况等外生因素所决定。故可将财务维度绩效与三类非财务绩效间的关系以下列函数加以表达：

$$F= \beta_f+\beta_c\,c+\beta_p p+\beta_g\,g+ \varepsilon_f \qquad （3.4）$$

其中：F 为个别公司的财务维度绩效；c，p，g 分别为经理人所投入在提升顾客维度、营运流程维度及学习与成长维度的努力水平（$c \in [0, \bar{c}] \subseteq \mathbf{R}^+$，$p \in [0, \bar{p}] \subseteq \mathbf{R}^+$，$g \in [0, \bar{g}] \subseteq \mathbf{R}^+$）；$\beta_f$ 为由外生因素所影响的利润部分；β_c 为经理人多投入一单位顾客维度的努力时预期会增加的利润数（以下简称顾客维度敏感度），β_p，β_g 分别为营运流程维度敏感度及学习与成长维度敏感度，$\beta_c \geq 0$、$\beta_p \geq 0$、$\beta_g \geq 0$；ε_f 则为分配呈 $N(0,\sigma_F^2)$ 的随机残差项。

一般而言，当公司的经理人及员工在个别非财务维度所投入的努力程度越高时，可使公司此方面的绩效愈好，进而提升公司财务维度的绩效。但经理人及员工投入努力有其成本，将使得其效用降低。假设对经理人及员工而言，其付出努力的成本为各种努力的递增凸函数。为便于说明，我们假设经理人及员工所提供努力的成本为 $\frac{1}{2}$（$c^2+p^2+g^2$），采用此种成本函数的理由是其符合直觉关系，且因具有可加可分性，让后续的模式分析过程不至于太复杂。

随着平衡计分卡等多元绩效评价系统的普及，愈来愈多公司可借助建立顾客维度、营运流程维度及学习与成长维度等的绩效指标 C，P 与 G，

来有效地（不偏且符合成本效益性）搜集经理人及员工在此三方面努力水平的信息。我们可以假设 C、P 与 G 分别是 c、p 与 g 等三方面努力水平的衡量指标，各类绩效指标与其努力水平间的关系可表示如下：

$$C = c + \varepsilon_C, \varepsilon_C \sim N(0, \sigma_C^2) \qquad (3.5a)$$

$$P = p + \varepsilon_P, \varepsilon_P \sim N(0, \sigma_P^2) \qquad (3.5b)$$

$$G = g + \varepsilon_G, \varepsilon_G \sim N(0, \sigma_G^2) \qquad (3.5c)$$

式中：随机残差项 ε_C，ε_P 与 ε_G 是衡量的噪声。另假设（3.4）及（3.5）式的随机残差项是衡量的噪声 ε_F，ε_C，ε_P 与 ε_G 间可容许有相关性。

　　基于大量学术文献与实务运作的结果，本书认为，应同时将财务维度与此三类非财务维度绩效都纳入绩效评价与薪酬公式中。故假设经理人（与员工）的薪酬是此四类可观察绩效指标 F，C，P 与 G 的线性函数：

$$B = \alpha_0 + \alpha_F F + \alpha_C C + \alpha_P P + \alpha_G G \qquad (3.6)$$

　　根据傅钟仁（2004）所提出的结合多元绩效指标的最适线性薪酬模型，可将公司的决策问题表示为

$$\max_{\alpha_0, \alpha_F, \alpha_C, \alpha_P, \alpha_G} E(F - (\alpha_0 + \alpha_F F + \alpha_C C + \alpha_P P + \alpha_G G))$$

$$\text{s.t.} E\left(-\exp\left(-r\left((\alpha_0 + \alpha_F F + \alpha_C C + \alpha_P P + \alpha_G G) - \frac{c^2 + p^2 + g^2}{2}\right)\right)\right) \geq u_0 \quad (3.7)$$

$$(c, p, g) \in \underset{\underline{c}, \underline{p}, \underline{g}}{\text{argmax}} E\left(-\exp\left(-r\left((\alpha_0 + \alpha_F F + \alpha_C C + \alpha_P P + \alpha_G G) - \frac{c^2 + p^2 + g^2}{2}\right)\right)\right)$$

式中：r 为经理人（与员工）的风险规避系数（$r > 0$），$\underline{c}$、$\underline{p}$ 及 $\underline{g}$ 分别为 c、p 及 g 等三种经理人所决定努力水平的可行范围。依据代理理论的分析方

法，我们可知经理人（与员工）在此三类非财务维度绩效的最适努力水平分别为

$$c^* = \alpha_F \beta_c + \alpha_C \qquad\qquad (3.8a)$$

$$p^* = \alpha_F \beta_p + \alpha_P \qquad\qquad (3.8b)$$

$$g^* = \alpha_F \beta_g + \alpha_G \qquad\qquad (3.8c)$$

将上述反应函数代入目标式中，可将问题简化为无限制式的最适化问题。分别对 α_F、α_C、α_P、α_G 微分及联立求解，可求得薪酬计划中财务维度（F）、顾客维度（C）、营运流程维度（P）及学习与成长维度（G）等四类绩效指标的最适权重，分别为

$$\alpha_F^* = \frac{\beta_c^{\ 2} + \beta_p^{\ 2} + \beta_g^{\ 2} - \dfrac{\beta_c^{\ 2}}{(r\sigma_C^2+1)} - \dfrac{\beta_p^{\ 2}}{(r\sigma_P^2+1)} - \dfrac{\beta_g^{\ 2}}{(r\sigma_G^2+1)}}{\beta_c^{\ 2} + \beta_p^{\ 2} + \beta_g^{\ 2} - \dfrac{\beta_c^{\ 2}}{(r\sigma_C^2+1)} - \dfrac{\beta_p^{\ 2}}{(r\sigma_P^2+1)} - \dfrac{\beta_g^{\ 2}}{(r\sigma_G^2+1)} + r\sigma_F^2} \geq 0 \qquad (3.9)$$

$$\alpha_C^* = \frac{\beta_c}{r\sigma_C^2+1}\left(\frac{\gamma\sigma_F^2}{\beta_c^2 + \beta_p^2 + \beta_g^2 - \dfrac{\beta_c^2}{(\gamma\sigma_C^2+1)} - \dfrac{\beta_p^2}{(\gamma\sigma_P^2+1)} - \dfrac{\beta_g^2}{(\gamma\sigma_G^2+1)} + \gamma\sigma_F^2}\right) \geq 0 \ (3.10)$$

$$\alpha_P^* = \frac{\beta_p}{r\sigma_P^2+1}\left(\frac{\gamma\sigma_F^2}{\beta_c^2 + \beta_p^2 + \beta_g^2 - \dfrac{\beta_c^2}{(\gamma\sigma_C^2+1)} - \dfrac{\beta_p^2}{(\gamma\sigma_P^2+1)} - \dfrac{\beta_g^2}{(\gamma\sigma_G^2+1)} + \gamma\sigma_F^2}\right) \geq 0 \ (3.11)$$

$$\alpha_G^* = \frac{\beta_g}{r\sigma_G^2+1}\left(\frac{\gamma\sigma_F^2}{\beta_c^2 + \beta_p^2 + \beta_g^2 - \dfrac{\beta_c^2}{(\gamma\sigma_C^2+1)} - \dfrac{\beta_p^2}{(\gamma\sigma_P^2+1)} - \dfrac{\beta_g^2}{(\gamma\sigma_G^2+1)} + \gamma\sigma_F^2}\right) \geq 0 \ (3.12)$$

（3.9）式中 α_F^* 是财务维度绩效指标（F）的最适权重，（3.10）式中

α_C^* 是顾客维度绩效指标（C）在薪酬契约中的最适权重，（3.11）式中 α_P^* 为营运流程维度绩效指标（P）的最适权重，而（3.12）式中的 α_G^* 则为学习与成长维度绩效指标（G）的最适权重。

二、整合动态评价模型与最适线性薪酬模型

将前述所提出的动态股权评价模型纳入上述的最适薪酬模型中，以形成更完整的动态环境下的最适薪酬模型。通过对此整合式的动态评价模型影响因素的说明与比较分析，可以协助公司更了解其不同维度的资源投入及其绩效对公司价值创造的影响，也能了解不同资源与环境下的经营管控重点，进而可发展出长久的经营管控体系。

首先，比较前述（3.3）式中完整的动态股权评价的 V_t 关系式，与上述简化的评价模型（3.4）式，我们可以把公司的财务维度绩效表示成净值加超额盈余的价值部分。其次，在绩效评价式的三个假设条件下来考虑事后绩效评价的关系式，我们可以用事后的绩效指标值来取代（3.4）式中此三类的努力程度。具体而言，我们可以用 V_t 的动态股权评价关系式来取代薪酬模型中的（3.4）式，进行类似的求解分析，即可得到考虑不同维度绩效指标间动态关系的最适薪酬模型。

三、整合性绩效评价模型的价值与应用

本章通过对此整合式的动态评价与绩效评价模型的影响因素进行说明与比较分析，可以协助公司更了解其不同维度的资源投入及其产出绩效对公司价值创造的影响，也能了解不同资源与环境下的战略与经营管控重点，进而可建立更好的经营管理体系。具体而言，通过这种动态评价模式与最适绩效评价模型的展开，可以让我们更清楚地掌握不同维度的绩效表现对

公司价值创造水平的影响及其对经理人与员工薪酬的影响。当了解到不同维度的绩效表现间的动态关系及其投入对公司价值创造的整体影响时，公司的管理人员就可据此调整其心力投注方向，以更有效地配置有限资源以提升其整体的价值创造力。

过去在平衡计分卡的文献中，几乎未见从数理理论的视角来描述平衡计分卡与员工薪酬及企业价值间的理论关系，本章则延续代理理论的框架，纳入多篇文献的理论模型研究成果，整合成动态评价与绩效评价模型，有较高的理论及学术价值，在完善平衡计分卡相关理论的同时，也为未来相关研究提供启发。

第四章　平衡计分卡绩效评价模型在薪酬激励管理中的应用

第一节　案例企业绩效评价制度描述

案例企业某煤炭集团是 1995 年 10 月经国务院批准设立的国有独资公司，隶属于国家能源集团下的某集团。某集团是中央直管国有重要骨干企业，该集团以煤为基础，集电力、铁路、港口、航运、煤制油与煤化工为一体，是一个产运销一条龙经营的特大型能源企业，是目前我国规模最大、现代化程度最高的煤炭企业和世界上最大的煤炭供应商。案例企业主要负责国务院授权范围内的国有资产的经营，包括煤炭等资源性产品的开发；电力、热力、港口、铁路、航运、煤制油、煤化工等行业领域的投资、管理；同时规划、组织、协调、管理某集团所属企业在上述行业领域内的生产经营活动。由某集团独家发起成立的某能源股份有限公司分别于 2005 年 6 月、2007 年 10 月在香港、上海上市。

该煤炭集团能够不断地成长壮大，其关键因素在于具有与时俱进的绩效评价制度。公司绩效考核及员工考核从建立到实施，通过不断探索完善，目前已形成一套较为完备的绩效评价体系。

一、案例企业绩效管理的演进及其需要改进的主要问题

通过对案例企业历年考核资料的分析，公司绩效管理大致经历了三个发展阶段。

（一）资产经营承包责任制阶段

该集团在 1999 年到 2006 年间实行以责任成本为中心的经营考核与其他专项考核并行的方式。此阶段，集团以单位第一责任人为承包集体，实行年薪制。责任人的绩效年薪与承包指标如商品煤量、安全及质量标准化、责任成本、煤炭质量、精神文明建设等指标的完成情况挂钩。

集团员工的基本薪酬按月结算，效益薪酬按商品煤吨煤薪酬含量单价计算，结合其他指标如责任成本奖罚、安全奖罚、机电奖罚、煤质奖罚等奖罚结果综合计算兑现当月薪酬总额。

（二）"五型"企业绩效考评试运行及推广阶段

集团在 2007 年到 2011 年间，主要推行"五型"企业绩效考评模式。根据集团"五型"企业建设相关要求（案例公司为求可持续发展而推动公司成为"五型"企业，所谓"五型"即质量绩效型、本质安全型、节约环保型、创新驱动型及和谐发展型等，"五型"均有相对应的绩效指标），案例企业按月选取安全、煤量、责任成本、发热量、万吨煤故障停机时间 5 项指标（年度增加资源回采率、精神文明建设指标）进行综合业绩评价，在 10 个矿井单位试运行"五型"企业综合业绩评价方法，并根据评价结果进行排名奖罚兑现，具体为奖励前五名，惩罚后三名。地面单位继续以经营考核如利润、成本、费用的考核为主，辅以核心业务考核。

2008 年开始，案例集团将所有单位及机关部室均纳入"五型"企业综

合业绩评价体系，并对其按月考核，实现按月兑现奖罚，其中又分为两个阶段。第一阶段为 2008—2012 年，为内部摸索优化阶段。案例集团先后实行了零缺陷和"半杯水"考核分配理念，与薪酬总额分配方式的变化相衔接，不单设绩效奖，将各单位月度定额薪酬进行切块，矿井单位 40%，其他单位 20% 定额薪酬作为绩效薪酬，与月度绩效考评结果挂钩，进行奖罚兑现。

（三）"五型"企业绩效考评全面提升阶段

从 2012 年至今，是集团"五型"企业绩效考评全面提升阶段（第二阶段）。2011 年 10 月份，根据以往成功经验，案例集团实施了组织绩效管理提升项目；2012 年元月份，项目主要成果均按期完成，经公司汇报通过后，于一季度开始试运行，二季度进行优化完善，下半年进一步巩固。2016 年面对低迷的市场环境，为加强成本管控，案例企业将各单位成本与薪酬总额挂钩分配。在这一阶段，集团绩效考评的重点变化在于由"以经营指标为主"改变为"五型"企业综合绩效考核，引导被考核对象由关注单项指标的完成转为关注单位整体业绩及价值的创造，强化各业务板块的协同意识、大局意识。

二、案例集团绩效管理工作业绩

（一）考核方案运行情况

按照某集团考核工作要求，案例企业结合公司年度工作安排，优化完善绩效考核方案，构建战略导向型绩效考核体系，突出价值创造理念，提升战略引领性，强化成本节约意识，以问题为导向，突出短板考核及精准考核，健全激励约束机制，使绩效考核真正成为公司战略落地的指挥棒。

案例企业通过充分征求基层单位的意见和建议、召开座谈会、汇报公司领导等渠道，修订并下发了《某煤炭集团组织绩效考核管理办法》。新方案以分类发展、分类管控、分类定责、分类考核为原则，充分体现价值创造理念，将公司内部各单位分为价值创造单位、价值创造辅助单位、价值创造综合支持单位，新增了对股权代管单位和控股单位的考核，并为每类单位设置不同考核导向、考核周期和考核标准。指标体系的设置思路是加大对效率效益类指标的考核力度，重点结合内部市场化和价值创造能力，设置差异化考核指标体系。

2017 年，公司继续坚持 2016 年的考核思路，加大成本考核力度，修订并下发了《某煤炭集团薪酬与完全成本、绩效考评挂钩分配办法》，并于 2017 年 3 月 16 日组织各基层单位举办了考评方案宣贯会。通过将成本与各单位员工薪酬总额、人员年薪挂钩，更有效地发挥薪酬与成本、绩效考评联动功能，充分调动基层单位的生产经营积极性。

公司通过对各单位成本控制的有效考核，取得了较好成绩，该煤炭集团下属的矿井单位多数节约幅度达到 5% 以上，矿井单位吨煤成本较年计划平均下降 10.23 元；其他单位 2017 年 1—10 月份累计节约余额达到 2.32 亿元；为完成集团下达的指标任务奠定了良好基础，共获得集团奖励 2.2 亿元。

（二）存在的主要问题

1. 对绩效考核工作的认识程度有待继续提高

经过近几年的"强激励、硬约束"考核，尤其是将成本与薪酬挂钩考核后，公司上下的绩效理念和工作意识明显增强，但仍有改进空间。绩效考核是公司管理的重要内容，也是保证各项工作推进的有力武器，是一把手工程，需要各层级领导的高度重视和积极参与。但是，目前公司部分业务主管部门对考核工作的重要性认识不足，绩效指标不能够完全反映出工作中存在的问题，有些考核指标缺乏公平性，个别单位对此有些疑义。对地面单位的关键业务指标考核中，满分情况出现较多，未能真实体现出管理水平。

2.绩效改进机制不健全

公司组织绩效管理办法中虽明确规定了绩效改进流程，但公司在执行时效果较差，部分单位绩效考核一直落后，也未积极主动分析原因，仅是简单地认为考核制度有缺失或是客观因素影响，从主观方面考虑得较少：如皮带机公司、检测公司、矿业公司等单位的内部顾客满意度得分较低。从近两年的考核数据看，这些公司改进的效果不明显，有的甚至在倒退。

同时，企管部在绩效反馈方面的工作也有待于进一步提高。企管部存在"重结果、轻反馈"现象，与各考核主体部门和单位沟通考核中存在的问题与建议不够及时，下一步要对绩效短板实时跟踪，制定相应的整改措施，共同促进绩效管理水平的提升。

3.从事绩效考核工作人员业务素质有待提高

有些考核工作人员对考核的相关理论、工具、方法不熟悉，对如何将业务与考核相结合的办法不甚明了，导致有些业务指标的考核不能起到真正的督促作用。究其原因主要是缺乏系统的培训、手段匮乏，今后应从培训方面入手，培养一支高素质的绩效考核队伍。

4.上下利益博弈过程的"公地悲剧"

通过近几年的考核发现，KPI指标预算值的确定存在较多问题，部分指标预算值偏离度较高，没有形成有效的激励鞭策作用。各单位站在本单位角度争取资源无可非议，主要原因是各业务部门在把关审核时存在标准不一、松紧不一等现象，各单位都想争取更多的资源从而对公司总体价值创造能力产生影响，不利于公司战略的有效落地。

5. 机关部门考核存在的主要问题

一是"智囊团"作用没有得到充分发挥。当前大多数部门都把主要精力和时间投到了具体的事务性工作中，而忽视了机关部门承上启下、统筹规划、顶层设计等方面的职能。2018年的方案将加强对各部门关键绩效指标的审核与考核，将部门规划设计方面的指标作为主要指标。

二是"服务型"机关部门建设有待加强。个别部门和人员仍未彻底改变工作作风，"官僚主义"思想仍有残余。为了能为基层单位安全生产提供有力保障和指导，服务好基层单位，应继续加大服务效果的考核，利用信息化手段等方式保证考核的及时性、准确性。

6. 具体执行层面存在的不足

一是指标计分规则松紧不一。部分指标的计分规则存在问题，如对环保处、信息中心、矿业公司的业务指标计分规则松紧不一，有的指标很容易就能拿到满分，有的却很难；有的指标里既有加分内容也有减分内容，往往是加分多减分少，用其某一方面的优势掩盖了另一方面的不足。二是部分指标数据来源不一。多年来的考核，同一项指标可以出现好几种数据，有些数据来源不充分，有些数据无法考证，导致有些考核结果失真，存在的问题不能真正暴露出来，如在机电故障的统计中，总调的数据和设备管理中心的数据就存在不一致现象。三是考核结果应用不够科学，还有较大改进空间，奖罚差距放大时怨声载道，大家千方百计提高考核得分，奖罚差距较小，争议较少，但考核的激励性打了折扣。四是部分考核指标失效，无法有效区分优劣，如成本指标1—9月份考核仅有7次非满分情况，发热量仅有9次非满分情况。

7. 尚未形成一整套科学且长效的绩效管理机制和体系

公司近几年在绩效管理方面进行了深入研究和实践探索，逐步形成了符合公司经营管理和战略管控的考核办法与体系，对公司实现经营目标发挥了关键作用。对于公司层面的考核框架体系，公司需要进一步梳理、完善，对于绩效计划、辅导与沟通、考核与反馈的全过程还没有形成完整体系和方法论，公司需要进一步总结、提炼。

三、案例集团 2018 年绩效管理工作落实

案例集团 2018 年考核工作的总体思路是：在充分总结以前年份考核经验的基础上，结合集团考核要求，深入提炼公司的绩效管理工作，以公司战略和年度重点任务为导向，从体制机制等方面入手，遵循价值创造—价值评价—价值分配的基本逻辑，形成一套简洁高效的绩效考核激励体系，使考核体系系统化、考核方法先进化、考核细则精细化、考核手段多样化。

（一）构建一套简洁、高效以战略为导向的具有集团特色的经营业绩考评体系

自公司绩效考核实施以来，案例企业从制度、体系、流程、组织等方面进行了有益探索，但仍存在体系复杂庞大、指标重复交叉引用、引领性不强等问题。今后工作中将以简洁、高效、实用为原则，以组织绩效评价、成本管控、专项激励、员工绩效考核为总框架，设计完善的公司绩效考核体系，最终形成以组织业绩评价为主、成本管控及专项激励为辅的具有集团特色的业绩评价体系，详见图 4-1。

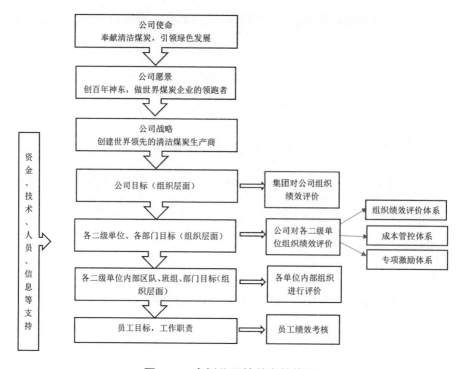

图 4-1 案例公司绩效考核体系

（二）紧密结合市场、集团和公司管理需求，在总框架不变的情况下，不断优化完善考核评价体系

从指标设置、计分评价、结果应用等方面适时调整优化激励机制，鼓励各二级单位创新内部考核管理办法。

1.绩效导向

按照分类考核与管理的思路，根据业务性质、单位职能、价值链定位，对下属单位采用差异化管理，具体如下：

（1）价值创造单位：矿井、生产服务中心、洗选中心、开拓准备中心。

绩效导向：保安全、控成本、提效率。

（2）价值创造辅助单位：

职能服务型：设备管理中心、信息管理中心、环保管理处、煤炭经销中心、治安保卫管理处、地企协调中心、技术研究院。

维修制造型：维修中心、皮带机公司。

服务型：地测公司、车管中心、物供中心、供电中心、救护大队、检测公司、矿业服务公司。

人力资本型：设计公司。

绩效导向（利润中心）：增效益、强服务、提效率、控成本。

绩效导向（成本中心）：强服务、提效率、控成本。

（3）价值创造综合支持单位：

利润中心：国际交流中心、北京办事处、监理公司、文体中心。

费用中心：核算中心、教培中心、新闻中心、人力共享中心、档案室、西安办事处、信访办、计生办。

绩效导向：强服务、提效率、控成本。

2.绩效考评指标体系

案例企业按照集团要求从价值创造、精益运营、持续发展三个维度完善考核指标体系，目标是提高KPI指标的有效性。充分总结分析2017年考核结果，对关键业绩指标的运行情况做全面统计，为2018年的方案设计做好铺垫，并计划于11月组织业务部门与各单位逐个面谈2018年考核指标。

为解决部分指标考核无效的状况，建议对其计分规则采取强制分布的办法或不设置上下限。

3.考核结果应用

本着客观科学的原则，案例企业总体遵循各单位与各自以往年份相比的方法，为各类单位设置基准分值，高于基准分值绩效奖励系数高于1，低于基准奖励系数低于1，其中矿井单位基准分为本类单位平均分。

4.加强绩效反馈和辅导

通过召开座谈会的方式，按季度开展绩效面谈及反馈工作，形成绩效管理的闭环管理，适时对考核的理念工具方法进行组织培训、更新。

（三）积极探索经营业绩承包责任制的实施办法

按照 2017 年"四会"上提出的"深化企业改革，不断激发企业发展活力"的要求，案例企业积极探索新的途径和方法、最大限度激活试点单位经营积极性，建议选取设计公司作为改革试点，以督促设计公司的改革创新步伐，使其主动出击，聚焦品牌形象提升、体制优化、经营激励机制完善、信息化系统建设等方面的工作，在提升设计公司发展活力的同时，不断寻求新的经济增长点和发展立足点。

公司目前对设计公司的考核主要以预算指标考核为主，对其在预算指标外的创收按照 15% 给予激励，但是现有的激励机制已经不能完全适应新的管理需求，应该在设计公司的经营体制机制、人力资源的管理上寻找新的突破，在现有基础上不断优化管理模式，探索一条符合公司战略、促进人力资源价值最大化的路径。

（四）坚持成本与薪酬挂钩办法

公司自 2016 年实施的薪酬与成本挂钩考核，对各单位降本增效起到了积极的促进作用。建议仍坚持该办法，进一步深挖各单位潜力。2018 年公司的思路是根据集团成本管控要求，设置差异化的目标值和奋斗值，适当加大额外节约部分的奖励幅度。

一是考虑到各单位成本构成的不同，2018 年将进一步细化奋斗目标的计算办法，严格区分成本要素的可控程度，如对设备管理中心、核算中心、造价处等固定成本占比很高的单位需要特殊考虑。

二是建议 2018 年设置差异化奖罚办法。现有奖罚办法未充分体现出规模大小、价值贡献等因素，建议改变现有奖罚办法，将各单位累计节约和当月作业计划节约的额外奖励结合起来，避免报大计划现象的发生；同时对于生产经营、人员变动与 2017 年比变化不大的单位，若其 2018 年度成本预算高于 2017 年实际发生额，则适当缩小对其奖励比例，若其预算低于 2017 年实际发生额则适当加大奖励比例，集团、公司或其他政策性因素导致的增支情况除外。

（五）完善机关部门考核体系

2018 年，公司以问题为导向，结合机关部门的职责，将改进重点放在以下几个方面：

1. 机关部门考核体系设计思路

（1）加强基础管理考核。完善日常工作中的应急机制，建立相应规章制度，为解决突发性事件提供制度支撑。2018 年考核方案中加入部分制度建设，纳入基础管理考核中。

（2）注重提升会议效率。针对目前部门会议多、效率低的情况，为了进一步规范会议流程，提高会议的效率，公司开会之前要将议题和相关事项发给参会部门提前思考、商讨。2018 年部门协作配合评价中加入该项标准。

（3）逐步消除部门壁垒。根据工作任务的性质，当需要多部门配合完成事项时，公司可以成立小组，由相关部门人员共同完成任务，消除部门之间的壁垒。

（4）完善奖罚办法。公司对机关部门，采用"良中选优法"的奖罚方案，将 17 个部门分为四类：业务保安部门、经营管理部门、综合管理部门、监督管理部门；每类部门排名在前两名的属于 A 类，人均奖励 3 000 元；其他部门则为 B 类，人均奖励 2 500 元；发生安全事故或有重大失误的为 C 类，不予奖励并且根据具体得分情况进行处罚。考核方案采用 360° +KPI+ 其他指标考核法。

2. 考核指标体系

（1）公司领导评价。公司领导评价包括：分管领导评价与总经理评价。其中分管领导评价占总权重的 25%，总经理评价占总权重的 15%。分管领导按月对部门重点工作完成情况逐项进行评价打分，总经理按季对所管辖机关部门进行评价一次。

（2）部门协作配合评价。有业务往来的部门之间按季度进行协作配合评价。评价维度包括协作态度、工作质量、职责承担、沟通协调、完成时效，2018 年将会议有效性加入评价中。

（3）基层单位评价。基层单位的评价包含个人满意度和单位满意度两部分。其中个人满意度占此项考核指标的 70% 权重，单位满意度占 30% 权重。个人评价包括工作作风、服务态度、工作时效性、工作质量、业务指导、制度宣贯六个维度。企管部每个季度抽取 10 ~ 12 个单位到现场进行评价，每个单位每个机关科室选取 3 人，其中科长 1 名、员工 2 名，再加上 2 名单位领导。部门协作配合评价与基层单位评价在企业微信系统中完成。

3. 完善 KPI 考核

公司在年初由各部门根据部门职责、两级公司年度重点工作安排等制订本部门关键绩效指标，原则上每个部门设置 3 ~ 5 项关键指标，并由公司分管领导审核签字后纳入考核中，每个月向分管领导汇报关键指标完成情况，分管领导进行打分评价。

4. 其他指标

其他指标主要包括三项费用、本安体系（生产本安、政治本安、经济本安）、综合办公、董事长信箱等指标。其他指标均为加减分项，每项指标都有具体考核打分标准。

四、"五型"发展方向与平衡计分卡各维度的关系

随着公司的发展，公司依据可持续发展理论、人本理论等逐步构建了兼有本质安全、质量效益、和谐发展、科技创新、资源节约的"五型"发展方向来推动企业的发展，并进一步落实与完善最适合公司的"五型"绩效考核标准。这也是某煤炭集团的发展战略，因为集团"五型"战略背后的指标理念之一即为平衡计分卡。本书则将"五型"发展方向下的绩效评估指标与平衡计分卡的四个维度相对应，如图4-2所示。

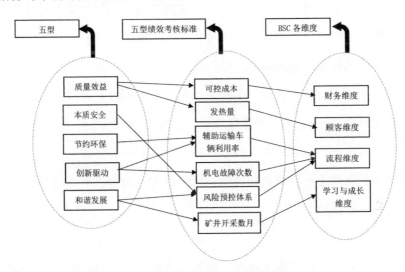

图4-2 "五型"与平衡计分卡各维度关系图

第一，从图4-2可知，对于煤炭生产企业而言，第一位的就是安全。安全就是效益，是整个企业生产经营管控的重心、核心，安全是权益立身之本。

第二，无论是从质量管理还是其他管理的视角，质量决定着产品的价格和市场定位。质量、成本与效益看似矛盾，实则相辅相成。应在强化成本管理的同时，保证产品质量，最终提高经济效益。但对于煤炭行业而言，其产品——"煤炭"，属于自然资源，它的质量具有不可控性。因此，其采掘成本、加工成本的管控就更显重要。

第三，创新驱动发展。创新是取之不尽、用之不竭的新生产经营要素。公司通过科技创新，可以减少消耗，为公司创造价值。

第四，构建"两型"社会也即资源节约型、环境友好型社会，既是国家的大政方针，又是公司生产经营必备的理念。煤炭作为不可再生的自然资源，在生产过程中必然产生一定的污染。因此，公司在保证目标利润的前提下，控制好污染的同时，节约一块煤、一吨煤，都是对子孙后代的负责，也是可持续发展的必然要求。

第五，构建和谐社会一直是人们的美好愿景，不仅要求人与自然的和谐，也需要人与社会的和谐，更需要人与人之间的和谐。因此，公司的和谐发展是公司持续经营的基本需要。

简言之，某煤炭集团以"五型"引导公司发展，是可持续发展理论、人本理论的具体运用，也是企业能够长盛不衰的"秘密武器"和核心竞争力。对于煤炭行业的价值创造驱动因素，其也将由传统的资源驱动转变为创新驱动。创新驱动主要依赖科技创新、组织资本、顾客资本、内部流程的优化等进行价值创造。

本书以某煤炭集团为研究对象，以公司"五型"战略为出发点，采用平衡计分卡制度，以"员工薪酬"作为实施绩效评价的对象来着力提升企业价值，进而延伸出整合绩效评价的重点内容。

第二节　研究设计

一、研究假设

根据前述第三章的平衡计分卡理论模型的推导，结合（3.6）式的员工薪酬与平衡计分卡各维度的关系式，得到（3.9），（3.10），（3.11），（3.12）

等公式的结果。具体为财务维度指标、顾客维度指标、营运流程维度指标、学习与成长维度指标的绩效均对企业员工薪酬具有正向的影响。

由于员工薪酬是企业内部数据，通常适合以案例企业为对象的员工薪酬与平衡计分卡关系的实证研究。

在案例的选择上，目标公司需具备典型性、代表性和针对性，同时企业规模大，有足够的平衡计分卡实施经验，且具有完整的数据库，方能有效地验证平衡计分卡绩效指标与员工薪酬的关系。过去文献均以中小型企业为主，很少有针对大型或国际型的企业的案例研究，而本书直接选择了我国规模最大的煤炭集团，因此在实证案例的选择上更具有代表性。根据前叙章节的讨论，本书在针对案例企业依据平衡计分卡为理论基础所提出的绩效评价系统与其员工薪酬进行关联时，提出以下四个待验证的假设：

H1a：财务维度指标的绩效对矿井员工薪酬具有正向影响；

H1b：顾客维度指标的绩效对矿井员工薪酬具有正向影响；

H1c：营运流程维度指标的绩效对矿井员工薪酬具有正向影响；

H1d：学习与成长维度指标的绩效对矿井员工薪酬具有正向影响。

二、变量定义

（一）被解释变量

各矿井正式员工平均薪酬受到该期间"五型"指标综合影响的人均影响数，计算方式为特定周期与"五型"指标挂钩前后的正式员工总薪酬除以该期间正式员工数量的差异数，以月为时间计算单位时，正式员工总薪酬包括岗位薪酬总额，绩效薪酬总额及年功、福利、奖金等。由于非全职员工的人数少且薪酬项目少，故本变量未纳入考虑。依据与"五型"绩效指标挂钩程度的高低，本书由案例企业提供的档案资料中提炼总结出各矿井的三种被解释变量：

（1）最终兑现薪酬总额挂钩后人均影响数值 Y_1：为（挂钩后工资总额合计－定额工资合计）/ 正式工人数。其中，挂钩后工资总额合计＝兑现岗位工资总额＋年功、福利、奖金等＋兑现绩效工资总额；定额工资合计＝岗位工资总额＋绩效工资总额＋年功、福利、奖金等。

（2）与"五型"企业考核挂钩后绩效薪酬的人均影响数值 Y_2：为（与"五型"企业考核挂钩后绩效工资总额－兑现绩效工资总额）/ 正式工人数。其中，与"五型"企业考核挂钩后绩效工资总额＝（1+（"五型"企业绩效考评得分 / 基准分值 －1）×2）× 兑现绩效工资总额。

（3）与完全成本挂钩后定额薪酬的人均影响数值 Y_3：为"五型"企业考核挂钩后绩效工资总额＝（1+（"五型"企业绩效考评得分 / 基准分值 －1）×2）× 兑现绩效工资总额。其中，最终兑现工资总额＝与"五型"企业考核挂钩后绩效工资总额＋年功、福利、奖金等＋兑现岗位工资总额；定额工资合计＝岗位工资总额＋绩效工资总额＋年功、福利、奖金等。

另外两个补充性被解释变量：未与完全成本挂钩的定额薪酬人均值 Y_4 及与完全成本挂钩的定额薪酬人均值 Y_5，其目的是将估计结果与前三类员工薪酬影响做比较，希望能更确切地了解平衡计分卡的绩效指标所真正影响的是各矿井员工薪酬的人均变动值，而非员工薪酬的人均值。

（二）解释变量

案例企业各矿井在"五型"战略中，除质量效益及本质安全两型的衡量方式比较客观外，其余节约环保、科技创新以及和谐发展等方面的衡量较为主观与质化，不易纳入实证，故在解释变量的选择上以质量效益及本质安全两型方面所包括的变量为准。本书以月考核周期所包括的指标为依据，分别说明如下。

1. "五型"企业绩效考评总得分 TOTAL

指可控成本、发热量、辅助运输车辆利用率、机电故障次数及风险预控体系等绩效指标考核分数，经过分别加权后的分数总和，代表各矿井特定月份的营运绩效。

2. 财务维度因素

可控成本使用阶梯式计分方式，矿井成本与原定计划成本持平时得100分，节省幅度少于 3% ~ 6% 之间特定值时分别加分；反之，成本每多耗用 1%，扣 5 分，本项指标最高分为 120 分，最低分为 40 分。包含可控成本考核分数 COSTA 及加权分数 COSTB 两种。

3. 顾客维度因素

发热量指煤炭质量，以每千克煤炭可发热多少千卡（1kcal ≈ 4185.85J）为衡量基准（kcal/kg），包含发热量考核分 HEATA 及加权分数 HEATB 两种。

4. 流程维度因素

（1）辅助运输车辆利用率包含工程车、运人车、指挥车及材料车等辅助运输车辆利用率。分为考核分数 VEHIA 及加权分数 VEHIB 两种。

（2）机电故障次数扣分项 EMFA 指机器设备及电力设施的故障次数，本绩效指标是负向评分，依各矿井所属机电故障次数多寡进行扣分，故并无考核分数及加权分数的区别。

（3）风险预控体系包含预防灾害措施，由重伤事故与死亡事故的次数及人数来决定风险预控体系。包含考核分数 RISKA 及加权分数 RISKB 两种。

5. 学习与成长维度因素

矿井开采年数 AGE，指各矿井由正式开采煤矿至特定月份的累积总月数，系代表各矿井学习与成长维度的指标。本指标依据个案公司提供的相关文件加以计算而得，并非矿井绩效考核因素，本书为求平衡计分卡结构对矿井员工薪酬影响的完整性将其列入。有关变量的说明及预期方向详见表4–1。

表4–1　案例企业实证变量汇总表

变量类别	变量名称（代号）	变量说明	预期方向
被解释变量	最终兑现薪酬总额挂钩后人均影响数（Y_1）	（挂钩后工资总额合计 – 定额工资合计）/ 正式工人数，其中，挂钩后工资总额合计 = 兑现岗位工资总额 + 年功、福利、奖金等 + 兑现绩效工资总额，定额工资合计 = 岗位工资总额 + 绩效工资总额 + 年功、福利、奖金等	
	与"五型"企业考核挂钩后绩效薪酬的人均影响数值（Y_2）	（与"五型"企业考核挂钩后绩效工资总额 – 兑现绩效工资总额）/ 正式工人数，其中，与"五型"企业考核挂钩后绩效工资总额 = （1+（"五型"企业绩效考评得分 / 基准分值 –1）×2）× 兑现绩效工资总额	
	与完全成本挂钩后定额薪酬的人均影响数值（Y_3）	与"五型"企业考核挂钩后绩效工资总额 = （1+（"五型"企业绩效考评得分 / 基准分值 –1）×2）× 兑现绩效工资总额，其中，最终兑现工资总额 = 与"五型"企业考核挂钩后绩效工资总额 + 年功、福利、奖金等 + 兑现岗位工资总额，定额工资合计 = 岗位工资总额 + 绩效工资总额 + 年功、福利、奖金等	
解释变量	"五型"企业绩效考评总得分（TOTAL）	指可控成本、发热量、辅助运输车辆利用率、机电故障次数及风险预控体系等绩效指标考核分数，经分别加权后的分数总和，代表各矿井特定月的营运绩效	+
	可控成本（COSTA，COSTB）	包含可控成本考核分数（COSTA）及加权分数（COSTB）两种	+
	发热量（HEATA，HEATB）	包含发热量考核分数（HEATA）及加权分数（HEATB）两种	+
	辅助运输车辆利用率（VEHIA，VEHIB）	包含辅助运输车辆利用率考核分数（VEHIA）及加权分数（VEHIB）两种	+
	机电故障次数（扣分项）（EMFA）	本绩效指标是负向评分，依各矿井所属机电故障次数多寡进行扣分，故并无考核分数及加权分数的区别	+
	风险预控体系（RISKA，RISKB）	包含风险预控体系考核分数（RISKA）及加权分数（RISKB）两种	+
	矿井开采年数（AGE）	由本书依案例公司成立的时间至特定年度求出	+

三、模型估计

$$Y_{it} = \alpha_0 + \alpha_1 TOTAL_{it} + \alpha_2 AGE_{it} + \upsilon_{it} \qquad （4.1）$$

式中：α_1 至 α_2 均预期为正。

$$Y_{it} = \beta_0 + \beta_1 \times COSTB_{it} + \beta_2 \times HEATB_{it} + \beta_3 \times VEHIB_{it} + \beta_4 \times EMFA_{it}$$

$$+ \beta_5 \times RISKB_{it} + \beta_6 \times AGE_{it} + \varepsilon_{it} \qquad （4.2）$$

式中：β_1 至 β_6 均预期为正。

由于本书有 13 个矿井的数据，每个矿井有 27 个月的资料，故对前两式系数采用面板数据模型加以估计。

前述（4.1）估计式是针对"五型"绩效指标的加总数，整体对员工薪酬的影响估计，（4.2）估计式则是"五型"绩效指标的各个组成成分对各矿井员工薪酬影响的估计，是针对案例企业的四个研究假设进行的估计与检验。

四、数据来源

案例企业实证分析所需的资料依数据类型不同而由不同部门提供。其中，各矿井利润数据来自总调度室；可控成本、完全成本来自财务部；商品煤产量、发热量、故障停机率、生产本安体系来自安监局。

由于案例企业在 2015 年以项目方式，聘请公司外部的专家团队进驻公司，与公司内部的绩效考核团队合作，将平衡计分卡理论与观念纳入并强化至原来企业"五型"绩效考核的体系中，故由 2016 年起，公司依据新版本的企业"五型"绩效考核体系的指标来对公司所属 13 个矿井进行绩效考核，并与员工薪酬挂钩期望能发挥激励与诱导的作用，故本书数据搜集从 2016 年 1 月份开始至 2018 年 3 月止，总计搜集了 27 个月的资料。

第三节　描述性统计

一、案例企业各矿井月产量与产值变动趋势

案例企业 2015 年前后依据以平衡计分卡为思想基础而形成的"五型"企业指标为基准，来激励各矿井的员工来生产市场需要的煤炭，除了激励各矿井员工配合市场需求维持或提高每月煤炭的产量外，更强调提升所生产煤炭质量，以便符合环境保护的要求。"五型"企业指标的实施成效参见图 4-3。

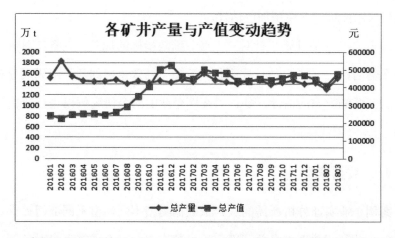

图 4-3　案例公司 2016 年 01 月—2018 年 03 月各矿井煤炭产量与总产值变动趋势

由于永续发展的理念已成为当今世界各产业发展及社会需求的主流，使得世界各国保护地球及环保意识的高涨。近年来煤炭行业也致力于煤炭质量的持续提升，以符合市场需求的变化，如果紧扣此商机，将使公司更稳健地永续成长和发展。由图 4-3 中可以观察到一个关键时间点的变化：在 2016 年 12 月时，煤炭月产量已由 2016 年 2 月的 1 800 万 t 的高峰逐渐下滑到 2016 年 12 月的 1 400 万 t 左右，然而总产值却由 2016 年 2 月的 224 049 万 t 持续地上升到 2016 年 12 月的 524 828 万 t。由于煤炭价值主

要是由其发热量所决定，而煤炭发热量又是案例企业"五型"绩效的关键指标之一，故由此可见，其发热量的质量愈来愈高，这体现出案例企业在激励员工追求生产质量的战略上是非常成功的。自 2017 年 1 月开始，无论是产量还是产值均已在一个特定波动区间保持相对稳定的状态，表明案例企业已能充分地运用基于平衡计分卡所形成的"五型"绩效管理制度，让公司无论在产量上还是获利能力上，均能保持持续与稳定。

二、案例企业各矿井员工月人均薪酬的变动趋势

案例企业自 2016 年便积极地实施以平衡计分卡为理论基础的"五型"绩效评价制度，激发了员工的潜能，兼顾公司维持在业界的竞争优势与全方位可持续发展，并且在员工符合绩效指标时，公司也很愿意给员工更多的薪酬。通过这些制度，各矿井员工愿意为公司付出更多的努力，来争取自己更多的薪酬。从图 4-4 可以清晰看到各矿井员工薪酬与"五型"绩效指标绩效挂钩情况。

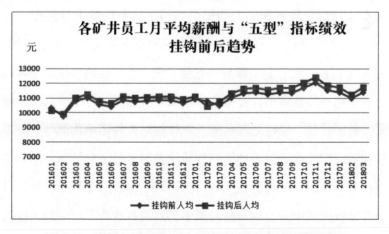

图 4-4　案例公司 2016 年 01 月—2018 年 03 月各矿井

人均薪酬与"五型"指标绩效挂钩前后变动趋势

如图 4-4 所示，除了 2016 年 1 月至 3 月间，有无挂钩的员工人均薪酬差不明显外，从 2016 年 4 月开始，有挂钩的人均薪酬绝大部分均大于未挂钩的人均薪酬。另外从 2017 年 5 月至 2018 年 3 月为止，公司的产量及产值均相当平稳，仅在 2018 年 3 月有较大幅度的上升。然而，在同一期间中，各矿井员工的人均薪酬仍呈现先增后减的趋势。

综上所述，案例企业推行以平衡计分卡为基础的"五型"绩效评价制度有利于员工的持续努力与相应薪酬的提升，并促进公司可持续发展。这一成功经验值得其他同行业公司加以仿效学习，这也是本书特别选择此案例企业加以研究分析的关键原因。

三、变量描述性统计

本书的三个被解释变量及相关解释变量的描述性统计列于表 4-2 中，表 4-2 内有关变量的定义、说明及其预期方向详见表 4-1。可见，三个被解释变量中 Y_1（即最终兑现薪酬总额挂钩后人均影响数值）与 Y_3（即与完全成本挂钩后定额薪酬的人均影响数值）的平均数十分接近，分别为 234.553 元及 231.823 元。然而 Y_1 的标准偏差及全距均大于 Y_3，表明 Y_1 的变异程度大于 Y_3。至于 Y_2（即与"五型"企业考核挂钩后绩效薪酬的人均影响数值）则平均数最小，且无论标准偏差或全距均介于前两个被解释变量之间。各矿井员工最终兑现薪酬总额挂钩后人均影响数值与"五型"企业考核挂钩后绩效薪酬的人均影响数值的差异，最主要是每月绩效奖金兑现程度的差异所致，其中，Y_3 与 Y_1 比较接近，与 Y_2 则距离较远，显示案例企业在绩效评估中，节约与控制成本仍然是发放员工薪酬的关键因素，而其他的"五型"因素也具有一定的影响力。

表4-2 变量描述统计表

变量	样本数	均值	标准差	最小值	最大值
Y_1	351	234.553	529.408	-7 068	1 011
Y_2	351	3.547	208.282	-953	535
Y_3	351	231.823	484.474	-7 068	589
TOTAL	351	118.003	1.937	102.53	119.67
COSTB	351	29.928	0.308	27.21	30
HEATB	351	35.91	0.376	31.16	36
VEHIB	351	17.861	0.28	15.77	18
EMFA	351	-0.095	0.25	-2.15	0
RISKB	351	35.34	1.189	13.95	36
COSTA	351	119.935	4.41	108.47	199
HEATA	351	119.701	1.25	104	120
VEHIA	351	119.071	1.867	105.12	120
RISKA	351	98.137	3.29	38.74	100
AGE	351	226.769	72.333	92	364

在解释变量方面，"五型"绩效指标加权总分的平均数为118.003，标准差非常小为1.937，全距也不大（16.74），显示本书13个矿井的绩效评分在依据案例企业管理阶层的特定需要加权后的数值虽有一定的差异性，但仍在一定的范围内。"五型"绩效指标加权总分的各组成要素中，加权后可控成本COSTB的平均数为29.928，标准差为0.308，全距也很小，具体为2.79，说明是分配比较集中的变量。发热量HEATB与风险预控体系RISKB的加权值平均数分别为35.91与35.34，大体相当，然而风险预控体系的标准差略大于发热量。

加权后辅助运输车辆利用率VEHIB的平均数为17.861，此变量的权重仅为15%，故加权后的数值较小，且变异量也不大。机电故障次数（扣分项）EMFA的样本均值为-0.095。就平均值而言，13个矿井均有被扣到分数，由于本绩效指标是负向评分，依据各矿井所属机电故障次数多寡进行扣分，故并无考核分数及加权分数的区别。机电故障次数的最小值为-2.15（哈拉沟煤矿井），最大值为0，显示被扣分的矿井扣得很重，也有在样本期间完全未被扣分的矿井，由样本中大约有四分之一的矿井的数值为0。

加权前可控成本 COSTA 的平均数为 119.935，标准差很大为 4.41，全距也很大为 90.53，说明是分配较为分散的变量。至于矿井开采月数 AGE 的均值为 226.769 个月，然而长短相异较大，最长为 364 个月，最短为 92 个月，因此这一变量是指各矿井由正式开采煤矿至特定计算月份的累积总月数，是用于代表各矿井学习与成长维度的指标，由此异质程度可知各矿井的组织资本有一定的异质性。

四、变量相关系数

本书各变量间的相关系数矩阵列示于表 4-3 中，所有变量定义、说明及预期方向参见表 4-1。总体而言，三个被解释变量与各解释变量之间的相关系数，除了辅助运输车辆利用率 VEHIA、VEHIB 及矿井开采月数 AGE 为负相关外，其余相关系数则均为正相关。本书的研究假设是预期所有解释变量对被解释变量均为正向影响，在相关系数的方向上与预期一致。Y_2（即与"五型"企业考核挂钩后绩效薪酬的人均影响数值）与辅助运输车辆利用率 VEHIA、VEHIB 呈现正向关系，此与 Y_1（即最终兑现薪酬总额挂钩后人均影响数值）与 Y_3（即与完全成本挂钩后定额薪酬的人均影响数值）的负向情况不同，至于实际的估计系数则有待回归估计时方能确定，因尚有其他的解释变量可一起放在回归模式中。

表 4-3　变量相关系数矩阵

变量	(1)	(2)	(3)	(4)	(5)	(6)	(7)	(8)	(9)	(10)	(11)	(12)	(13)	(14)
(1) Y_1	1.000													
(2) Y_2	0.351	1.000												
(3) Y_3	0.920	-0.044	1.000											
(4) TOTAL	0.187	0.512	-0.015	1.000										
(5) COSTB	0.221	0.071	0.211	0.142	1.000									
(6) HEATB	0.106	0.285	-0.007	0.307	-0.002	1.000								
(7) VEHIB	-0.037	0.020	-0.048	0.366	0.124	0.172	1.000							
(8) EMFA	0.149	0.353	0.012	0.186	-0.033	0.044	0.104	1.000						
(9) RISKB	0.111	0.269	0.005	0.353	0.007	-0.025	-0.036	0.081	1.000					
(10) COSTA	0.058	0.019	0.056	0.076	0.293	0.012	0.060	0.010	0.003	1.000				
(11) HEATA	0.105	0.284	-0.007	0.307	-0.004	0.984	0.183	0.046	-0.024	0.011	1.000			
(12) VEHIA	-0.037	0.020	-0.048	0.366	0.124	0.172	1.000	0.105	-0.035	0.060	0.183	1.000		
(13) RISKA	0.111	0.272	0.005	0.362	0.005	-0.019	-0.040	0.079	0.999	0.003	-0.019	-0.040	1.000	
(14) AGE	-0.074	-0.062	-0.052	0.013	0.066	-0.084	-0.066	0.012	0.061	0.100	-0.090	-0.066	0.061	1.000

至于各解释变量的原始考核分数及加权后分数之间的相关系数大多均小于 0.5，其中有较高的相关系数值的如加权前后的发热量 HEATA，HEATB 变量间相关系数为 0.984，但加权前后的解释变量是分布于不同被解释变量的回归方程式中进行估计，故不受影响，我们仅关注加权前及加权后各解释变量间的相关系数的幅度大小，整体上各解释变量间相关系数的计算结果显示并无明显的两两线性相关性。

第四节　案例企业对矿井员工薪酬影响的实证结果

一、以员工薪酬 Y_1 为被解释变量的全样本期间估计结果

本节针对前叙章节提出的四个假设包括财务维度指标（H1a）、顾客维度指标（H1b）、营运流程维度（H1c）、学习与成长维度指标（H1d）的绩效对案例企业矿井员工薪酬均具有正向影响，现进行实证检验。

由于案例企业以平衡计分卡所形成的"五型"绩效指标恰好可以相互对照，在以月数据为对象的前提下，财务维度指标以可控成本 COSTA 和 COSTB 表示，顾客维度指标以发热量 HEATA 和 HEATB 表示，营运流程维度指标则包括辅助运输车辆利用率 VEHIA 和 VEHIB、机电故障次数 EMFA、风险预控体系 RISKA 和 RISKB，学习与成长维度指标则以矿井开采月数 AGE 来表示。每一个指标衡量值均有原始的考核得分值与加权后的数值，以变量符号表示时，例如可控成本的 COSTA 为原始的考核得分值，COSTB 为加权后的数值，其他变量以此类推。特别值得注意的是，机电故障次数 EMFA 设计为扣分项目，并无加权前后之分，故仅有一个数值。至于矿井开采月数 AGE 则是本书根据案例企业 13 个矿井介绍资料分别算得。另外，本书是以原始分数的回归结果作为加权分数进行回归结果的敏感性

测试，故不再另设章节进行敏感性分析。

为能精准地测试平衡计分卡指标影响各矿井员工薪酬的程度，本书选择三类与绩效指标不同程度挂钩的员工薪酬人均影响值 Y_1、Y_2 及 Y_3 作为被解释变量，以了解其与平衡计分卡绩效指标的关联程度。

表 4-4 表示平衡计分卡各指标绩效对矿井员工薪酬 Y_1 的回归结果，所有变量定义、说明及预期方向参见表 4-1。表 4-4 中，模式（1）、（2）及（3）是案例企业所使用的"五型"绩效指标，因为尚缺乏学习与成长的指标（不在案例企业以月为基础的矿井绩效评价体系中），故本书另行找到现存的代理变量（即矿井开采月数）来进行实证验证，而另外加入矿井开采月数的变量后的估计结果置于模式（4）、（5）及（6）中，本书以下各回归表格中的各系数估计结果的假设检验均以模式（4）、（5）及（6）为准，因其包含较完整的平衡计分卡维度。至于模式（1）、（2）及（3）则仅列作参考信息，目的是使其实证结果更为完整。

表 4-4　平衡计分卡指标对矿井员工薪酬回归结果：挂钩后人均影响值

	（1）	（2）	（3）	（4）	（5）	（6）
TOTAL	4.839***			5.028***		
	（3.36）			（3.51）		
COSTB		41.95***			39.32***	
		（4.69）			（4.24）	
HEATB		18.08**			16.82**	
		（2.44）			（2.24）	
VEHIB		−23.21**			−18.05	
		（−2.35）			（−1.65）	
EMFA		33.16***	30.95***		33.77***	32.47***
		（2.95）	（2.68）		（3.00）	（2.82）
RISKB		4.359*			4.700**	
		（1.90）			（2.03）	
COSTA			0.675			0.659
			（1.06）			（1.04）

续表

	（1）	（2）	（3）	（4）	（5）	（6）
HEATA			5.097**			4.323*
			（2.21）			（1.86）
VEHIA			−2.572*			−1.127
			（−1.69）			（−0.68）
RISKA			1.642*			1.882**
			（1.92）			（2.20）
AGE				0.871**	0.421	0.850**
				（2.48）	（1.08）	（2.20）
CONS	−547.5***	−1617.5***	−519.5	−767.4***	−1 693.1***	−813.3**
	（−3.22）	（−4.12）	（−1.62）	（−4.02）	（−4.25）	（−2.36）
Observations	351	351	351	351	351	351
R^2	0.032	0.110	0.054	0.050	0.113	0.068
Adjusted R^2	−0.005	0.065	0.006	0.010	0.065	0.017

注：表格中括号内为 t 值；$*p < 0.1$，$** p < 0.05$，$*** p < 0.01$。

由表 4-4 的回归结果可观察到，模式（1）至（6）的上下部分分别为以"五型"绩效指标加权后的得分及原始考核得分对员工薪酬 Y_1 的估计结果。由表 4-4 可知以"五型"绩效指标加权后相加的综合得分值对员工薪酬 Y）的估计结果，其系数显著性均非常高，说明如下：

首先，由模式（4）可知，"五型"绩效指标加权后总分值 TOTAL 的估计系数为 5.028，在 1% 的水平上显著为正，显示案例企业在样本期间所实施的"五型"绩效指标综合得分对各矿井员工薪酬的影响值 Y_1 具有正向影响，支持以平衡计分卡为基础的绩效指标对员工薪酬激励的有效性。另外，矿井开采月数 AGE 的估计系数为 0.871，在 5% 水平上显著为正，显示案例企业各矿井单位的学习与成长指标对员工薪酬也具有正向影响，矿井开采月数愈高，员工薪酬的人均影响值 Y_1 愈大。

其次，将"五型"绩效指标加权后总分值 TOTAL 分解为各组成要素以加权值衡量的估计系数列示于模式（5）中，也有多数具有不同程度的显著正向影响，在5%水平以下显著的变量包括：可控成本COSTB的估计系数为39.32（$p < 0.01$），发热量HEATB的估计系数为16.82（$p < 0.05$），机电故障次数EMFA的估计系数为33.77（$p < 0.01$），风险预控体系RISKB的估计系数为4.700（$p < 0.05$）。未达10%水平显著者则有辅助运输车辆利用率VEHIB估计系数为 –18.05，矿井开采月数AGE估计系数为0.421。

辅助运输车辆利用率VEHIB的估计系数为负，与本书预期为正的研究假设不符，但因未达10%水平的显著性，故无法得出与预期相反的结论。其可能原因为加权百分比太低，仅为15%的权重，也可能是辅助运输车辆利用率的原始考核分数在衡量时有些误差，使得加权后的衡量误差仍存在所致，例如，辅助车辆的类别包括工程车、运人车、指挥车及材料车等四种，每种车的利用率均有其基准分，每个矿井在当月的上限分数为120分，故在各种车辆利用率得分及加总衡量时值得进一步再细究。

"五型"绩效指标加权前各组成要素以原始考核得分值衡量的估计系数列示于模式（6）中，各系数的显著性下降较多，在10%水平以上显著的变量包括发热量HEATA，估计系数为4.323（$p < 0.1$），机电故障次数EMFA的估计系数为33.77（$p < 0.01$），风险预控体系RISKA的估计系数为32.47（$p < 0.01$），矿井开采月数AGE的估计系数为0.850（$p < 0.05$）。未达10%水平显著者则有可控成本COSTB的估计系数为0.659，辅助运输车辆利用率VEHIB，其估计系数为 –1.127。

最后，汇总前述实证结果，由于案例企业各矿井的员工薪酬实际上是以"五型"指标加权后的数值来进行绩效评价后的结果，故本书主要是以"五型"指标加权后的数值对员工薪酬的估计结果来作为研究假设主要的检验结果。

由估计模式（5）可知"五型"指标整体对员工薪酬具有正向影响，案例企业绩效管理制度对公司的发展具有有效性。另外由"五型"绩效指标的组成要素的估计结果来观察，可控成本 COSTB 的估计系数为 39.32（$p < 0.01$），支持财务维度指标（H1a）对矿井员工薪酬具有正向影响的假设，发热量 HEATB 的估计系数为 16.82（$p < 0.05$），支持顾客维度指标（H1b）对矿井员工薪酬具有正向影响的假设，机电故障次数 EMFA 的估计系数为 33.77（$p < 0.01$），风险预控体系 RISKB 的估计系数为 4.700（$p < 0.05$），虽然辅助运输车辆利用率 VEHIB 估计系数为 -18.05 未达 10% 水平显著，然而仍有三分之二的绩效指标支持营运流程维度的指标（H1c）对矿井员工薪酬具有正向影响的假设。最后，矿井开采月数 AGE 估计系数为 0.421，未在 10% 水平上具有显著性，故不支持学习与成长维度指标（H1d）的绩效对案例企业矿井员工薪酬具有正向影响的假设。

值得一提的是，模式（6）的估计结果中，矿井开采月数 AGE 的估计系数为 0.850（$p < 0.05$），模式（5）的估计结果也是在 5% 下水平上具有显著性，此结果则支持学习与成长维度指标（H1d）的绩效对案例企业矿井员工薪酬具有正向影响的假设。总体而言，除了营运流程维度包括辅助运输车辆利用率 VEHIB 的估计结果未符合假设预期外，本书的其余假设大都均得到矿井实证资料的显著支持。

二、以员工薪酬 Y_1 为被解释变量的两个其他样本期间估计结果

由图 4-3 的趋势可知，案例企业在实施"五型"绩效指标对各矿井员工进行绩效激励后，促使各矿井的月产值在 2016 年 12 月达到峰值，其后则逐月下滑，在样本期间截止前已趋近相对稳定状态。为了解释这一特殊的时间点对前述估计结果的影响情况，本书将样本期间进一步分成 2016

年 1 月至 2016 年 12 月及 2017 年 1 月至 2018 年 3 月两个次期间，并重新进行系数估计，估计结果分别置于表 4-5 及表 4-6 中。以下的说明重点则集中在"五型"绩效指标加权后总得分值 TOTAL 的模式（4）与将"五型"绩效指标加权后总得分值 TOTAL 分解为各个组成要素以加权值衡量的模式（5）的估计结果，其余则仅供参考之用。

首先，由表 4-5 及表 4-6 的模式（4）可知"五型"绩效指标加权后总得分值 TOTAL 的估计系数分别为 5.25 与 5.03，均在 1% 的水平上显著为正，显示案例企业在两个样本期间所实施的"五型"绩效指标综合得分数对各矿井员工薪酬的影响值 Y_1 均具有显著正向影响，支持以平衡计分卡为基础的绩效指标对员工薪酬的激励具有持续有效性，不受两个次期间的影响。另外，矿井开采月数 AGE 的估计系数分别为 1.82 及 0.87，也分别在 10% 及 5% 水平上显著为正，显示案例企业各矿井在两个次期间中学习与成长的指标对员工薪酬均具有正向影响，即矿井开采月数愈高，员工薪酬的人均影响值 Y_1 愈大。

其次，将"五型"绩效指标加权后总得分值 TOTAL 分解为各个组成要素以加权值衡量的估计系数列示于表 4-5 及表 4-6 的模式（5）内后，可以发现不同的次期间估计结果中，其具有显著影响的指标并不相同。在 2016 年 1 月至 2016 年 12 月的次期间中，具有显著影响的指标包括可控成本 COSTB 的估计系数为 52.80（$p < 0.01$），发热量 HEATB 的估计系数为 14.71（$p < 0.05$），机电故障次数 EMFA 估计系数为 25.77（$p < 0.1$），不具有显著影响的指标为风险预控体系 RISKB。2017 年 1 月至 2018 年 3 月仅有机电故障次数 EMFA 与矿井开采月数 AGE 具有显著正向影响，前者估计系数为 35.28（$p < 0.05$），后者的估计系数为 2.19（$p < 0.05$），余者均未达 10% 的显著水平。

表 4-5　平衡计分卡指标对矿井员工薪酬回归结果：挂钩后人均影响值（Y_1）

	（1）	（2）	（3）	（4）	（5）	（6）
TOTAL	5.359***			5.245***		
	（3.01）			（2.97）		
COSTB		52.03***			52.80***	
		（5.82）			（5.68）	
HEATB		14.64**			14.71**	
		（2.22）			（2.22）	
VEHIB		−7.983			−5.021	
		（−0.37）			（−0.21）	
EMFA		26.05*	23.57		25.77*	24.39
		（1.94）	（1.59）		（1.91）	（1.64）
RISKB		−3.724			−1.086	
		（−0.25）			（−0.06）	
COSTA			0.568			0.568
			（1.01）			（1.01）
HEATA			3.240			3.330
			（1.46）			（1.50）
VEHIA			2.479			0.528
			（0.69）			（0.13）
RISKA			8.452			4.675
			（1.17）			（0.59）
AGE				1.822*	−0.391	1.410
				（1.84）	（−0.32）	（1.13）
CONS	−611.9***	−1 782.5***	−1 563.6*	−997.9***	−1 869.4***	−1 277.4
	（−2.91）	（−2.83）	（−1.97）	（−3.37）	（−2.71）	（−1.54）
Observations	156	156	156	156	156	156
R^2	0.060	0.242	0.063	0.082	0.243	0.072
Adjusted R^2	−0.026	0.149	−0.052	−0.009	0.143	−0.050

注：表格中括号内为 t 值；*$p < 0.1$，** $p < 0.05$，*** $p < 0.01$。

表 4-6　平衡计分卡指标对矿井员工薪酬回归结果：挂钩后人均影响值

	（1）	（2）	（3）	（4）	（5）	（6）
TOTAL	3.603			5.028***		
	（1.64）			（3.51）		
COSTB		9.318			4.828	
		（0.46）			（0.24）	
HEATB		24.96			19.83	
		（1.20）			（0.95）	
VEHIB		−22.09			−5.616	
		（−1.64）			（−0.36）	
EMFA		32.80*	32.81*		35.28**	35.29**
		（1.87）	（1.87）		（2.03）	（2.03）
RISKB		4.301			4.672*	
		（1.60）			（1.75）	
COSTA			2.332			1.208
			（0.47）			（0.24）
HEATA			7.495			5.950
			（1.20）			（0.96）
VEHIA			−3.315			−0.844
			（−1.64）			（−0.36）
RISKA			1.550			1.682*
			（1.60）			（1.75）
AGE				0.871**	2.191**	2.191**
				（2.48）	（2.00）	（2.00）
CONS	−399.4	−905.0	−905.9	−767.4***	−1 402.0	−1 402.0
	（−1.54）	（−1.01）	（−1.01）	（−4.02）	（−1.52）	（−1.52）
Observations	195	195	195	195	195	195
R^2	0.015	0.053	0.053	0.050	0.074	0.074
Adjusted R^2	−0.056	−0.038	−0.038	0.010	−0.020	−0.020

注：表格中括号内为 t 值；$*p < 0.1$，$** p < 0.05$，$*** p < 0.01$。

三、以员工薪酬 Y_2 为被解释变量的全样本期间估计结果

为了解释矿井员工薪酬的月影响值与"五型"绩效指标在不同程度挂钩下的关联性，本书以"五型"企业考核挂钩后绩效薪酬的人均影响数值 Y_2 与前述"五型"绩效指标及矿井开采月数进行回归来估计其间的系数。由于员工薪酬 Y_2 与"五型"绩效指标虽然完全挂钩，然而其薪酬兑现程度

异于员工薪酬 Y_1，故预期员工薪酬 Y_2 的回归结果的显著程度将弱于员工薪酬 Y_1。全样本期间的估计结果列于表 4-7 中，为了解释各矿井产值绩效结构变迁的影响，也将以 2016 年 12 月为转折点将样本期间分为两个次期间，估计结果分别列示于表 4-8 及表 4-9 中，相关估计结果说明如下。

由于平衡计分卡各指标绩效对矿井员工薪酬 Y_2 的回归结果，其中六个估计模式结构均同于表 4-4，故此不再赘述，本处仅针对模式（4）及（5）的估计结果加以陈述。

首先，由表 4-7 模式（4）的估计结果可知"五型"绩效指标加权后总得分值 TOTAL 的估计系数为 51.84，在 1% 的水平上显著为正，显示案例企业在全样本期间所实施的"五型"绩效指标综合得分数对各矿井员工薪酬的影响值 Y_2 具有正向影响，支持以平衡计分卡为基础的绩效指标对员工薪酬的激励的有效性。另外，矿井开采月数 AGE 的估计系数为 0.39，未达 10% 的显著水平，显示案例企业各矿井的学习与成长指标对员工薪酬 Y_2 未具有显著影响。

其次，将"五型"绩效指标加权后总得分值 TOTAL 分解为各组成要素以加权值衡量的估计系数列示于模式（5）估计结果中，由表 4-7 可知，其中也有三个具有显著正向影响，包括发热量 HEATB 的估计系数为 153.7（$p < 0.01$），机电故障次数 EMFA 的估计系数为 250.5（$p < 0.01$），风险预控体系 RISKB 的估计系数为 42.22（$p < 0.01$）。未达 10% 显著水平的有可控成本 COSTB 估计系数为 51.40，辅助运输车辆利用率 VEHIB 估计系数为 -46.57，矿井开采月数 AGE 估计系数为 -0.256。

"五型"绩效指标加权前各组成要素以原始考核得分衡量的估计系数列示于模式（6）中，具有显著性系数的有发热量 HEATA 的估计系数为 44.52（$p < 0.01$），机电故障次数 EMFA 的估计系数为 250.6（$p < 0.01$），

风险预控体系 RISKA 估计系数为 15.57（$p < 0.01$）。未达 10% 水平显著者则有可控成本 COSTB 的估计系数为 0.899，辅助运输车辆利用率 VEHIB，其估计系数为 –5.095，矿井开采月数 AGE 的估计系数为 0.290。

表 4–7　平衡计分卡指标对矿井员工薪酬回归结果：挂钩后人均影响值（Y_2）

	（1）	（2）	（3）	（4）	（5）	（6）
TOTAL	51.76***			51.84***		
	（10.50）			（10.49）		
COSTB		49.80			51.40	
		（1.56）			（1.55）	
HEATB		152.9***			153.7***	
		（5.79）			（5.74）	
VEHIB		–43.43			–46.57	
		（–1.23）			（–1.19）	
EMFA		250.9***	250.1***		250.5***	250.6***
		（6.26）	（6.22）		（6.23）	（6.21）
RISKB		42.43***			42.22***	
		（5.19）			（5.11）	
COSTA			0.904			0.899
			（0.41）			（0.41）
HEATA			44.78***			44.52***
			（5.59）			（5.48）
VEHIA			–5.588			–5.095
			（–1.06）			（–0.88）
RISKA			15.49***			15.57***
			（5.22）			（5.20）
AGE				0.386	–0.256	0.290
				（0.32）	（–0.18）	（0.21）
CONS	–6 103.9***	–7 678.0***	–6 296.1***	–6 201.3***	–7 632.0***	–6 396.3***
	（–10.49）	（–5.49）	（–5.66）	（–9.43）	（–5.36）	（–5.30）
Observations	351	351	351	351	351	351
R^2	0.247	0.245	0.238	0.247	0.245	0.238
Adjusted R^2	0.218	0.206	0.199	0.215	0.204	0.197

注：表格中括号内为 t 值；$*p < 0.1$，$** p < 0.05$，$*** p < 0.01$。

四、以员工薪酬 Y_2 为被解释变量的两个次期间估计结果

如前所述，为了解员工薪酬 Y_2 在特殊的时间点前后估计结果的差异，本书仍将样本期间分成 2016 年 1 月至 2016 年 12 月、2017 年 1 月至 2018 年 3 月两个次期间，重新进行系数估计，估计结果分别置于表 4-8 及表 4-9 中。以下的说明重点则仍然集中在模式（4）与（5）的估计结果中，其余则仅供参考使用。

首先，由表 4-8 及表 4-9 的模式（4）可知，"五型"绩效指标加权后总得分值 TOTAL 的估计系数分别为 49.17 与 51.84，均在 1% 的水平上显著为正，显示案例企业在两个样本次期间所实施的"五型"绩效指标综合得分数对各矿井员工薪酬的影响值 Y_2 均具有显著正向影响，支持以平衡计分卡为基础的绩效指标对员工薪酬的激励有效性，不受两个次期间的影响。另外，矿井开采月数 AGE 的估计系数分别为 –2.248 及 0.386，均未达 10% 的显著水平，显示案例企业各矿井在两个次期间中学习与成长的指标对员工薪酬均未具有正向影响。

其次，将"五型"绩效指标加权后总得分值 TOTAL 分解为各组成要素以加权值衡量的估计系数列示于表 4-8 及表 4-9 的模式（5）中，可以发现不同的次期间中其显著影响的指标并不相同。在 2016 年 1 月至 2016 年 12 月的次期间中，具有显著影响的指标为机电故障次数 EMFA，其估计系数为 106.3（$p < 0.1$），发热量 HEATB 的估计系数为 40.48（$p < 0.01$），其他均未具有显著性。

在 2017 年 1 月至 2018 年 3 月的次期间中也多数具有不同程度的显著正向影响，在 5% 水平上显著的变量包括可控成本 COSTB 的估计系数为 39.32（$p < 0.01$），发热量 HEATB 的估计系数为 48.15（$p < 0.05$），机

电故障次数 EMFA 的估计系数为 346.7（$p < 0.01$），风险预控体系 RISKB

的估计系数为 14.80（$p < 0.01$），其他均未具有显著影响。

表 4-8　平衡计分卡指标对矿井员工薪酬回归结果：挂钩后人均影响值（Y_2）

	（1）	（2）	（3）	（4）	（5）	（6）
TOTAL	49.03***			49.17***		
	（7.36）			（7.36）		
COSTB		38.67			60.82	
		（0.98）			（1.50）	
HEATB		142.1***			144.2***	
		（4.85）			（4.98）	
VEHIB		30.23			115.3	
		（0.31）			（1.11）	
EMFA		111.1*	110.8*		103.3*	106.3*
		（1.87）	（1.86）		（1.75）	（1.79）
RISKB		32.96			108.7	
		（0.49）			（1.43）	
COSTA			−0.019 9			−0.017 1
			（−0.01）			（−0.01）
HEATA			40.98***			40.48***
			（4.59）			（4.56）
VEHIA			5.259			16.11
			（0.37）			（1.01）
RISKA			30.02			51.02
			（1.04）			（1.61）
AGE				−2.248	−11.23**	−7.840
				（−0.60）	（−2.07）	（−1.58）
CONS	−5 779.9***	−7 955.4***	−8 474.2***	−5 303.7***	−10 450.4***	−10 065.4***
	（−7.35）	（−2.84）	（−2.66）	（−4.74）	（−3.46）	（−3.03）
Observations	156	156	156	156	156	156
R^2	0.276	0.179	0.169	0.278	0.204	0.184
Adjusted R^2	0.210	0.078	0.067	0.206	0.099	0.077

注：表格中括号内为 t 值；*$p < 0.1$，** $p < 0.05$，*** $p < 0.01$。

表4-9　平衡计分卡指标对矿井员工薪酬回归结果：挂钩后人均影响值（Y_2）

	（1）	（2）	（3）	（4）	（5）	（6）
TOTAL	49.24***			51.84***		
	（6.77）			（10.49）		
	（1）	（2）	（3）	（4）	（5）	（6）
COSTB		5.138			1.932	
		（0.08）			（0.03）	
HEATB		164.1**			160.4**	
		（2.52）			（2.44）	
VEHIB		−59.87			−48.11	
		（−1.42）			（−0.97）	
EMFA		344.9***	345.0***		346.7***	346.7***
		（6.29）	（6.29）		（6.29）	（6.29）
RISKB		40.84***			41.11***	
		（4.85）			（4.86）	
COSTA			1.300			0.505
			（0.08）			（0.03）
HEATA			49.24**			48.15**
			（2.52）			（2.44）
VEHIA			−9.017			−7.268
			（−1.42）			（−0.97）
RISKA			14.71***			14.80***
			（4.85）			（4.86）
AGE				0.386	1.565	1.551
				（0.32）	（0.45）	（0.45）
CONS	−5 808.0***	−6 381.3**	−6 382.2**	−6 201.3***	−6 736.2**	−6 733.4**
	（−6.77）	（−2.28）	（−2.28）	（−9.43）	（−2.31）	（−2.31）
Observations	195	195	195	351	195	195
R^2	0.202	0.308	0.308	0.247	0.309	0.309
Adjusted R^2	0.145	0.242	0.242	0.215	0.238	0.239

注：表格中括号内为 t 值；* $p < 0.1$，** $p < 0.05$，*** $p < 0.01$。

五、以员工薪酬 Y_3 为被解释变量的全期间估计结果

为了解矿井员工薪酬的月影响值与"五型"绩效指标在不同程度挂钩后的关联性，本书以员工薪酬 Y_3 与前述"五型"绩效指标及矿井开采月数进行回归，由于员工薪酬 Y_3 仅与"五型"绩效指标的完全成本挂钩，故预期员工薪酬 Y_3 的回归结果的显著程度将弱于员工薪酬 Y_1 和 Y_2。全样本期间的估计结果列于表 4-10 中，为了解各矿井产值绩效结构变迁的影响，将以 2016 年 12 月为转折点将样本期间分为两个次期间的估计结果分别列示于表 4-11 及表 4-12 中，相关估计结果说明如下。

由于平衡计分卡各指标绩效对矿井员工薪酬 Y_3 的回归结果，其中六个估计模式结构均同于表 4-4，故不再赘述，本处仅针对模式（4）及（5）的估计结果加以陈述。

首先，由表 4-10 模式（4）的估计结果可知"五型"绩效指标加权后总得分值 TOTAL 的估计系数为 -1.343，未具有显著影响，显示在仅以与完全成本挂钩的员工薪酬 Y_3 来测试"五型"绩效指标综合得分的影响时，无法获得显著的证据。另外，矿井开采月数 AGE 的估计系数为 8.320，达 5% 的显著水平，显示案例企业各矿井的学习与成长指标对员工薪酬 Y_3 具有显著影响。

其次，将"五型"绩效指标加权后总得分值 TOTAL 分解为各组成要素以加权值衡量的估计系数列示于模式（5）估计结果中，由表 4-10 可知，除了可控成本 COSTB 的估计系数为 341.6（$p < 0.01$），在 1% 水平上具有显著正向影响外，其余的变量均未具有显著影响。此估计结果十分符合主观直觉，可控成本指标仅仅与"五型"绩效指标的完全成本挂钩的员工薪酬 Y_3，自然具有显著为正的关联性。

"五型"绩效指标加权前各组成要素以原始考核得分值衡量的估计系数列示于模式（6）中，发现除了矿井开采月数 AGE 的估计系数为 8.240（$p < 0.05$）具有显著为正的影响外，其余变量均未具有显著性。

表 4-10　平衡计分卡指标对矿井员工薪酬回归结果：挂钩后人均影响值（Y_3）

	（1）	（2）	（3）	（4）	（5）	（6）
TOTAL	−3.155			−1.343		
	（−0.23）			（−0.10）		
COSTB		369.7***			341.6***	
		（4.38）			（3.91）	
HEATB		27.54			14.08	
		（0.39）			（0.20）	
VEHIB		−186.5**			−131.4	
		（−2.00）			（−1.27）	
EMFA		80.91	59.56		87.38	74.27
		（0.76）	（0.55）		（0.82）	（0.69）
RISKB		1.062			4.706	
		（0.05）			（0.22）	
COSTA			5.831			5.673
			（0.98）			（0.96）
HEATA			6.077			−1.422
			（0.28）			（−0.07）
VEHIA			−19.80			−5.788
			（−1.39）			（−0.37）
RISKA			0.897			3.227
			（0.11）			（0.40）
AGE				8.320**	4.499	8.240**
				（2.54）	（1.22）	（2.27）
CONS	604.2	−8 519.4**	1 079.7	−1 496.5	−9 327.5**	−1 767.5
	（0.38）	（−2.30）	（0.36）	（−0.84）	（−2.48）	（−0.55）
Observations	351	351	351	351	351	351
R^2	0.000	0.060	0.009	0.019	0.064	0.024
Adjusted R^2	−0.038	0.012	−0.042	−0.022	0.014	−0.029

注：表格中括号内为 t 值；* $p < 0.1$，** $p < 0.05$，*** $p < 0.01$。

表 4-11　平衡计分卡指标对矿井员工薪酬回归结果：挂钩后人均影响值（Y_3）

	（1）	（2）	（3）	（4）	（5）	（6）
TOTAL	4.572			3.294		
	（0.27）			（0.20）		
COSTB		481.5***			467.1***	
		（5.76）			（5.37）	
HEATB		4.230			2.870	
		（0.07）			（0.05）	
VEHIB		−110.0			−165.4	
		（−0.54）			（−0.74）	
EMFA		149.5	125.1		154.6	137.8
		（1.19）	（0.90）		（1.23）	（1.00）
RISKB		−70.50			−119.8	
		（−0.50）			（−0.74）	
COSTA			5.686			5.679
			（1.08）			（1.09）
HEATA			−8.569			−7.174
			（−0.41）			（−0.35）
VEHIA			19.54			−10.81
			（0.58）			（−0.29）
RISKA			54.29			−4.436
			（0.81）			（−0.06）
AGE				20.44**	7.305	21.93*
				（2.20）	（0.63）	（1.90）
CONS	−339.4	−9 855.0*	−7 139.9	−4 671.0*	−8 232.1	−2 690.0
	（−0.17）	（−1.67）	（−0.97）	（−1.68）	（−1.28）	（−0.35）
Observations	156	156	156	156	156	156
R^2	0.001	0.207	0.025	0.034	0.209	0.050
Adjusted R^2	−0.091	0.109	−0.095	−0.062	0.105	−0.075

注：表格中括号内为 t 值；$*p < 0.1$，$** p < 0.05$，$*** p < 0.01$。

表 4-12　平衡计分卡指标对矿井员工薪酬回归结果：挂钩后人均影响值（Y_3）

	（1）	（2）	（3）	（4）	（5）	（6）
TOTAL	−12.87			−1.343		
	（−0.63）			（−0.10）		
COSTB		87.70			46.90	
		（0.46）			（0.25）	
HEATB		83.31			36.69	
		（0.42）			（0.19）	
VEHIB		−157.3			−7.686	
		（−1.23）			（−0.05）	
EMFA		−16.56	−16.49		6.040	6.048
		（−0.10）	（−0.10）		（0.04）	（0.04）
RISKB		2.141			5.509	
		（0.08）			（0.22）	
COSTA			21.93			11.72
			（0.46）			（0.25）
HEATA			25.03			10.99
			（0.42）			（0.19）
VEHIA			−23.59			−1.123
			（−1.23）			（−0.05）
RISKA			0.780			1.981
			（0.08）			（0.22）
AGE				8.320**	19.91*	19.92*
				（2.54）	（1.91）	（1.91）
CONS	1 776.5	−2 641.1	−2 649.1	−1 496.5	−7 156.5	−7 159.5
	（0.73）	（−0.31）	（−0.31）	（−0.84）	（−0.82）	（−0.82）
Observations	195	195	195	351	195	195
R^2	0.002	0.009	0.009	0.019	0.029	0.029
Adjusted R^2	−0.070	−0.086	−0.086	−0.022	−0.070	−0.070

注：表格中括号内为 t 值；* $p < 0.1$，** $p < 0.05$，*** $p < 0.01$。

六、以员工薪酬 Y_3 为被解释变量的两个次期间估计结果

如前所述，为了了解员工薪酬 Y_3 在特殊的时间点前后估计结果的差异，本书仍将样本期间分成 2016 年 1 月至 2016 年 12 月、2017 年 1 月至 2018 年 3 月两个次期间，并重新进行系数估计，估计结果分别置于表 4–11 及表 4–12 中。以下的说明重点则仍集中在模式（4）与（5）的估计结果，其他则仅供参考使用。

首先，由表 4–11 及表 4–12 的模式（4）可知"五型"绩效指标加权后总得分值 TOTAL 的估计系数分别为 20.44 与 –1.343，均未具有显著性，另外，矿井开采月数 AGE 的估计系数分别为 –2.248 及 8.320，均在 5% 水平上具有显著性，显示案例企业各矿井在两个次期间中学习与成长的指标对员工薪酬 Y_3 均具有正向影响。

其次，将"五型"绩效指标加权后总得分值 TOTAL 分解为各组成要素以加权值衡量的估计系数列示于表 4–11 及表 4–12 的模式（5）中，可以发现不同的次期间中具有显著影响的指标并不相同。在 2016 年 1 月至 2016 年 12 月的次期间中，具有显著影响的指标仅为可控成本 COSTB，其估计系数为 467.1（$p < 0.01$），其他均未具有显著性。

在 2017 年 1 月至 2018 年 3 月的次期间中各变量也多数具有不同程度的显著正向影响，在 10% 以下显著的变量仅为矿井开采月数 AGE，估计系数为 19.91（$p < 0.1$），其他均未具有显著影响。

表 4–11 及表 4–12 的模式（6）的估计结果中，各估计系数几乎未具有显著性，故本书不再说明。

第五节 "五型"绩效指标对员工薪酬人均水平值的影响

第五节中将"五型"绩效指标对各矿井不同程度挂钩下的员工薪酬影响值是否具有显著影响进行分析。本节将被解释变量延伸到各矿井员工每月的薪酬的人均水平值进行实证检验,补充"五型"绩效指标对各矿井员工薪酬人均水平值是否具有显著影响的分析。简言之,第五节的被解释变量为员工薪酬的变动值(或差异值),第六节则为水平值。

一、以员工薪酬 Y_4 为被解释变量的估计结果

员工薪酬 Y_4 与"五型"绩效指标的回归结果分别列示于表4-13、表4-14、表4-15中,其各解释变量的显著个数及显著性迥异于员工薪酬(Y_1、 Y_2、 Y_3),绝大部分的系数均未具有显著性。具体地说,仅有两个变量具有显著性。其中,最具一致性的为矿井开采月数 AGE 的估计系数,其在三张表中大多均在1%水平上具有正向统计显著性,其中可能的意义为:员工薪酬 Y_4 为薪酬水平值,包含很多与时间相关的薪酬组成项目,即随着时间增加,这些薪酬组成项目也随之提高。另一个具有显著影响的指标为可控成本 COSTB,在全样本期间与前半段期间(2016年1月至2016年12月)的回归结果显著。

表 4-13 平衡计分卡指标对矿井员工薪酬回归结果：挂钩后人均水平值（Y_4）

	（1）	（2）	（3）	（4）	（5）	（6）
TOTAL	−0.561			11.58		
	（−0.02）			（0.51）		
COSTB		698.3***			343.7**	
		（4.31）			（2.28）	
HEATB		137.6			−32.27	
		（1.03）			（−0.26）	
VEHIB		−493.0***			202.2	
		（−2.75）			（1.13）	
EMFA		−45.67	−87.06		36.11	20.87
		（−0.22）	（−0.42）		（0.20）	（0.11）
RISKB		−3.446			42.56	
		（−0.08）			（1.13）	
COSTA			2.728			1.566
			（0.24）			（0.15）
HEATA			47.63			−7.392
			（1.15）			（−0.20）
VEHIA			−58.58**			44.20*
			（−2.14）			（1.68）
RISKA			0.542			17.64
			（0.04）			（1.29）
AGE				55.72***	56.80***	60.46***
				（9.95）	（8.95）	（9.79）
CONS	1 1261.4***	−5 723.9	1 2080.3**	−2 805.9	−1 5924.9**	−8 809.7
	（3.68）	（−0.81）	（2.09）	（−0.92）	（−2.45）	（−1.60）
Observations	351	351	351	351	351	351
R^2	0.000	0.067	0.016	0.227	0.248	0.237
Adjusted R^2	−0.039	0.019	−0.034	0.195	0.208	0.195

注：表格中括号内为 t 值；*$p < 0.1$，** $p < 0.05$，*** $p < 0.01$。

表 4–14　平衡计分卡指标对矿井员工薪酬回归结果：挂钩后人均水平值（Y_4）

	（1）	（2）	（3）	（4）	（5）	（6）
TOTAL	−15.41			−19.79		
	（−0.47）			（−0.64）		
COSTB		606.4***			507.5***	
		（3.59）			（2.94）	
HEATB		−163.9			−173.3	
		（−1.31）			（−1.41）	
VEHIB		524.1			144.3	
		（1.27）			（0.33）	
EMFA		184.0	154.0		219.1	189.7
		（0.73）	（0.58）		（0.87）	（0.74）
RISKB		232.7			−105.6	
		（0.81）			（−0.33）	
COSTA			5.700			5.678
			（0.57）			（0.58）
HEATA			−57.41			−53.49
			（−1.45）			（−1.39）
VEHIA			125.2*			39.99
			（1.97）			（0.58）
RISKA			236.4*			71.48
			（1.85）			（0.52）
AGE				70.03***	50.13**	61.57***
				（4.01）	（2.17）	（2.86）
CONS	12 631.9***	−19 090.2	−21 287.6	−2 206.8	−7 953.1	−8 790.8
	（3.27）	（−1.60）	（−1.51）	（−0.42）	（−0.62）	（−0.61）
Observations	156	156	156	156	156	156
R^2	0.002	0.146	0.070	0.104	0.174	0.122
Adjusted R^2	−0.090	0.040	−0.045	0.015	0.066	0.007

注：表格中括号内为 t 值；* $p < 0.1$，** $p < 0.05$，*** $p < 0.01$。

表 4-15　平衡计分卡指标对矿井员工薪酬回归结果：挂钩后人均水平值（Y_4）

	（1）	（2）	（3）	（4）	（5）	（6）
TOTAL	9.734			43.78		
	（0.28）			（1.30）		
COSTB		396.6			231.3	
		（1.24）			（0.76）	
HEATB		622.8*			433.9	
		（1.88）			（1.38）	
VEHIB		−327.2			279.3	
		（−1.53）			（1.18）	
EMFA		−305.8	−305.8		−214.2	−214.4
		（−1.10）	（−1.10）		（−0.81）	（−0.82）
RISKB		28.70			42.35	
		（0.67）			（1.05）	
COSTA			98.88			57.48
			（1.24）			（0.76）
HEATA			186.8*			129.9
			（1.88）			（1.38）
VEHIA			−48.94			42.13
			（−1.52）			（1.18）
RISKA			10.37			15.24
			（0.67）			（1.05）
AGE				72.61***	80.69***	80.74***
				（5.07）	（4.86）	（4.87）
CONS	10 351.6**	−17 982.2	−17 965.9	−10 566.4*	−36 282.7***	−36 249.0***
	（2.50）	（−1.26）	（−1.26）	（−1.87）	（−2.61）	（−2.61）
Observations	195	195	195	195	195	195
R^2	0.000	0.040	0.039	0.126	0.153	0.153
Adjusted R^2	−0.071	−0.053	−0.053	0.058	0.067	0.067

注：表格中括号内为 t 值；$*p < 0.1$，$** \, p < 0.05$，$*** \, p < 0.01$。

二、以员工薪酬 Y_5 为被解释变量的估计结果

员工薪酬 Y_5 与"五型"绩效指标的回归结果分别列示于表 4–16、表 4–17、表 4–18 中，其各解释变量的显著个数及显著性不同于员工薪酬 Y_1、Y_2、Y_3，绝大部分的系数也均未具有显著性。具体地说，仅有三个变量具有显著性，其中，最具一致性的为矿井开采月数 AGE 的估计系数，其在三张表中大多数均在 1% 水平以下具有正向统计显著性，其可能的意义是员工薪酬 Y 为薪酬水平值，其内包含很多与时间相关的薪酬组成项目。即随着时间增加，这些薪酬组成项目也随之提高。另两个具有显著影响的指标为在表 4–16 中的辅助运输车辆利用率 VEHIB 在 5% 上显著水平，与在表 4–18 中的"五型"绩效指标加权后总得分值 TOTAL（10% 显著水平）。

综合员工薪酬 Y_4 与员工薪酬 Y_5 的实证结果可知，在解释的显著性上最具一致性的为矿井开采月数 AGE 的估计系数，其在三张表中大多均在 1% 水平以上具正向统计显著性，故知员工薪酬的水平值，较多与时间相关的组成要素，较少与"五型"绩效指标挂钩的成分。

表 4-16　平衡计分卡指标对矿井员工薪酬回归结果：挂钩后人均水平值（Y_5）

	（1）	（2）	（3）	（4）	（5）	（6）
TOTAL	2.601			12.93		
	（0.12）			（0.72）		
COSTB		328.6**			2.107	
		（2.48）			（0.02）	
HEATB		110.1			−46.34	
		（1.00）			（−0.48）	
VEHIB		−306.6**			333.5**	
		（−2.09）			（2.36）	
EMFA		−126.5	−146.6		−51.21	−53.34
		（−0.76）	（−0.87）		（−0.35）	（−0.37）
RISKB		−4.498			37.86	
		（−0.13）			（1.27）	
COSTA			−3.107			−4.110
			（−0.34）			（−0.52）
HEATA			41.56			−5.966
			（1.24）			（−0.20）
VEHIA			−38.80*			49.97**
			（−1.76）			（2.41）
RISKA			−0.352			14.41
			（−0.03）			（1.34）
AGE				47.40***	52.30***	52.22***
				（10.72）	（10.40）	（10.76）
CONS	10 656.5***	2 797.7	11 001.9**	−1 309.9	−6 594.9	−7 040.1
	（4.33）	（0.48）	（2.37）	（−0.55）	（−1.28）	（−1.62）
Observations	351	351	351	351	351	351
R^2	0.000	0.031	0.015	0.255	0.269	0.270
Adjusted R^2	−0.039	−0.018	−0.035	0.224	0.230	0.230

注：表格中括号内为 t 值；* $p < 0.1$，** $p < 0.05$，*** $p < 0.01$。

表 4-17　平衡计分卡指标对矿井员工薪酬回归结果：挂钩后人均水平值（Y_5）

	（1）	（2）	（3）	（4）	（5）	（6）
TOTAL	−19.97			−23.07		
	（−0.80）			（−0.96）		
COSTB		124.9			40.47	
		（0.93）			（0.29）	
HEATB		−168.1*			−176.1*	
		（−1.69）			（−1.80）	
VEHIB		634.0*			309.7	
		（1.93）			（0.88）	
EMFA		34.58	28.98		64.54	51.96
		（0.17）	（0.14）		（0.32）	（0.26）
RISKB		303.2			14.30	
		（1.33）			（0.06）	
COSTA			0.009 46			−0.004 60
			（0.00）			（−0.00）
HEATA			−48.83			−46.31
			（−1.62）			（−1.56）
VEHIA			105.7**			50.81
			（2.17）			（0.96）
RISKA			182.1*			75.93
			（1.86）			（0.71）
AGE				49.57***	42.80**	39.63**
				（3.68）	（2.33）	（2.38）
CONS	12 969.9***	−9 233.5	−14 144.4	2 465.9	276.1	−6 100.9
	（4.39）	（−0.97）	（−1.31）	（0.61）	（0.03）	（−0.55）
Observations	156	156	156	156	156	156
R^2	0.004	0.076	0.071	0.092	0.111	0.108
Adjusted R^2	−0.087	−0.038	−0.044	0.002	−0.005	−0.009

注：表格中括号内为 t 值；*$p < 0.1$，**$p < 0.05$，***$p < 0.01$。

表 4-18 平衡计分卡指标对矿井员工薪酬回归结果: 挂钩后人均水平值（Y_5）

	（1）	（2）	（3）	（4）	（5）	（6）
TOTAL	22.61			47.44*		
	（0.82）			（1.79）		
COSTB		308.8			184.3	
		（1.24）			（0.77）	
HEATB		539.3**			397.0	
		（2.09）			（1.61）	
VEHIB		−169.9			286.9	
		（−1.01）			（1.54）	
EMFA		−289.2	−289.2		−220.2	−220.4
		（−1.33）	（−1.33）		（−1.07）	（−1.07）
RISKB		26.57			36.85	
		（0.79）			（1.16）	
COSTA			76.92			45.74
			（1.23）			（0.77）
HEATA			161.7**			118.8
			（2.08）			（1.61）
VEHIA			−25.35			43.24
			（−1.01）			（1.55）
RISKA			9.591			13.26
			（0.80）			（1.16）
AGE				52.97***	60.77***	60.81***
				（4.69）	（4.66）	（4.67）
CONS	8 575.4***	−15 329.5	−15 305.3	−6 685.2	−29 113.5***	−29 076.8***
	（2.65）	（−1.38）	（−1.38）	（−1.50）	（−2.67）	（−2.66）
Observations	195	195	195	195	195	195
R^2	0.004	0.043	0.043	0.112	0.148	0.148
Adjusted R^2	−0.068	−0.049	−0.049	0.043	0.061	0.061

注: 表格中括号内为 t 值; $*p < 0.1$, $** p < 0.05$, $*** p < 0.01$。

本章小结

为了能够比较清晰地展示本章所有的实证结果，本节分别以表 4-19 和表 4-20 加以汇总整理。前者是平衡计分卡指标对矿井员工薪酬人均影响值的回归结果，后者则为平衡计分卡指标对矿井员工薪酬人均水平值的回归结果。

表 4-19 和表 4-20 汇总了平衡计分卡四个维度的绩效指标对案例企业矿井员工薪酬的影响的实证研究结果，由前两张表的回归结果可以了解到平衡计分卡四个维度的各个代理变量对各矿井员工薪酬的影响情况。

由表 4-19 可知，以全样本期间的样本实证结果针对"五型"绩效指标与不同挂钩程度的员工薪酬人均影响值而言，在具有显著解释变量个数方面，$Y_1 > Y_2 > Y_3$，挂钩程度愈高的被解释变量，其显著的解释变量愈高，此结果对管理阶层的实务指导意义为想得到什么就去衡量并挂钩什么。以案例数据为基础，本书平衡计分卡 – 薪酬关系实证结果与于现有文献一致，如 Griffith 和 Neely（2009），Greatbanks 和 Tapp（2007），Feliniak 和 Olezak（2005），Gumbus 和 Lussier（2006）等，均支持公司实施平衡计分卡制度对员工薪酬激励的有效性。另外，在后期的次样本期间中，则在显著性变量的个数及显著性方面均较全样本期间略弱。

表 4-19　平衡计分卡指标对矿井员工薪酬人均影响值回归结果汇总

| | Y_1 | | | Y_2 | | | Y_3 | | |
	全期	前期	后期	全期	前期	后期	全期	前期	后期
TOTAL	***	***	***	***	***	***	–	–	–
COSTB	***	***	–	–	–	–	***	***	–
HEATB	**	**	–	***	***	**	–	–	–
VEHIB	–	–	–	–	–	–	–	–	–
EMFA	***	*	**	***	*	***	–	–	–
RISKB	**	–	–	***	–	***	–	–	–
COSTA	–	–	–	–	–	–	–	–	–

	Y_1			Y_2			Y_3		
	全期	前期	后期	全期	前期	后期	全期	前期	后期
HEATA	*	–	–	***	***	**	–	–	–
VEHIA	–	–	–	–	–	–	–	–	–
RISKA	**	–	–	***	–	***	–	–	–
AGE	**	*	**	–	–	–	**	**	**

平衡计分卡指标对矿井员工薪酬人均水平值的回归结果汇总于表4-20中。除了矿井开采月数 AGE 与两个被解释变量具有显著为正的影响外，各矿井员工薪酬的水平值虽有微幅受到"五型"绩效指标的影响，然而与各"五型"绩效指标数值间未具有系统化的显著关联性。其潜在原因为各矿井员工薪酬人均水平值的组成内容中有相当部分是与平衡计分卡的绩效指针数据的变动无关联的，而仅仅与时间有关，此由表4-20内最显著的变量为矿井成立年数 AGE 可看出端倪。

表4-20　平衡计分卡指标对矿井员工薪酬人均水平值回归结果汇总

	Y_4			Y_5		
	全期	前期	后期	全期	前期	后期
TOTAL	–	–	–	–	–	*
COSTB	***	***	–	–	–	–
HEATB	–	–	–	–	(–) *	–
VEHIB	–	–	–	**	–	–
EMFA	–	–	–	–	–	–
RISKB	–	–	–	–	–	–
COSTA	–	–	–	–	–	–
HEATA	–	–	–	–	–	–
VEHIA	*	–	–	**	–	–
RISKA	–	–	–	–	–	–
AGE	***	**	***	***	**	***

综合表4-19和表4-20可知"五型"绩效指标对各矿井员工薪酬的影响主要是在差异值，而非水平值。

第五章　平衡计分卡绩效评价模型在煤炭企业价值管理中的应用

第一节　研究假设

本节研究假设的形成是基于第三章平衡计分卡数理模型的推导结果，由第三章（3.3）式企业价值与平衡计分卡各维度的设定及求解获得各项系数。平衡计分卡变量对企业价值的影响根据模型推导结果均为正向关系，对企业账面价值影响除外，据此本书结合我国煤炭行业上市公司的样本，针对企业价值与财务维度、顾客维度、营运流程维度、学习与成长维度指标等平衡计分卡各维度指标绩效提出研究假设，具体如下：

H2a：财务维度指标的绩效对煤炭行业公司企业价值具有正向影响；

H2b：顾客维度指标的绩效对煤炭行业公司企业价值具有正向影响；

H2c：营运流程维度指标的绩效对煤炭行业公司企业价值具有正向影响；

H2d：学习与成长维度指标的绩效对煤炭行业公司企业价值具有正向影响。

选择上市公司为实证样本是因为本书第二个研究目的是探讨平衡计分卡各维度指标与企业价值的关联性，而上市公司披露公开透明的企业价值数据。至于选择煤炭行业是为延续第四章案例企业为煤炭业的缘故，为取得产业的一致性，使得研究结果更具稳定性。

第二节　研究设计

一、变量定义

（一）被解释变量

本书参照现有文献分别用有两个代理变量来衡量企业价值，也即公司的期末收盘股价 SP（单一水平值），以及期末的股票报酬率 RETURN，股票报酬率的计算公式为：（本期期末股价–前期期末股价）/ 前期期末股价。

（二）解释变量

依据平衡计分卡的不同维度分别说明如下：

1. 财务维度因素

（1）每股股东权益账面值 BPS：期末股东权益账面值 / 期末流通在外股数。

（2）每股超额盈余 EA：计算式为：本期基本每股盈余–前期期末每股股东权益账面值 ×10%。对于上述计算式中的百分比的取值，现有文献并无定论，本书采取了较为较常用的 10% 为基准来估计。在后续敏感性分析中，则分别采用略高的 12%，以及略低的 8% 来重新估计，以观察其对主回归结果的影响程度。本书中基本每股盈余 = 本期税后盈余总额 / 期末流通在外股数。

2. 顾客维度因素

以营收成长率 REVG 来表示，计算式为（本期营收净额 – 前期营收净额）/ 前期营收净额。

3. 流程维度因素

由于流程维度有很多指标，本书参照傅钟仁（2004）以流程效率来代表，由各公司的投入与产出来计算而得。其中，投入变量包括营业成本、总人数及固定资产净额等三项，产出变量则包括营业收入净额及营业外收入等两项。依据前述三个投入变量及两个产出变量所计算的效率，本书以固定规模报酬效率分数 CRS 及变动规模报酬效率分数 VRS 分别代表不同层面的流程效率分数。

固定规模报酬效率分数 CRS 及变动规模报酬效率分数 VRS 是使用数据包络分析软件 DEAP 进行数据分析所获得的。由于效率分数是同期间的概念，故在实际估算时，采用逐期样本数据的方式来处理。

4. 学习成长维度因素

以人力资本指数、研发支出占比、成立年数来代表。

（1）人力资本指数 HI；以不同员工学历的人数乘以其学习年数再除以该公司期末的总人数而得到。

（2）研发强度 RDDEN：研发支出占营业收入的比值。

（3）公司成立年数 AGE：由公司成立开始到特定年份为止所累积的年数。

（三）控制变量

（1）由于财务杠杆高低会影响企业的价值，本书参照孙铮和李增泉（2001）及陈信等（2002）的研究以长期负债占比 LD 作为代理变量，放入估计模式中作为控制变量，预计为负向影响。

（2）大股东持股比率 SHA 通常也会影响到企业价值的变动，预计为正向影响（陈信 等，2002；王化成 等，2004），其计算方式为年底前十大股东总持股合计数除以年底公司流通在外总股数。

以上被解释变量、解释变量及控制变量的定义、说明及预期方向详见表 5-1。

表 5-1　上市公司实证变量汇总表

变量类别	变量名称（代号）	变量说明	预期方向
被解释变量	期末股价（SP）	公司的期末收盘股价	
	期末的股票报酬率（RETURN）	（本期期末股价 – 前期期末股价）/ 前期期末股价	
解释变量	每股股东权益账面值（BPS）	期末股东权益账面值 / 期末流通在外股数	+
	每股超常盈余（EA）	本期基本每股盈余 – 前期期末每股股东权益账面值 ×10%	+
	营收成长率（REVG）	（本期营收净额 – 前期营收净额）/ 前期营收净额	+
	固定规模报酬效率分数（CRS）	以数据包络分析法中的 CCR 模型计算而得，其中，投入变量包括营业成本、总人数及固定资产净额等三项，产出变量则包括营业收入净额及营业外收入等	+
	变动规模报酬效率分数（VRS）	以数据包络分析法中的 BCC 模型计算而得，其中，投入与产出变量同 CRS	+
	人力资本指数（HI）	以不同员工学历的人数乘上其学习年数后，再除以该公司期末的总人数而得到的数字	+
	研发强度（RDDEN）	研发支出占营业收入的比值	+
	公司成立年数（AGE）	由公司成立开始到特定年份为止所累积的年数	+
控制变量	长期负债占比（LDR）	（长期借款 + 应付债券 + 长期应付款 + 专项应付款）/ 负债合计 ×100%	—
	前十大股东持股比率（SHA）	年底前十大股东总持股合计数除以年底公司流通在外总股数	+

二、模型估计

$$SP_{it} = \alpha_0 + \alpha_1 \times BPS_{it} + \alpha_2 \times EA_{it} + \alpha_3 \times REVG_{it} + \alpha_4 \times RDDEN_{it} + \alpha_5 \times AGE_{it} + \alpha_6$$
$$\times HI_{it} + \alpha_7 \times CRS_{it} \ (or \ VRS_{it}) + \alpha_8 \times LDR_{it} + \alpha_9 \times SHA_{it} + \upsilon_{it} \qquad (5.1)$$

式中，i 表示矿井，t 表示时间，α_1 至 α_7 及 α_9 均预期为正，α_8 预期为负。

$$RETURN_{it} = \beta_0 + \beta_1 \times BPS_{it} + \beta_2 \times EA_{it} + \beta_3 \times REVG_{it} + \beta_4 \times RDDEN_{it} + \beta_5 \times AGE_{it}$$
$$+ \beta_6 \times HI_{it} + \beta_7 \times CRS_{it} \ (or \ VRS_{it}) + \beta_8 \times LDR_{it} + \beta_9 \times SHA_{it} + \varepsilon_{it} \quad (5.2)$$

式中，β_1 至 β_7 及 β_9 均预期为正，β_8 预期为负。

由于本书有 36 家公司的资料，每家公司有 7 年资料，故对前两个式子系数采用面板数据模型加以估计。

（5.1）和（5.2）式是针对本章第一节中有关上市公司平衡计分卡各维度绩效指标对企业价值影响的四个研究假设进行估计与检验。

三、数据来源

煤炭行业上市公司的数据取自 wind 数据库，数据期间为 2011 年至 2017 年，共有 36 家煤炭行业上市公司，主要实证结果以年度数据为准。在进行敏感性分析时，则以半年度的数据进行检验，故共收集整理两组数据进行实证分析。

36 家公司中虽有 ST 的特殊情况，但仍有部分年度或半年度数据可用，故并未完全删除 ST 公司样本。

第三节　实证分析

一、描述性统计

本书相关被解释变量及解释变量的描述性统计见表 5-2，所有变量定义及其预期方向参见表 5-1。如表 5-2 所示，我国煤炭行业上市公司年底股价（12 月底的收盘价）SP 的均值为 9.138 元人民币，其最小值为 0，是因为陕西煤业（601225）在 2011—2013 停牌所致，标准差为 5.157 元，显示我国煤炭行业上市公司的股价在样本期间具有一定的波动幅度。其次，股票报酬率 RETURN 均值为 −0.052，表明煤炭行业上市公司的股价在样本期间是往下波动的，由于计算股票报酬率时需删除各公司第一年的资料，另外陕西煤业在 2012、2013 年均无年底股价数据，故其样本数为 210。

表 5-2　变量描述性统计表（期间：2011—2017）

变量	样本数	均值	标准差	最小值	最大值
SP	252	9.183	5.157	0	38.88
RETURN	210	−0.052	0.3	−0.757	0.829
BPS	252	4.861	2.82	−3.03	15.7
EA	252	−0.226	0.653	−3.917	2.472
REVG（%）	252	4.765	33.366	−73.848	274.357
RDDEN	252	0.006	0.009	0	0.055
AGE	252	16.806	4.578	4	30
HI	252	12.012	0.673	11	15
CRS	252	0.679	0.322	0.004	1
VRS	252	0.82	0.248	0.135	1

两个财务维度绩效指标有不同的特质。其中，每股股东权益账面值 BPS 的均值为 4.861，平均的股价净值比约为 2 倍，体现了我国煤炭行业上市公司的市场价值。每股超额盈余 EA 的均值为负数（−0.226），显示我国煤炭行业上市公司在样本期间的获利率低于本书设计的 10%。

属于顾客维度指标的营收成长率 REVG 均值为 4.765%，不过全距约为 350%，各样本公司的营收成长率相当异质。属于学习成长维度指标的研发密度 RDDEN 均值为 0.6%，此数值在样本期间的各年的均值大约在 0.6% ~ 0.72% 间波动，可以作为我国煤炭行业上市公司的研发强度的参考值。另两个属于学习成长维度的指标，公司成立年数 AGE 均值为 16.8 年，人力资本指数 HI 均值为 12.01。

流程维度指标为流程效率，固定规模报酬效率 CRS 均值为 0.679，变动规模报酬效率 VRS 为 0.82，可以推算出各上市公司的规模效率为 0.828，前述数值均为上市公司研究中常见的数字，并无显著的异常。

二、变量间相关性检验

本书各变量间的相关系数矩阵见表 5-3，变量说明及其预期方向均参见表 5-1。整体而言，可能是企业价值用水平值及变动率的差异来衡量，导致两个被解释变量与各解释变量间的相关系数，及其相关系数的正负号结构并不太相同，与股价 SP 呈负相关者为学习成长维度指标的公司成立年数 AGE 及流程维度指标的固定规模报酬效率 CRS 与变动规模报酬效率 VRS，与本书研究假设平衡计分卡指标与企业价值间具有正相关的预期不同，至于是否具有显著性，则有待实证结果来确认。其次，与股票报酬率 RETURN 呈负相关关系的是财务维度绩效指标的每股股东权益账面值 BPS 与每股超额盈余 EA，及流程维度指标的固定规模报酬效率 CRS 与变动规模报酬效率 VRS，此均与本书最初预期的方向不同。

表 5-3 变量相关系数矩阵

变量	（1）	（2）	（3）	（4）	（5）	（6）	（7）	（8）	（9）	（10）
（1）SP	1.000									
（2）RETURN	0.243	1.000								
（3）BPS	0.597	−0.001	1.000							
（4）EA	0.340	−0.041	0.217	1.000						
（5）REVG	0.111	0.040	0.094	0.312	1.000					
（6）RDDEN	0.140	0.029	0.194	0.071	−0.062	1.000				
（7）AGE	−0.271	0.093	−0.404	−0.053	0.212	−0.271	1.000			
（8）HI	0.171	0.139	0.183	0.126	0.042	−0.034	−0.158	1.000		
（9）CRS	−0.100	−0.096	−0.039	−0.074	−0.039	−0.048	0.057	−0.051	1.000	
（10）VRS	−0.225	−0.119	−0.129	−0.132	−0.124	0.030	−0.001	−0.099	0.771	1.000

至于各解释变量间的相关系数，除了固定规模报酬效率 CRS 与变动规模报酬效率 VRS 间为 0.771，较为偏高外，其余相关系数的绝对值均小于 0.5，初步判断并无明显的变量两两线性相关性。

三、期末股价与平衡计分卡指标的回归结果

如 Albertsen 和 Lueg（2014）所言，绝大部分平衡计分卡的实证研究对象均以案例为主，鲜有以大样本的实证研究。本书则尝试使用煤炭行业案例企业作为实证对象，选择在我国上海 A 股上市的煤炭行业总计有 36 家公司为样本，由于受到获取人力资本资料的限制，故选择样本期间为 2011 年至 2017 年，数据为年度数据。

本书在第一节提出上市公司平衡计分卡四大维度指标的绩效对其企业价值影响的四个待验证假设，包括财务维度指标（H2a）、顾客维度指标（H2b）、营运流程维度指标（H2c）、学习与成长维度指标（H2d）的绩效对上市公司企业价值均具有正向影响等，本节即针对前四个假设加以实证检验。

本书所选择平衡计分卡各维度的变量如下：财务维度指标为每股股东

权益账面值 BPS 与每股超额盈余 EA；顾客维度指标为营收成长率 REVG；流程维度指标为流程效率含固定规模报酬效率 CRS 及变动规模报酬效率 VRS）；学习成长维度指标为研发密度 RDDEN、公司成立年数 AGE 及人力资本指数 HI 等。平衡计分卡相关指标及两个控制变量（长期负债比率 LDR 与公司大股东持股比率 SHA）与煤炭行业上市公司的年底股价的回归结果说明如下。

1. 我国煤炭行业上市公司股价对平衡计分卡指标回归结果：全体样本期间及是否纳入中国 500 强分组

首先，将全体样本期间的各变量的估计结果列示于表 5-4 中，所有变量定义及其预期方向均参见表 5-1。表 5-4 中模式（1）与（2）的差别仅在于流程维度指标分别放入固定规模报酬效率 CRS 及变动规模报酬效率 VRS，来观察其对公司股价的不同效果。就估计结果而言，模式（1）与（2）中每股股东权益账面值 BPS 与每股超额盈余 EA 等财务维度指标均为公司股价显著为正的解释变量，每股股东权益账面值 BPS 的估计系数为 1.128（$p < 0.01$）与 1.106（$p < 0.01$），每股超额盈余 EA 的估计系数为 1.563（$p < 0.01$）与 1.587（$p < 0.01$），与现有文献一致。

顾客维度指标为营收成长率 REVG，其估计系数均为 $0.014\,2$（$p < 0.1$），正向影响公司股价，只是显著性偏低。学习成长维度指标中的公司成立年数 AGE，其估计系数为 -0.562（$p < 0.01$），表明公司成立年数愈长，累积愈多的组织资本，其公司股价愈低。至于其余的平衡计分卡变量，包括流程维度指标为流程效率含固定规模报酬效率 CRS 及变动规模报酬效率 VRS、学习成长维度指标的研发密度 RDDEN 及人力资本指数 HI 等，均不显著。

两个控制变量的估计结果有所不同，长期负债比率 LDR 的估计系

数为 $-0.025\,8$，呈不显著性。公司大股东持股比率 SHA 的估计系数为 0.122（$p < 0.01$），对公司股价影响显著为正。

表 5-4　我国煤炭行业上市公司股价对平衡计分卡

指标回归结果：依是否纳入中国 500 强分组

（期间：2011—2017）

	全体样本		有纳入 500 强		未纳入 500 强	
	（1）	（2）	（3）	（4）	（5）	（6）
BPS	1.128***	1.106***	1.363***	1.341***	1.159***	1.141***
	（5.82）	（5.69）	（4.57）	（4.49）	（4.63）	（4.54）
EA	1.563***	1.587***	4.144***	4.220***	1.078**	1.097**
	（3.77）	（3.82）	（4.25）	（4.29）	（2.21）	（2.23）
REVG	0.014 2*	0.014 2*	0.005 29	0.005 33	0.014 2	0.014 2
	（1.90）	（1.88）	（0.53）	（0.53）	（1.28）	（1.25）
RDDEN	28.87	31.04	9.861	14.61	28.33	31.02
	（0.71）	（0.76）	（0.07）	（0.11）	（0.63）	（0.69）
AGE	−0.562***	−0.573***	−0.367*	−0.374*	−0.603***	−0.614***
	（−4.71）	（−4.79）	（−1.87）	（−1.90）	（−3.98）	（−4.04）
HI	−0.063 7	0.106	−0.952	−0.776	0.988	1.192
	（−0.10）	（0.16）	（−1.15）	（−0.94）	（0.99）	（1.19）
CRS	−1.121		−0.758		−1.297	
	（−1.43）		（−0.77）		（−1.17）	
VRS		−0.371		−0.008 42		−0.206
		（−0.37）		（−0.01）		（−0.15）
LDR	−0.025 8	−0.026 4	0.025 4	0.022 8	−0.020 6	−0.024 3
	（−1.20）	（−1.22）	（0.51）	（0.47）	（−0.84）	（−0.98）
	全体样本		有纳入 500 强		未纳入 500 强	
	（1）	（2）	（3）	（4）	（5）	（6）
SHA	0.122***	0.125***	0.174***	0.171***	0.125***	0.125***
	（5.11）	（5.22）	（5.58）	（5.64）	（3.92）	（3.89）
CONS	14.78*	12.56	19.07*	16.75	3.808	0.847
	（1.89）	（1.58）	（1.91）	（1.65）	（0.33）	（0.07）
Observations	252	252	77	77	175	175
R^2	0.427	0.421	0.618	0.614	0.383	0.378
Adjusted R^2	0.311	0.305	0.508	0.503	0.250	0.243

注：表格中括号内为 t 值；* $p < 0.1$，** $p < 0.05$，*** $p < 0.01$。

综合上述实证结果，支持财务维度指标（H2a）与顾客维度指标（H2b）回归结果与预期一致。而学习与成长维度指标（H2d）中的公司成立年数AGE，其实证结果与假设预期显著相反，有待进一步探究。而营运流程维度（H2c）的两个流程效率指标则未获得数据的支持。

另外，为了了解平衡计分卡各维度指标对煤炭行业上市公司价值的影响，本书依据是否在 2017 年被纳入中国 500 强企业将样本分成两个子样本分别进行估计，所获得结果与全样本类似，无论有无纳入中国 500 强，每股股东权益账面值 BPS 与每股超额盈余 EA 等财务维度指标对公司股价的影响仍然显著为正。由列（3）、（4）可知，纳入 500 强的样本，每股股东权益账面值 BPS 的估计系数分别为 1.363（$p < 0.01$）与 1.341（$p < 0.01$），每股超额盈余 EA 的估计系数为 4.144（$p < 0.01$）与 4.220（$p < 0.01$）。由列（5）与（6）可知，未纳入 500 强的组，每股股东权益账面值 BPS 的估计系数分别为 1.159（$p < 0.01$）与 1.141（$p < 0.01$），每股超额盈余 EA 的估计系数为 1.078（$p < 0.05$）与 1.097（$p < 0.05$）。相比较而言，未纳入 500 强的组，其每股超额盈余 EA 的估计系数的显著性略低于已纳入 500 强者。但整体估计结果仍支持财务维度指标（H2a）正向影响公司价值的假设。

同样由列（3）与（4）可知，学习成长维度指标中的公司成立年数AGE，在纳入中国 500 强的组中估计系数分别为 -0.367（$p < 0.1$）与 -0.374（$p < 0.1$），另由列（5）与（6）可知，未纳入中国 500 强的组的估计系数分别为 -0.603（$p < 0.01$）与 -0.614（$p < 0.01$），整体估计结果显著未支持学习成长维度指标的假设。至于其他变量均不具有显著影响，故不再额外说明。

2. 我国煤炭行业上市公司股价对平衡计分卡指标回归结果：依成立年

数分组

　　本书进一步按照各公司成立年数的中位数将样本分为低于中位数及高于中位数两个子样本，分别估计其回归系数，相关结果见表 5-5。列（1）与（2）为公司成立年数小于 17 年的系数估计结果，列（3）与（4）则为公司成立年数大于 16 年的系数估计结果。对成立年数以多少年来对样本分组并无特定的标准，本书是以成立年数的中位数为依据，将样本分为两个子样本，来观察其实证影响。

　　由表 5-5 列（1）与（2）的系数估计结果可知，公司成立年数少于 17 年的组，其对公司价值具有显著为正的影响，解释变量为每股股东权益账面值 BPS 与每股超额盈余 EA 等财务维度指标，每股股东权益账面值 BPS 的估计系数为 1.361（$p < 0.01$）与 1.354（$p < 0.01$），每股超额盈余 EA 的估计系数为 4.336（$p < 0.01$）与 4.286（$p < 0.01$），实证结果显著支持财务维度指标（H2a）正向影响公司价值的假设。其余变量均不具有显著性。

　　至于表 5-5 列（3）与（4）中公司成立年数大于 16 年的组的估计结果，仅每股股东权益账面值 BPS 对公司价值的影响显著为正，其估计系数分别为 0.696（$p < 0.05$）与 0.623（$p < 0.05$），显著性略降，仍支持财务维度指标（H2a）正向影响公司价值的假设。学习成长维度指标中的人力资本指数（HI）对公司价值的影响显著为负，估计系数分别为 −2.039（$p < 0.05$）与 −1.908（$p < 0.05$），与预期不一致。其余变量则均未具有显著性。

表 5-5　我国煤炭行业上市公司股价对平衡计分卡指标回归结果：依成立年数分组

（期间：2011—2017）

	成立年数小于 17 年		成立年数大于 16 年	
	（1）	（2）	（3）	（4）
BPS	1.361***	1.354***	0.696**	0.623**
	（4.57）	（4.49）	（2.43）	（2.20）
EA	4.336***	4.286***	0.423	0.478
	（3.61）	（3.56）	（1.08）	（1.22）
REVG	0.018 5	0.019 5	0.003 85	0.002 90
	（0.97）	（1.01）	（0.55）	（0.41）
RDDEN	−25.13	−20.54	73.34	71.31
	（−0.37）	（−0.30）	（1.57）	（1.52）
AGE	−0.070 2	−0.075 9	−0.187	−0.183
	（−0.24）	（−0.26）	（−1.29）	（−1.26）
HI	−0.071 9	−0.030 6	−2.039**	−1.908*
	（−0.07）	（−0.03）	（−2.07）	（−1.87）
CRS	−1.006		−1.256	
	（−0.84）		（−1.23）	
VRS		−0.568		−0.368
		（−0.35）		（−0.31）
LDR	−0.019 8	−0.018 8	−0.031 4	−0.031 6
	（−0.72）	（−0.69）	（−0.93）	（−0.92）
SHA	0.208***	0.213***	0.020 4	0.022 0
	（6.70）	（6.93）	（0.62）	（0.67）
CONS	5.590	4.967	33.83***	31.95**
	（0.45）	（0.40）	（2.92）	（2.63）
Observations	122	122	130	130
R^2	0.517	0.514	0.216	0.204
Adjusted R^2	0.320	0.316	−0.088	−0.104

注：表格中括号内为 t 值；* $p < 0.1$，** $p < 0.05$，*** $p < 0.01$。

3. 我国煤炭行业上市公司股价对平衡计分卡指标回归结果：依年度分组

为验证实证结果的稳定性，本书依据样本的年度将样本分为前期（2011—2013）与后期（2014—2017）两个子样本，分别估计其回归系数，相关结果见于表 5-6。

表 5-6　我国煤炭行业上市公司股价对平衡计分卡指标回归结果：依年度分组

（期间：2011—2017）

	2011—2013		2014—2017	
	（1）	（2）	（3）	（4）
BPS	1.921***	1.854***	0.959***	0.955***
	（6.43）	（6.09）	（3.95）	（3.94）
EA	2.540**	2.685***	−0.225	−0.222
	（2.60）	（2.80）	（−0.72）	（−0.71）
REVG	−0.006 72	−0.006 85	0.011 6	0.011 4
	（−0.72）	（−0.73）	（1.39）	（1.36）
RDDEN	11.61	13.29	65.35**	66.25**
	（0.17）	（0.19）	（2.23）	（2.26）
AGE	−2.844***	−2.816***	−0.276	−0.276
	（−6.92）	（−6.87）	（−1.35）	（−1.35）
HI	0.426	0.417	0.508	0.495
	（0.58）	（0.56）	（0.51）	（0.49）
CRS	−0.798		−0.185	
	（−0.78）		（−0.28）	
VRS		−0.713		−0.229
		（−0.58）		（−0.27）
LDR	−0.029 2	−0.030 0	−0.016 8	−0.016 6
	（−0.96）	（−0.99）	（−0.69）	（−0.69）
SHA	0.048 6	0.048 9	0.052 5*	0.052 5*
	（0.65）	（0.65）	（1.89）	（1.90）
CONS	38.03***	38.11***	2.063	2.299
	（4.07）	（4.03）	（0.17）	（0.19）
Observations	108	108	144	144
R^2	0.770	0.769	0.202	0.202
Adjusted R^2	0.621	0.619	−0.129	−0.129

注：表格中括号内为 t 值；$*p < 0.1$，$** p < 0.05$，$*** p < 0.01$。

由表 5-6 列（1）与（2）的系数估计结果可知，前期（2011—2013）样本组中，每股股东权益账面值 BPS 的估计系数为 1.921（$p < 0.01$）与 1.854（$p < 0.01$），每股超额盈余 EA 的估计系数为 2.540（$p < 0.05$）与 2.685（$p < 0.01$），对公司价值的影响显著为正，支持了财务维度指标（H2a）正向影响公司价值的假设。同样，学习成长维度指标中的公司

成立年数 AG，其估计系数分别为 -2.844（$p < 0.01$）与 -2.816（$p < 0.01$），估计结果显著支持学习成长维度指标的假设。其余变量均不具有显著性。

表 5–6 列（3）、（4）中是 2014—2017 年样本估计结果，每股股东权益账面值 BPS 显著正向影响公司价值，其估计系数分别为 0.959（$p < 0.01$）与 0.955（$p < 0.01$），支持财务维度指标（H2a）正向影响公司价值的假设。学习成长维度指标中的研发密度 RDDEN，估计系数分别为 65.35（$p < 0.05$）与 66.25（$p < 0.05$），也显著支持学习成长维度指标的假设。其余变量则均未具有显著性。

四、股票报酬率与平衡计分卡指标的回归结果

1. 我国煤炭行业上市公司股票报酬率对平衡计分卡指标回归结果：全样本及依是否纳入中国 500 强分组

全样本各变量系数的估计结果列于表 5–7 的列（1）、（2）中，列（1）与（2）的差别在于流程维度指标分别放入固定规模报酬效率 CRS 及变动规模报酬效率 VRS，来观察其对公司股票报酬率的不同效果。可见，每股股东权益账面值 BPS 估计系数为 0.419（$p < 0.1$）与 0.0405（$p < 0.01$），显著正向影响公司股票报酬率，每股超额盈余 EA 回归结果不显著，此结果明显不同于其对股价的影响。学习成长维度指标中的公司成立年数 AGE 估计系数为 0.0561（$p < 0.01$）与 0.0574（$p < 0.01$），显著为正，表明公司成立年数愈长，累积更多的组织资本，其公司股价愈低。以上两个变量均支持财务维度指标（H2a）与学习成长维度指标（H2d）的绩效对上市公司企业价值具正向影响的研究假设。至于顾客维度指标的营收成长率 REVG，流程维度指标两个流程效率含固定规模报酬效率 CRS 及变动规模报酬效率 VRS，以及学习成长维度指标的研发密度 RDDEN 及人力资本指

数 HI 等，与公司股票报酬率的回归结果均不显著。

表 5-7 我国煤炭行业上市公司股票报酬率对平衡

计分卡指标回归结果：依是否纳入中国 500 强分组

（期间：2012—2017）

	全体样本		有纳入 500 强		未纳入 500 强	
	（1）	（2）	（3）	（4）	（5）	（6）
BPS	0.041 9*	0.040 5*	0.014 4	0.010 0	0.053 9**	0.053 0**
	（1.87）	（1.81）	（0.33）	（0.23）	（2.04）	（2.01）
EA	−0.037 9	−0.038 2	0.180	0.167	−0.075 9	−0.076 2
	（−0.91）	（−0.92）	（1.63）	（1.52）	（−1.64）	（−1.64）
REVG	−0.000 21	−0.000 35	−0.000 50	−0.000 46	−0.000 73	−0.000 95
	（−0.27）	（−0.44）	（−0.41）	（−0.38）	（−0.64）	（−0.83）
RDDEN	0.526	0.876	−27.44	−24.31	1.967	2.313
	（0.12）	（0.21）	（−0.95）	（−0.84）	（0.45）	（0.53）
AGE	0.056 1***	0.057 4***	0.094 3***	0.102***	0.048 7***	0.049 6***
	（3.73）	（3.80）	（2.87）	（2.99）	（2.75）	（2.79）
HI	0.095 6	0.083 6	−0.048 6	−0.119	0.137	0.133
	（0.95）	（0.83）	（−0.20）	（−0.46）	（1.22）	（1.18）
CRS	−0.091 8		−0.034 5		−0.117	
	（−1.15）		（−0.30）		（−1.06）	
VRS		−0.139		−0.125		−0.160
		（−1.40）		（−0.82）		（−1.18）
LDR	0.003 46	0.003 46	0.020 1***	0.019 6**	0.002 33	0.002 22
	（1.35）	（1.36）	（2.72）	（2.68）	（0.84）	（0.81）
SHA	−0.001 43	−0.001 12	−0.014 8	−0.014 9	0.000 830	0.001 14
	（−0.42）	（−0.33）	（−1.56）	（−1.61）	（0.22）	（0.30）
CONS	−2.343**	−2.166*	−0.851	−0.037 5	−2.776**	−2.691**
	（−2.05）	（−1.86）	（−0.32）	（−0.01）	（−2.11）	（−2.03）
Observations	210	210	63	63	147	147
R^2	0.137	0.140	0.309	0.318	0.133	0.135
Adjusted R^2	−0.080	−0.076	0.048	0.060	−0.101	−0.098

注：表格中括号内为 t 值；*$p < 0.1$，** $p < 0.05$，*** $p < 0.01$。

下面进一步深入了解平衡计分卡各维度指标对煤炭行业上市公司价值的影响，本书依据企业是否在 2017 年被纳入中国 500 强，分为两个子样本分别进行估计，所获得的结果与全体样本不太一致。

首先，未纳入中国 500 强企业中，如表 5-7 列（5）与（6）所示，每股股东权益账面值 BPS 其估计系数为 0.053 9（$p < 0.01$）与 0.053 0（$p < 0.01$），与公司股票报酬率呈显著正相关关系。已纳入中国 500 强企业中，如列（3）与（4）所示，两个财务维度指标系数均不显著，此结果与以股价水平值为被解释变量的回归结果差异非常大。而学习成长维度指标中的公司成立年数 AGE，由列（3）与（4）可知，纳入中国 500 强的组的估计系数分别为 0.094 3（$p < 0.01$）与 0.102（$p < 0.01$），由列（5）与（6）可知，未纳入中国 500 强的组估计系数分别为 0.048 7（$p < 0.01$）与 0.049 6（$p < 0.01$），整体估计结果显著支持学习成长面指标的假设。至于其他变量均不具有显著影响，故不再额外说明。

2. 我国煤炭行业上市公司股票报酬率对平衡计分卡指标回归结果：依成立年数分组

本书进一步依据各公司成立年数的中位数将样本分为低于中位数及高于中位数两个子样本，分别估计其回归系数，相关结果见表 5-8。由表 5-8 列（1）的系数估计结果可知，公司成立年数少于 17 年的组，每股股东权益账面值 BPS 其估计系数为 0.075 9（$p < 0.1$），与公司股票报酬率呈显著正相关关系。此外，列（1）与（2）的其他变量均未在 10% 水平上显著。表 5-8 列（3）与（4）中，公司成立年数大于 16 年的组，每股股东权益账面值 BPS，其估计系数分别为 0.081 8（$p < 0.05$）与 0.075 3（$p < 0.05$），每股超额盈余 EA 其估计系数分别为 –0.089 7（$p < 0.05$）与 0.075 3（$p < 0.05$），均与公司价值呈显著正相关关系。此外，由列（3）与（4）可知，学习成长维度指标中的公司成立年数 AGE，其估计系数分别为 0.041 6（$p < 0.05$）与 0.040 6（$p < 0.05$），估计结果显著支持学习成长维度指标的假设。其余变量则均未具有显著性。

表5-8　我国煤炭行业上市公司股票报酬率对平衡

计分卡指标回归结果：依据成立年数分组

（期间：2013—2017）

	成立年数小于17年		成立年数大于16年	
	（1）	（2）	（3）	（4）
BPS	0.075 9*	0.070 9	0.081 8**	0.075 3**
	（1.70）	（1.57）	（2.20）	（2.03）
EA	0.285	0.282	−0.089 7*	−0.084 5*
	（1.54）	（1.54）	（−1.78）	（−1.67）
REVG	−0.000 133	−0.000 663	−0.000 803	−0.000 909
	（−0.04）	（−0.20）	（−0.91）	（−1.02）
RDDEN	−22.43	−22.82	4.022	4.816
	（−1.01）	（−1.03）	（0.78）	（0.93）
AGE	0.091 0	0.086 5	0.041 6**	0.040 6**
	（1.21）	（1.16）	（2.22）	（2.15）
HI	−0.036 6	0.003 58	0.168	0.169
	（−0.07）	（0.01）	（1.34）	（1.30）
CRS	−0.007 87		−0.179	
	（−0.06）		（−1.56）	
VRS		−0.117		−0.150
		（−0.59）		（−1.05）
LDR	0.008 42*	0.008 07*	0.003 19	0.003 18
	（1.96）	（1.89）	（0.84）	（0.83）
SHA	−0.023 5*	−0.023 0*	0.001 26	0.001 64
	（−1.94）	（−1.91）	（0.32）	（0.41）
CONS	−1.057	−1.369	−3.111**	−3.075*
	（−0.20）	（−0.26）	（−2.05）	（−1.94）
Observations	66	66	144	144
R^2	0.255	0.262	0.125	0.114
Adjusted R^2	−0.309	−0.297	−0.180	−0.195

注：表格中括号内为t值；*$p < 0.1$，** $p < 0.05$，*** $p < 0.01$。

3.我国煤炭行业上市公司股票报酬率对平衡计分卡指标回归结果：依年度分组

为验证实证结果的稳健性，本书进一步将样本按年度划分为前期（2012—2014）与后期（2015—2017）两个子样本，分别估计其回归系数，相关结果见表5-9。

表 5-9　我国煤炭行业上市公司股票报酬率对平衡

计分卡指标回归结果：依据年度分组

（期间：2012—2017）

	2012—2014		2015—2017	
	（1）	（2）	（3）	（4）
BPS	0.043 4	0.028 9	0.198***	0.201***
	（0.95）	（0.64）	（2.85）	（2.87）
EA	0.051 6	0.060 0	−0.143**	−0.142**
	（0.45）	（0.53）	（−2.35）	（−2.29）
REVG	0.000 561	0.000 380	0.002 80	0.002 22
	（0.40）	（0.28）	（1.41）	（1.12）
RDDEN	−10.68	−8.456	−0.500	1.653
	（−0.57）	（−0.46）	（−0.09）	（0.29）
AGE	0.215***	0.232***	−0.049 6	−0.038 8
	（3.85）	（4.17）	（−0.65）	（−0.51）
HI	−0.082 9	−0.141	0.589**	0.526*
	（−0.42）	（−0.73）	（2.05）	（1.83）
CRS	−0.279*		−0.275*	
	（−1.85）		（−1.85）	
VRS		−0.433**		−0.216
		（−2.48）		（−1.26）
LDR	0.003 30	0.002 60	0.002 57	0.003 39
	（0.72）	（0.57）	（0.42）	（0.55）
SHA	−0.025 9**	−0.023 7**	0.002 65	0.004 57
	（−2.48）	（−2.29）	（0.28）	（0.49）
CONS	−2.563	−1.915	−6.971**	−6.446**
	（−1.25）	（−0.94）	（−2.34）	（−2.13）
Observations	102	102	108	108
R^2	0.269	0.299	0.273	0.253
Adjusted R^2	−0.210	−0.160	−0.197	−0.230

注：表格中括号内为 t 值；*$p < 0.1$，** $p < 0.05$，*** $p < 0.01$。

由表 5-9 列（1）、（2）的系数估计结果可知，前期（2011—2013）子样本中，学习成长面指标中的公司成立年数 AGE，其估计系数分别为 0.215（$p < 0.01$）与 0.232（$p < 0.01$），与公司价值呈正相关关系，估计结果显著支持学习成长维度指标的假设。流程维度指标也即两个流程效率变量，固定规模报酬效率 CRS 及变动规模报酬效率 VRS，前者的估计系数

为 -0.279（$p < 0.1$），后者为 -0.433（$p < 0.05$），与公司价值呈显著负相关关系，回归结果与预期方向相反，有待进一步探究。

表 5-9 列（3）、（4）中后期（2014—2017）子样本估计结果中，每股股东权益账面值 BPS 估计系数分别为 0.198（$p < 0.01$）与 0.201（$p < 0.01$），每股超额盈余 EA 估计系数分别为 -0.143（$p < 0.05$）与 -0.142（$p < 0.01$），与公司价值呈显著正相关关系，实证结果支持财务维度指标（H2a）正向影响公司价值的假设。此外，学习成长维度指标中的人力资本指数 HI 估计系数分别为 0.589（$p < 0.05$）与 0.526（$p < 0.01$），估计结果显著支持学习成长维度指标（H2d）正向影响公司价值的假设。其余变量均不具有显著性。

五、敏感性分析

1. 以半年报信息重新分析的结果

为了解不同时间的数据是否影响实证结果，本书以半年度的财务报表数据重新与股价及股票报酬率进行回归，在所有解释变量中，除了无法取得人力资本指数外，其余变量均与之前相同，详见表 5-10。

与表 5-4 相比，较敏感的变量包括每股股东权益账面值 BPS，系数方向由显著为正转成显著为负，且在未纳入 500 强的子样本中均不显著。营收成长率 REVG 在全样本全期间中更为显著，且在被纳入 500 强的子样本中显著为负。研发密度 RDDEN 在纳入 500 强的子样本中显著为负，变动规模报酬效率 VRS 与固定规模报酬效率 CRS 显著为正。不敏感的变量包括每股超额盈余 EA 和公司成立年数 AGE。整体而言，敏感的变量多于不敏感的变量。

表 5-10　我国煤炭行业上市公司股价对平衡计分卡指标

回归结果：半年度，依是否纳入中国 500 强分组

（期间：2011—2017）

	全体样本		有纳入 500 强		未纳入 500 强	
	（1）	（2）	（3）	（4）	（5）	（6）
BPS	−0.786***	−0.762***	−1.595***	−1.518***	−0.343	−0.357
	（−4.30）	（−4.15）	（−5.18）	（−4.99）	（−1.57）	（−1.62）
EA	1.283**	1.204**	2.778***	2.765***	0.661	0.607
	（2.48）	（2.35）	（2.81）	（2.86）	（1.11）	（1.03）
REVG	0.016 0***	0.016 2***	0.016 1**	0.015 9**	0.011 6	0.011 7
	（2.88）	（2.92）	（2.44）	（2.45）	（1.40）	（1.41）
RDDEN	−67.82	−66.78	−431.6***	−416.2***	−20.50	−19.77
	（−1.58）	（−1.55）	（−3.48）	（−3.38）	（−0.44）	（−0.43）
AGE	−0.707***	−0.710***	−0.908***	−0.879***	−0.562***	−0.574***
	（−11.22）	（−11.83）	（−9.07）	（−9.46）	（−7.31）	（−7.75）
HI	0.441		3.409*		−0.971	
	（0.35）		（1.78）		（−0.62）	
CRS		1.206		3.805**		−0.411
		（1.06）		（2.35）		（−0.28）
VRS		−0.371		−0.00842		−0.206
		（−0.37）		（−0.01）		（−0.15）
LDR	0.031 4	0.032 7	0.051 0	0.048 1	0.035 2	0.034 6
	（1.38）	（1.44）	（1.06）	（1.01）	（1.41）	（1.38）
SHA	0.004 45	0.005 99	0.073 0***	0.069 6**	−0.038 1	−0.040 2
	（0.21）	（0.29）	（2.65）	（2.53）	（−1.37）	（−1.42）
CONS	36.29***	35.83***	46.28***	44.45***	29.95***	30.24***
	（16.15）	（15.82）	（14.12）	（13.50）	（10.49）	（10.52）
Observations	496	496	152	152	344	344
R^2	0.302	0.303	0.615	0.622	0.194	0.193
Adjusted R^2	0.239	0.240	0.570	0.577	0.117	0.116

注：表格中括号内为 t 值；$*p < 0.1$，$** p < 0.05$，$*** p < 0.01$。

　　与表 5-5 相比，表 5-11 中，敏感的变量如每股股东权益账面值 BPS 在两个子样本中系数由显著为正转成显著为负，每股超额盈余 EA 由在成立年数较短的子样本中显著，转为成立年数较长的子样本中显著。营收成长率 REVG 在成立年数较短的子样本中显著，成立年数较长的子样本则仍

不显著。公司成立年数 AGE 在两组子样本中均显著为负。不敏感的变量包括研发密度 RDDEN、变动规模报酬效率 VRS 和固定规模报酬效率 CRS。整体而言，敏感的变量多于不敏感变量。

表 5-11 我国煤炭行业上市公司股价对平衡计分卡

指标回归结果：半年度，依据成立年数分组

（期间：2011—2017）

	成立年数小于 17 年		成立年数大于 16 年	
	（1）	（2）	（3）	（4）
BPS	−0.788***	−0.846***	−0.632**	−0.663**
	（−3.02）	（−3.29）	（−2.21）	（−2.25）
EA	1.231	0.868	1.234**	1.356**
	（1.15）	（0.82）	（2.09）	（2.29）
REVG	0.047 5***	0.047 3***	0.004 57	0.004 07
	（3.85）	（3.81）	（0.76）	（0.68）
RDDEN	−52.31	−44.78	−26.91	−26.91
	（−0.78）	（−0.67）	（−0.52）	（−0.52）
AGE	−0.744***	−0.828***	−0.678***	−0.667***
	（−5.74）	（−6.88）	（−7.54）	（−7.68）
CRS	−2.741		0.669	
	（−1.30）		（0.42）	
VRS		0.826		−0.385
		（0.45）		（−0.27）
VRS		−0.433**		−0.216
		（−2.48）		（−1.26）
LDR	0.040 5	0.038 4	0.018 3	0.015 8
	（1.32）	（1.25）	（0.48）	（0.41）
SHA	0.058 7**	0.054 3**	−0.023 9	−0.028 8
	（2.44）	（2.23）	（−0.58）	（−0.67）
CONS	34.70***	35.55***	37.15***	37.35***
	（10.54）	（11.01）	（9.75）	（9.54）
Observations	226	226	270	270
R^2	0.398	0.393	0.217	0.217
Adjusted R^2	0.294	0.289	0.100	0.100

注：表格中括号内为 t 值；*$p < 0.1$，** $p < 0.05$，*** $p < 0.01$。

与表5-6相比，在表5-12中，敏感变量包括每股股东权益账面值BPS，在前期子样本的系数方向由显著为正转成显著为负，后期子样本则与表5-6相似。每股超额盈余EA原在前期子样本中显著，转为全部不显著。研发密度RDDEN则转为全部不显著。公司成立年数AGE在两组子样本中均显著为负，固定规模报酬效率CRS在后期样本显著为正。不敏感变量包括营收成长率REVG和变动规模报酬效率VRS。整体而言，敏感的变量多于不敏感的变量。

表5-12　我国煤炭行业上市公司股价对平衡计分卡

指标回归结果：半年度，依据年度分组

（期间：2011—2017）

	2011—2013		2014—2017	
	（1）	（2）	（3）	（4）
BPS	−0.751***	−0.786***	0.527**	0.574***
	（−2.71）	（−2.82）	（2.57）	（2.77）
EA	0.344	0.067 6	0.145	0.202
	（0.33）	（0.07）	（0.44）	（0.60）
REVG	0.000 558	0.002 12	−0.004 03	−0.003 04
	（0.07）	（0.26）	（−0.87）	（−0.65）
RDDEN	−25.69	−24.68	−15.38	−15.66
	（−0.33）	（−0.32）	（−0.61）	（−0.61）
CRS	−2.350***	−2.392***	−0.331***	−0.332***
	（−11.89）	（−12.20）	（−3.45）	（−3.44）
VRS	−2.552		1.888**	
	（−1.34）		（2.11）	
CRS		−1.236		1.025
		（−0.69）		（1.17）
VRS		−0.433**		−0.216
		（−2.48）		（−1.26）
LDR	0.059 9*	0.062 6*	0.032 5	0.027 7
	（1.72）	（1.79）	（1.45）	（1.24）
SHA	0.039 5	0.036 6	−0.063 5**	−0.064 9**
	（0.84）	（0.77）	（−2.44）	（−2.47）

续表

	2011—2013		2014—2017	
	（1）	（2）	（3）	（4）
CONS	82.59***	83.62***	16.70***	16.84***
	（14.99）	（14.87）	（4.51）	（4.48）
Observations	244	244	252	252
R^2	0.571	0.568	0.167	0.155
Adjusted R^2	0.484	0.480	0.004	−0.010

注：表格中括号内为 t 值；$*p < 0.1$，$** p < 0.05$，$*** p < 0.01$。

与表 5-7 相比，在表 5-13 中，敏感变量包括每股股东权益账面值 BPS，在全期间纳入 500 强的子样本中均不显著，营收成长率 REVG 在全期间及未纳入 500 强的子样本中显著为负。不敏感的变量包括每股超额盈余 EA、研发密度 RDDEN、公司成立年数 AGE、固定规模报酬效率 CRS 及变动规模报酬效率 VRS。整体而言，敏感变量少于不敏感变量。

表 5-13 我国煤炭行业上市公司股票报酬率对平衡计分卡

指标回归结果：半年度，依是否纳入中国 500 强分组

（期间：2012—2017）

	全体样本		有纳入 500 强		未纳入 500 强	
	（1）	（2）	（3）	（4）	（5）	（6）
BPS	0.000 955	−0.000 925	−0.003 66	−0.005 51	0.002 02	0.000 277
	（0.07）	（−0.06）	（−0.16）	（−0.24）	（0.11）	（0.02）
EA	0.0201	0.0292	0.0810	0.0928	0.0132	0.0211
	（0.59）	（0.85）	（1.15）	（1.34）	（0.32）	（0.52）
REVG	−0.000 660*	−0.000 679*	−0.000 291	−0.000 313	−0.001 07*	−0.001 10*
	（−1.74）	（−1.79）	（−0.60）	（−0.65）	（−1.83）	（−1.86）
RDDEN	3.811	3.706	13.59	12.92	2.985	2.922
	（1.30）	（1.27）	（1.53）	（1.46）	（0.92）	（0.90）
AGE	0.023 2***	0.023 7***	0.026 3***	0.027 0***	0.023 2***	0.023 7***
	（5.00）	（5.27）	（3.38）	（3.69）	（3.91）	（4.06）
CRS	−0.031 7		−0.075 6		−0.013 4	
	（−0.37）		（−0.53）		（−0.12）	
VRS		−0.115		−0.170		−0.089 6
		（−1.45）		（−1.35）		（−0.89）

续表

	全体样本		有纳入 500 强		未纳入 500 强	
	（1）	（2）	（3）	（4）	（5）	（6）
LDR	0.003 05*	0.002 95*	0.005 55	0.005 84	0.002 70	0.002 58
	（1.94）	（1.88）	（1.41）	（1.50）	（1.54）	（1.46）
SHA	−0.000 776	−0.000 868	−0.000 093 5	0.000 293	−0.001 51	−0.001 81
	（−0.56）	（−0.63）	（−0.05）	（0.15）	（−0.79）	（−0.93）
CONS	−0.773***	−0.737***	−0.766***	−0.713***	−0.822***	−0.793***
	（−4.36）	（−4.13）	（−2.87）	（−2.68）	（−3.46）	（−3.31）
Observations	450	450	142	142	308	308
R^2	0.079	0.083	0.123	0.133	0.072	0.075
Adjusted R^2	−0.014	−0.009	0.010	0.022	−0.028	−0.025

注：表格中括号内为 t 值；*$p < 0.1$，** $p < 0.05$，*** $p < 0.01$。

与表 5-8 相比，在表 5-14 中，敏感变量包括每股股东权益账面值 BPS 与每股超额盈余 EA，均转为不显著，公司成立年数 AGE 均转为显著，变动规模报酬效率 VRS 在成立年数较短的子样本中显著为负。不敏感变量包括营收成长率 REVG、研发密度 RDDEN 及固定规模报酬效率 CRS。整体而言，敏感变量多于不敏感变量。

表 5-14　我国煤炭行业上市公司股票报酬率对平衡计分卡

指标回归结果：半年度，依据成立年数分组

（期间：2013—2017）

	成立年数小于 17 年		成立年数大于 16 年	
	（1）	（2）	（3）	（4）
BPS	0.024 4	0.022 7	−0.007 08	−0.012 0
	（1.16）	（1.10）	（−0.28）	（−0.47）
EA	0.072 9	0.079 7	0.021 4	0.034 6
	（1.00）	（1.11）	（0.46）	（0.75）
REVG	−0.000 443	−0.000 444	−0.000 553	−0.000 589
	（−0.51）	（−0.52）	（−1.17）	（−1.25）
RDDEN	1.846	1.422	4.739	4.798
	（0.40）	（0.31）	（1.17）	（1.19）
AGE	0.037 5***	0.037 5***	0.014 8**	0.015 5**
	（3.88）	（4.14）	（2.00）	（2.16）

续表

	成立年数小于 17 年		成立年数大于 16 年	
	（1）	（2）	（3）	（4）
CRS	−0.152		0.036 9	
	（−1.03）		（0.30）	
VRS		−0.243*		−0.072 2
		（−1.89）		（−0.64）
LDR	0.002 26	0.002 34	0.007 56**	0.007 28**
	（1.08）	（1.13）	（2.56）	（2.48）
SHA	0.001 39	0.001 63	−0.010 9***	−0.012 1***
	（0.88）	（1.04）	（−3.45）	（−3.72）
CONS	−1.050***	−0.987***	−0.550*	−0.505
	（−3.93）	（−3.79）	（−1.72）	（−1.55）
Observations	188	188	262	262
R^2	0.100	0.114	0.039	0.040
Adjusted R^2	−0.086	−0.068	−0.110	−0.109

注：表格中括号内为 t 值；$*p < 0.1$，$** p < 0.05$，$*** p < 0.01$。

与表 5-9 相较，在表 5-15 中，敏感变量包括每股股东权益账面值 BPS，在前期子样本的系数方向由不显著转成显著为负，后期子样本则由显著转为不显著，每股超额盈余 EA 在后期子样本中由显著为负转成显著为正，公司成立年数 AGE 在后期子样本中转成显著为负，固定规模报酬效率 CRS 均变得显著，变动规模报酬效率 VRS 则在前期子样本转为不显著，在后期样本转为显著。不敏感变量包括营收成长率 REVG 和研发密度 RDDEN。整体而言，敏感的变量多于不敏感的变量。

表 5-15 我国煤炭行业上市公司股票报酬率对平衡

计分卡指标回归结果：半年度，依据年度分组

（期间：2012—2017）

	2011—2013		2014—2017	
	（1）	（2）	（3）	（4）
BPS	−0.039 6*	−0.040 4*	0.009 27	0.006 03
	（−1.70）	（−1.73）	（0.25）	（0.17）
	2011—2013		2014—2017	
	（1）	（2）	（3）	（4）
EA	0.060 7	0.067 6	0.180***	0.198***
	（0.95）	（1.08）	（3.22）	（3.57）
REVG	0.000 713	0.000 692	0.001 03	0.001 05
	（1.31）	（1.28）	（1.33）	（1.38）
RDDEN	7.343	7.280	0.297	0.550
	（1.46）	（1.45）	（0.07）	（0.13）
AGE	0.083 5***	0.083 7***	−0.054 4***	−0.055 1***
	（6.27）	（6.33）	（−2.73）	（−2.81）
CRS	−0.0292		−0.151	
	（−0.24）		（−1.01）	
VRS		−0.084 7		−0.325**
		（−0.73）		（−2.26）
LDR	0.002 37	0.002 38	0.005 05	0.004 24
	（1.11）	（1.12）	（1.34）	（1.14）
SHA	0.002 31	0.002 27	−0.024 9***	−0.025 6***
	（1.09）	（1.07）	（−5.10）	（−5.32）
CONS	−2.329***	−2.302***	2.035***	2.178***
	（−5.84）	（−5.75）	（2.72）	（2.94）
Observations	234	234	216	216
R^2	0.278	0.279	0.078	0.099
Adjusted R^2	0.128	0.130	−0.139	−0.113

注：表格中括号内为 t 值；* $p < 0.1$，** $p < 0.05$，*** $p < 0.01$。

2. 研发强度使用滞后一期重新分析的结果

由于研发强度对公司价值可能存在滞后的效果，因此本书继续使用滞后一期的研发强度，重新执行表5-4，表5-5，表5-6，表5-7，表5-8，表5-9的分析，相关结果列示于附录二。可见，除了以股价为被解释变量，在纳入500强的子样本中，滞后一期的研发强度具有显著为正的效果外，其余情况（含以股票报酬率为被解释变量）均不显著，与基本回归结果相似，整体上未具有显著敏感性。

3. 超额盈余的计算改用8%与12%重新分析的结果

每股超额盈余的计算，本书在基本回归中使用10%作为每股股东权益账面值的乘数，而10%的比率是根据经验选择的，实际中各公司的超额盈余计算的比率并不相同，现有文献均在先拟定特定比率的基础上，往高或往低略为增减一个幅度，以代表不同的每股超额盈余，来配合原来回归结构来进行系数估计，以了解其变化趋势。

为了解在不同的公司期初权益的预期报酬率下，所计算出的每股超额盈余是否对公司价值产生不同的效果，本书使用8%及12%（仅是代表比原来的略增或略减，也可选择其他比率，但要在我国煤炭业近数年的均数为基础下进行选择）重新计算两个每股超额盈余，重新执行表5-4，表5-5，表5-5，表5-7，表5-8，表5-9的分析，相关结果列示于附录二，可发现以股价及股票报酬率为被解释变量时情况略有不同。以股价为被解释变量时，重新计算的每股超额盈余在未纳入500强的子样本中转为不显著；以股票报酬率为被解释变量时，原2015—2017年的子样本由显著转为不显著，其余均与原结果相似，整体上未具有重大的敏感性。

本章小结

我国煤炭行业上市公司股价对平衡计分卡指标的回归结果见表 5-16。可见，无论是全体样本、不同次期间样本、是否纳入中国 500 强及不同的成立年数等，大部分的财务维度指标均显著为正。其中，每股股东权益账面值 BPS 显著性的情况多于每股超额盈余 EA。学习成长指标中的公司成立年数 AGE 也显著正向影响煤炭行业上市公司股价，而人力资本指数则仅在成立年数大于 16 年的子样本中才具有显著性。

表 5-16　我国煤炭行业上市公司股价对平衡计分卡指标回归结果汇总

| | 全体样本 | 不同期间子样本 | | 是否纳入中国 500 强 | | 成立年数 | |
		2011—2013	2014—2017	有纳入	未纳入	小于 17 年	大于 16 年
BPS	(＋)***	(＋)***	(＋)***	(＋)***	(＋)***	(＋)***	(＋)**
EA	(＋)***	－	－	(＋)***	(＋)**	(＋)***	－
REVG	(＋)*	－	－	－	－	－	－
RDDEN	－	－	－	－	－	－	－
AGE	(－)***	(－)***	(－)***	(－)*	(－)***	－	－
HI	－	－	－	－	－	－	(－)**
CRS	－	－	－	－	－	－	－
VRS	－	－	－	－	－	－	－

我国煤炭行业上市公司股票报酬率对平衡计分卡指标的回归结果见表 5-17。可见，无论是全体样本、不同次期间样本、是否纳入中国 500 强及不同的成立年数等，财务维度指标中的每股股东权益账面值 BPS 仍具有显著为正的影响，然而，每股超额盈余 EA 则仅在成立年数大于 16 年的子样本中才具有显著性，但系数方向与预期相反。此外，学习成长维度指标中的公司成立年数 AGE 仍然显著正向影响煤炭行业上市公司的股票报酬率。在 2014—2017 年的子样本中，人力资本指数与两个流程效率指标均具有显著为负的影响，此与预期相反。

表 5-17 我国煤炭行业上市公司股票报酬率对平衡计分卡指标回归结果汇总

	全体样本	不同次期间样本		是否纳入中国 500 强		成立年数	
		2011—2013	2014—2017	有纳入	未纳入	小于 17 年	大于 16 年
BPS	（＋）＊	（＋）＊	（＋）＊＊＊	－	（＋）＊＊	（＋）＊	（＋）＊＊
EA	－	－	－	－	－	－	（－）＊
REVG	－	－	－	－	－	－	－
RDDEN	－	－	－	－	－	－	－
AGE	（＋）＊＊＊	（＋）＊＊＊		（＋）＊＊＊	（＋）＊＊＊	（＋）＊＊	（＋）＊＊
HI	－	－	（－）＊＊	－	－	－	－
CRS	－	－	（－）＊	－	－	－	－
VRS	－	－	（－）＊＊	－	－	－	－

第六章　研究结论

一、主要研究结论

平衡计分卡经过连续二十多年持续的完善与实证推广后，已从早期的绩效评价工具，转而成为主要的战略管理工具与系统，近年来已扩大成为完整的战略与运营管理平台。虽然经过大量的实务运用及实证，仍然有多方面的不足之处，本书针对此不足之处加以补充。

针对本书的两个研究目的：实证验证平衡计分卡四个维度的指标绩效对煤炭行业上市公司矿井员工薪酬及企业价值的影响，本书选择煤炭行业上市公司为研究对象，进一步丰富、延展了平衡计分卡的文献，对实务管理者们具有一定的参考价值。相关研究结论叙述如下。

1.我国煤炭行业案例企业的研究结论方面

首先，以全样本期间的样本实证结果针对"五型"绩效指标与不同挂钩程度的员工薪酬人均影响值而言，在具有显著解释变量个数方面，挂钩程度愈高的被解释变量，其显著的解释变量愈多，此一实证结果对管理层的实务含义为想得到什么，即去衡量并挂钩什么。就组织而言，"What you measure is what you get. "通过绩效评价会影响员工行为，进而影响组织绩效。其次，在不同样本期间子样本中，则在显著性变量的个数及显著性方面均比全样本期间样本略弱，表明时间也是影响解释变量的潜在因素。最后，"五型"绩效指标对各矿井员工薪酬的影响主要是在员工薪酬的差异值，而非水平值。员工薪酬的水平值与矿井开采月数具有极显著的正向关系，意味着员工薪酬水平值的内涵中有许多与时间正相关的组成要素。

案例企业的整体实证结果为，平衡计分卡各维度指标显著正向影响企业员工薪酬，与现有文献基本一致，肯定平衡计分卡各维度的指标在激励企业员工努力工作方面的有效性，支持人本理论的思想，在提供员工所需要的薪酬的同时，应用各种绩效指标实施考核，促使员工与企业双赢。特别值得注意的是，本书中平衡计分卡各维度指标对员工薪酬的影响，主要是针对人均薪酬的影响值，而非水平值，这是过去文献比较忽略甚至极少提到的部分。

2. 我国煤炭行业上市公司的研究结论方面

平衡计分卡在上市公司企业价值方面的实证研究，包含对股价的影响和对股票报酬率的影响两方面。首先是在股价对平衡计分卡各维度指标回归结果中，无论是全样本、不同次期间样本、是否纳入中国 500 强及不同的成立年数等，大部分财务维度指标均显著为正。其中，每股股东权益账面值显著性情况多于每股超额盈余；顾客方面维度也显著为正，支持本书的研究假设；学习成长维度的指标中，公司成立年数全是显著为负向的影响，不支持本书的研究假设；人力资本指数在成立年数大于 16 年的子样本中显著为负，两个流程效率指标固定规模报酬效率和变动规模效率均没有显著性的影响。

其次，我国煤炭行业上市公司股票报酬率对平衡计分卡指标的回归结果表明，无论是全样本、不同次期间样本、是否纳入中国 500 强及不同的成立年数等，财务维度指标中的每股股东权益账面值仍是显著为正的影响因素，然而，每股超额盈余则仅在成立年数大于 16 年的子样本中才具有显著性，并且系数方向与预期相反。

最后，对煤炭行业上市公司股票报酬率影响显著的解释变量则为学习成长维度指标中的公司成立年数，大多是显著为正向的影响，然而，在 2014—2017 年的子样本中，人力资本指数与两个流程效率指标固定规模报酬效率和变动规模效率均具有显著为负的影响，与预期不符，原因有待进一步厘清。归纳而言，与案例企业的实证结果相比较时发现，平衡计分卡各维度与企业价值的两个衡量指标的实证结果较为多元，与股价进行连接时，财务与顾客维度均具有显著为正向的影响，故支持研究假设，学习成长维度则具有显著为负向的影响，流程效率维度则不具有显著影响。与股票报酬率进行连接时，显著性维度略有不同，财务维度虽然仍旧显著为正，但显著性降低，学习成长维度指标中的公司成立年数，则大多数是显著为正向的影响，前述维度均支持本书的研究假设。但是，两个流程效率指标则在特定的子样本中显著为负，未支持本书的研究假设，至于顾客维度则未具有显著性。

本书首次应用了我国煤炭业上市公司大样本验证企业价值与平衡计分卡各维度之间的关系，因此，本书的研究对未来的大样本研究提供了一定的参考，为丰富平衡计分卡的内涵做出应有贡献。同时也是因为属于开拓性研究，因而部分与预期不符的结果，有待未来研究继续厘清与验证。

二、研究启示

本书的研究结果对实务管理、绩效评价理论、平衡计分卡相关文献的启示主要体现在以下方面。

首先，在实务管理方面，组织决策者想得到什么，即去衡量什么，并将员工薪酬挂钩，这在本书对案例企业各矿井的实证证据中得到有力的支持，即决策者想要组织达成何种目标，要员工朝何方向努力时，需要将员工薪酬的变动薪酬部分与绩效指标及其权重精准挂钩，方能有效地引导员工朝向达成组织目标积极努力，促进组织发展并共创双赢。

其次，在绩效评价理论方面，本书为平衡计分卡实证检验的研究假设提出相对应的数理理论模型，使得平衡计分卡理论不但可应用于公司内部子单位的发展，同时也可将平衡计分卡各维度的指标与公司的长期价值相连接，来形成有数理理论基础的研究假设供各产业实证检验之用。这是现有平衡计分卡相关文献中尚未加以论述的。

最后，在平衡计分卡相关文献延展方面，现有平衡计分卡的文献多以中小型企业为研究对象，实证的数据多数为单期间，所研究的管理阶段多聚焦于管理的规划阶段而非控制阶段，且现有文献鲜有将平衡计分卡各维度指标与员工薪酬联系在一起。本书则选取大型煤炭公司多期间的数据，研究重点放在管理的控制阶段，并将平衡计分卡指标与员工薪酬相连接，将绩效评价结果应用于管理决策，丰富平衡计分卡相关文献，同时延伸了平衡计分卡实证知识的前沿。

本书将平衡计分卡各维度的应用对象提升到与企业价值的连接上，经采用我国煤炭行业上市公司的平衡计分卡指标与公司的长期价值（年底股价与年股票报酬率）进行实证验证后，其实证证据也填补了平衡计分卡文献的不足，为未来以上市公司企业价值与其平衡计分卡维度的连接提供一些启示，并开启一个重要的研究起点。

三、研究局限

相比现有文献，尽管本书的研究有一定的创新，然而，仍存有若干的研究限制，有待未来加以完善，并期待持续地超越现有平衡计分卡的知识边界，以下分别加以说明。

（1）在案例数据搜集期间方面，本书仅获取两年三个月的数据，这对大型公司的重大绩效评价制度的规划、设计、实施及反馈的完整管理阶段而言，时间长度相对较短，故本书仅能观察案例企业某一个特定期间的制度营运情形，在探讨绩效制度稳定性和长期效果方面受到限制。

（2）案例企业各绩效指标的增减其原因为何？目前无法由案例企业所给的资料或文件中获悉。

（3）在使用的实证数据的期限方面，案例企业目前仅给予月循环的完整资料，缺乏季度、半年及年度的数据，因为时间长度各个指标选择和赋值权重也不同。本书仅用了月循环的数据进行实证研究，无法提供更长期时间期限的数据验证研究假设。

（4）在案例企业各绩效指标的权重变化方面，由于各指标的权重会随着不同期间及不同的管理需求而发生变化，以符合组织发展的阶段需求，如提升质量或增加产量等阶段，但其绩效指标如何增减变化及增减变化后的效果如何？目前无法提供此方面的实证证据。

（5）在资本市场煤炭行业上市公司方面，为配合本书针对煤炭行业案例企业进行实证，基于行业类似性的考虑，本书仅选取我国煤炭行业上市公司进行平衡计分卡指标与企业价值间关系的实证，至于其他行业则未加以涉及。

四、研究建议

综合上述研究与分析，本书提出一些未来有关平衡计分卡的研究建议，以期能够进一步丰富该领域的研究，并应用到企业。

（1）在案例实证期间方面，研究期间可以再扩展，能够完整地观察平衡计分卡指标对案例企业员工薪酬的长期效果，及其他因环境或管理制度变动时，平衡计分卡指标的内容、权重变化对员工薪酬的影响。平衡计分卡各绩效指标的增减变化，其原因及效果为何？此为目前文献尚未触及的问题，然而在动态的实务环境中，这是决策者必须面对的重要课题，若能突破资料取得限制，则本书的研究成果，不仅对平衡计分卡文献具有重大的增值价值，对将给实务界的应用给予较大的启发。

（2）在实证数据的期限方面，可进一步采用季度、半年及年度数据进行实证检验，观察其绩效指标与权重变化如何影响员工的薪酬。此外，由于案例企业各绩效指标的权重会随着期间和管理需求的不同而不同，这些绩效指标的权重如何增减变化及增减变化后的效果如何？均是相当重要的课题。

（3）在平衡计分卡应用于资本市场上市公司方面，可以扩展到煤炭行业以外的各行各业，从而获取更大样本的实证证据，验证平衡计分卡理论并丰富其内容。煤炭行业是高度污染且极为危险的行业，故环保及安全也是平衡计分卡的重要评估项目，未来研究可依据此行业的特性，探讨一些较为独特的平衡计分卡课题。

（4）在实施平衡计分卡制度时，员工的回馈意见一直是实证文献所忽略的项目，即在平衡计分卡绩效评价制度的实施过程中，不同员工或经理人有何意见？是否需要修正？那么如何修正？这是研究平衡计分卡实施成败极为重要的关键信息。除了本书所用的大型案例外，未来可找其他行业更具代表性的案例，持续进行平衡计分卡的实证，以丰富平衡计分卡的理论与实务。

参考文献

曹若霈，2014．会计师事务所签字 CPA 薪酬激励分析［J］．财会通讯（07）：23-25．

柴才，黄世忠，叶钦华，2017．竞争战略、高管薪酬激励与公司业绩——基于三种薪酬激励视角下的经验研究［J］．会计研究（06）：45-52+96．

陈钢，张焰，2013．基于员工职业发展的军工科研单位绩效管理体系思考［J］．管理观察（17）：119-121．

陈共荣，刘冉，2011．市盈率能否成为投资决策分析的有效指标——来自中国 A 股的经验数据［J］．会计研究（09）：9-16+96．

陈航光，2013．农信社绩效管理四策［J］．中国农村金融（20）：57-59．

陈奕伊，2012．猎头公司薪酬管理制度浅析［J］．商场现代化（21）：31．

崔建国，2016．平衡计分卡在医院绩效考核中的应用研究［J］．河南牧业经济学院学报（06）：33-38.

崔学刚，2004. 公司治理机制对公司透明度的影响——来自中国上市公司的经验数据［J］. 会计研究（08）：72-80.

崔玉波，2015. 浅析平衡计分卡在大庆石油企业绩效管理设计中的应用［J］. 内蒙古科技与经济（22）：34+46.

丁智萍，2014. 基于战略地图的民办高校人力资源管理探析［J］. 当代经济（05）：64-65.

董青，李宝元，仇勇，等. 2015. 企业绩薪整合管理体系及运作流程设计——基于 BSC、BCC、MBO 的综合分析［J］. 中国人力资源开发（16）：40-46.

董霞，2007. 平衡计分卡在我国企业的应用探析［J］. 商业文化（学术版）（09）：71.

杜少毅，马思蕴，邱峰涛，2012. 军队医院科技人员薪酬制度模式构建与选择［J］. 军事经济研究，33（05）：34-37.

方士浩，王莹，2014. SHRM 范式下基于平衡记分卡的薪酬管理体系研究［J］. 财经界（学术版）（14）：40+42.

傅飞强，2013. 人力资源效能的评价指标研究——基于人力资源效能计分卡模型［J］. 中国人力资源开发（21）：33-39.

高雷，宋顺林，2007. 公司治理与公司透明度［J］. 金融研究（11）：28-44

龚华蕾，胡蓓，2005. 面向知识型员工的双通道薪酬模式设计［J］. 科学学与科学技术管理（08）：97-100.

龚翔，2009. 我国实证会计研究十年回顾（下）［J］. 财会通讯（28）：122-129.

龚翔，2009．我国实证会计研究十年回顾（上）［J］．财会通讯（25）：127-134．

古明，2016．推进现代化建设中的员工激励机制建设［J］．农业发展与金融（03）：71-73．

谷静，2008．企业绩效测量研究［J］．财会通讯（理财版）（05）：33-34．

郭亦玮，2007．浅谈当前中国企业平衡计分卡的实施要点［J］．会计之友（中旬刊）（02）：47．

韩平，张雷雅，曹洁琼，2012．高新技术企业人力资源管理实践与企业绩效关系研究［J］．科技进步与对策，29（04）：152-155．

胡红伟，2012．基于层次分析发（AHF）的绩效指标权重选择［J］．经济师（11）：127-128．

胡晶，2011．平衡计分卡在绩效评价中的应用浅析［J］．社科纵横，26（10）：50-52．

胡舟，2012．WL集团公司绩效评价体系存在的问题及改进［J］．财务与会计（09）：13-15．

黄海荣，娄雅婷，2015．企业战略执行与经理人契约期限问题研究——基于平衡计分卡薪酬制度的分析［J］．人才资源开发（23）：69-71．

黄坚，管玉梅，杨秀群，2015．长庚医疗平衡计分卡管理对护理绩效改革的启示［J］．中国医院管理，35（12）：83-84．

黄锐，2013．中船外高桥的人力资源管理［J］．中国人力资源开发（06）：50-52．

集团公司人事处长培训班第四小组，2008．构建以战略为导向的全员绩效考核体系［J］．北京石油管理干部学院学报．15（06）：20-22．

江燕，2015．平衡计酬卡（BCC）的落地与实施——关于高校试行平衡计酬卡的思考［J］．佳木斯职业学院学报（05）：365+367．

晋容珍，沈明，郝迎春，等．2011．平衡计分卡在口腔科绩效薪酬分配的应用［J］．中国医疗前沿，6（10）：92-93．

李宝元，王文周，2013．从平衡计分卡到平衡计酬卡——现代企业人力资源战略性激励焦点整合管理框架［J］．中国人力资源开发（17）：78-86+92．

李冬菊，2012．平衡计分卡在薪酬管理中的应用探究［J］．中国外资（04）：263．

李慧敏，2015．平衡计分卡在医院综合绩效考评上的应用［J］．管理观察（18）：153-155．

李楠，2013．我国企业高管人员薪酬激励机制构建的思考——基于平衡计分卡绩效评价体系［J］．对外经贸（04）：124-126．

李维安，张立党，张苏，2012．公司治理、投资者异质信念与股票投资风险——基于中国上市公司的实证研究［J］．南开管理评论，15（06）：135-146．

梁美，2012．基于平衡计分卡的中小企业绩效管理体系构建［J］．中国集体经济（24）：72-73．

林慧翔，2004．平衡计分卡——不仅是业绩衡量工具［J］．市场周刊．财经论坛（05）：100-101．

林景行，2011．基于平衡计分卡的薪酬管理变革［J］．太原城市职业技术学院学报（12）：71-73．

刘慧龙，2017．控制链长度与公司高管薪酬契约［J］．管理世界（03）：95-112．

刘琴，邱红林，舒晓兵，2008．管理工具的融合使用［J］．企业管理（12）：46-49．

刘琴，王兴生，2008．HY公司平衡计分卡实施案例［J］．企业改革与管理（08）：38-39．

刘晓苏，武志红，2008．论我国政府绩效管理引入平衡计分卡的障碍及其祛除［J］．理论导刊（05）：19-22．

刘昕，李刚，2003．新木桶原理与人力资源管理的误区［J］．中国人力资源开发（07）：36-37+40．

刘雅荣，苏志，2006．浅议平衡计分卡在实施中应注意的几个问题［J］．经济师（11）：158-160．

伦斯基，2018．权力与特权：社会分层的理论［M］．社会科学文献出版社．

毛洪涛，王新，2008．代理理论、经理层行为与管理会计研究——基于代理理论的管理会计研究综述［J］．会计研究（09）：47-54+96．

彭桃英，周伟，2006．中国上市公司高额现金持有动因研究——代理理论抑或权衡理论［J］．会计研究（05）：42-49+95．

平昭，朱黎，曾小莹，2006．运用平衡计分卡建立合理的院长薪酬制［J］．中国医院院长（03）：57-60．

仜大进，2007．基于平衡计分卡的绩效考核的战略性实施［J］．广东财经职业学院学报（03）：13-16．

商瑞平，韩琼，牛雪梅，等．2018．公立医院薪酬制度改革下绩效考核评价指标体系研究——基于平衡计分卡与医院公益性关联分析［J］．中国总会计师（09）：84-85．

沈东华，2005．城市资产经营公司构建战略中心型组织路径探寻

[J]. 现代城市研究（05）：63-69.

沈建琴，2015. 平衡计分卡在医院绩效评价中的应用研究概述[J]. 现代经济信息（20）：48-49.

沈群红，2005. 如何建立系统的人力资源管理制度——对本期特别策划的思考[J]. 中国医院（10）：32.

石巧英，2018. 金砖国家经济增长与股票市场波动关系的实证研究[J]. 经济研究导刊（22）：69-70+164.

宋平，2004. 平衡计分卡 聚焦战略执行[J]. 当代经济（12）：21-22.

苏冬蔚，倪博，2018. 转融券制度、卖空约束与股价变动[J]. 经济研究（03）：110-125.

苏绍云，2014. 新资本协议下的薪酬绩效机制建设[J]. 中国农村金融（08）：52-54.

孙浩，2015. 新常态下的勘察设计企业薪酬与激励策略变革[J]. 建筑设计管理，32（08）：22-24.

孙兰兰，2013. 会计师事务所项目团队绩效考核设计——基于平衡计分卡的应用[J]. 财会通讯（31）：10-11.

孙铮，刘凤委，李增泉，2005. 市场化程度、政府干预与企业负债期限结构———来自我国上公司的经验证据[J]. 经济研究（05）：52-64.

谭劲松，宋顺林，吴立扬，2010. 公司透明度的决定因素——基于代理理论和信号理论的经验研究[J]. 会计研究（04）：26-33+95.

唐松，孙铮，2014. 政治关联、高管薪酬与企业未来经营绩效[J]. 管理世界（05）：93-105+187-188.

童丽丽，关勇，2008．试论基于平衡计分卡的预算考核原则［J］．会计之友（中旬刊）（05）：55-56.

王宾，2006．对完善证券公司经纪业务薪酬和绩效评价体系的探讨［J］．烟台职业学院学报（03）：66-69.

王斌，梁欣欣，2008．公司治理、财务状况与信息披露质量［J］．会计研究（3）：31-38.

王满，王金娜，2009．平衡计分卡在大连金石滩旅游集团的运用［J］．财务与会计（05）：10-11.

王瑞，田文华，王开平，等．2007．军队医院平衡计分卡薪酬设计研究［J］．解放军医院管理杂志（03）：181-183.

王瑞，田文华，王开平，等．2006．浅析基于军队医院平衡计分卡下的薪酬设计［J］．医院管理论坛（09）：58-61.

王鑫，2013．综合收益的价值相关性研究——基于新准则实施的经验证据［J］．会计研究（10）：20-27+96.

吴菲，2011．基于平衡计分卡应用的人力资源管理模式分析［J］．中国商贸（35）：78-79.

吴子竑，2012．基于平衡计分卡的战略管理研究［J］．东方企业文化（15）：24.

武志敏，王秀英，2009．基于平衡计分卡的薪酬管理问题研究［J］．科技信息（14）：709-710.

夏立军，鹿小楠，2005．上市公司盈余管理与信息披露质量相关性研究［J］．当代经济科学（10）：45-49.

夏宁，董艳，2014．高管薪酬、员工薪酬与公司的成长性——基于中国中小上市公司的经验数据［J］．会计研究（09）：89-95+97.

夏新莉，2005．如何利用平衡记分卡改进企业战略目标执行力［J］．新疆金融（06）：32-35．

向佐春，唐张文，2011．用系统论的思想指导薪酬管理的实施［J］．人力资源管理（02）：39-40．

肖雄松，2011．基于平衡计分卡的薪酬体系设计［J］．中国乡镇企业会计（02）：106-107．

谢艳红，2004．基于平衡计分卡的绩效考核的战略性实施［J］．沿海企业与科技（01）：35-37．

熊家财，苏冬蔚，2016．股票流动性与代理成本——基于随机前沿模型的实证研究［J］．南开管理评论，19（01）：84-96．

徐高彦，曹俊颖，徐汇丰，等．2017．上市公司盈余预告择时披露策略及市场反应研究——基于股票市场波动的视角［J］．会计研究（02）：35-41+96．

亚当·斯密，2010．国富论［M］．中央编译出版社．

闫金，马冬梅，白金，2007．金川集团公司制度改革与实践［J］．科技资讯（30）：174．

严效新，李成江，2007．基于平衡计分卡的薪酬管理模式研究——以F公司为例［J］．商场现代化（10）：141．

颜廷军，2016．构建"一体四翼"全绩效管理平台［J］．中国农村金融（02）：50-51．

杨力，2005．平衡计分卡实施中的三大误区［J］．商学院（Z1）：100-102．

杨有红，2017．绩效管理工具方法运用［J］．商业会计（08）：26-27．

易利华，胡敏敏，袁汇亢，等．2012．无锡市第二人民医院绩效与薪酬分配制度改革探索［J］．中国医院，16（01）：57-60.

应益华，张玉静，2006．EVA下管理薪酬体系的改进［J］．商业会计（18）：36-37.

于江龙，支玲，2008．基于EVA的薪酬激励研究综述［J］．全国商情（经济理论研究）（19）：38+33.

翟德怀，杜鲲，任键，2015．基于"平衡计分卡"的运维量化管理探索［J］．移动通信，39（Z1）：104-106.

张超武，2008．平衡计分卡在薪酬管理中的应用［J］．民营科技（10）：137-138.

张川，潘飞，John Robinson，2008．非财务指标采用的业绩后果实证研究——代理理论Vs.权变理论［J］．会计研究（02）：39-46+95-96.

张海博，2010．企业绩效管理工作的重要性［J］．现代企业（05）：16-17.

张洁，2013．平衡记分卡方法在医院薪酬管理和绩效考核中的应用探讨［J］．中国现代药物应用，7（23）：252-253.

张金若，辛清泉，童一杏，2013．公允价值变动损益的性质及其后果——来自股票报酬和高管薪酬视角的重新发现［J］．会计研究（08）：17-23+96.

张蕊，管考磊，2016．高管薪酬差距会诱发侵占型职务犯罪吗？——来自中国上市公司的经验证据［J］．会计研究（09）：47-54.

张纬武，王星，2014．关于建立高校"双师型"法学教师培养制度的思考——基于平衡计分卡（BSC）的视角［J］．教育探索（09）：77-79.

张笑楠，2015．基于平衡计分卡的知识型企业创新激励体系研究〔J〕．党政干部学刊（08）：43–47．

张志行，2013．中小民营企业营销团队激励效应研究〔J〕．江苏教育学院学报（社会科学版），29（06）：91–94．

赵京生，李林，朱茜，2007．平衡计分卡在我国医院管理中的研究、应用及挑战〔J〕．中国医院管理（12）：79–81．

郑开荣，2009．国有大型企业集团内部绩效考核体系设计浅析〔J〕．商业会计（01）：35–37．

郑志扬，方彦，2018．商业银行全员全产品绩效管理研究〔J〕．新金融（05）：27–31．

周晓慧，2009．基于BSC的经营者可变薪酬模式设计〔J〕.财会月刊（32）：10–11．

朱德胜，张伟，2017．高管薪酬激励对股权代理成本影响的实证研究〔J〕．经济与管理评论，33（03）：68–74．

邹伶，2005．影响中国企业实施平衡计分卡（BSC）的要素探析湘潭师范学院学报（社会科学版）（05）：48–49．

Agostino D，Arnaboldi M，2012．Design Issues in Balanced Scorecards：The 'What' and 'How' of Control〔J〕．European Management Journal，30（4）：327–339．

Ahn H，2001．Applying the Balanced Scorecard Concept：An Experience Report〔J〕．Long Range Planning，34（4）：441–461．

Aidemark L G，2002．The Meaning of Balanced Scorecards in the Health Care Organisation〔J〕．Financial Accountability & Management，17（1）：23–40．

Akkermans H A, Van Oorschot K E, 2004. Relevance Assumed: A Case Study of Balanced Scorecard Development Using System Dynamics [J]. Journal of the Operational Research Society, 56 (8): 931-941.

Albertsen O A, 2014. Rainer Lueg, The Balanced Scorecard's Missing Link to Compensation: A Literature Review and an Agenda for Future Research [J]. Journal of Accounting & Organizational Change, 10 (4): 431-465.

Al-Ashaab A, Flores M, Doultsinou A, et al. 2011. A Balanced Scorecard for Measuring the Impact of Industry-University Collaboration [J]. Production Planning & Control, 22 (5/6): 554-570.

Andon P, Baxter J, Chua W F, 2007. Accounting Change as Relational Drifting: A Field Study of Experiments With Performance Measurement [J]. Management Accounting Research, 18 (2): 273-308.

Banker R D, Chang H, Pizzini M J, 2004b. The Balanced Scorecard: Judgmental Effects of Performance Measures Linked to Strategy [J]. The Accounting Review, 79 (1): 1-23.

Banker R D, Chang H, Janakiraman S N, et al. 2004a. A Balanced Scorecard Analysis of Performance Metrics [J]. European Journal of Operational Research, 154 (2): 423-436.

Bassen A, Blasel D, Faisst U, et al. 2006. Hagenmuller. Performance Measurement of Corporate Venture Capital-Balanced Scorecard in Theory and Practice [J]. International Journal of Technology Management, 33 (4): 420-437.

Bhagwat R, Sharma M K, 2007. Performance Measurement of Supply

Chain Management: a Balanced Scorecard Approach [J]. Computers & Industrial Engineering, 53 (1): 43-62.

Bol J C, 2011. The Determinants and Performance Effects of Managers' Performance Evaluation Biases [J]. The Accounting Review, 86 (5): 1549-1575.

Bonner S E, Sprinkle G B, 2002. The Effects of Monetary Incentives on Effort and Task Performance: Theories. Evidence. and A Framework For Research [J]. Accounting Organizations and Society, 27 (4): 303-345.

Braam G J, Nijssen E J, 2004. Performance Effects of Using the Balanced Scorecard: A Note on the Dutch Experience[J]. Long Range Planning, 37(4): 335-349.

Brown J B, McDonnell B, 1995. The Balanced Scorecard: Short-Term Guest or Long-Term Resident? [J]. International Journal of Contemporary Hospitality Management, 7 (2/3): 7-11.

Bryant L, Jones D A, Widener S K, 2004. Managing Value Creation Within the Firm: an Examination of Multiple Performance Measures" [J]. Journal of Management Accounting Research, 16 (1): 107-131.

Burkert M, Lueg R, 2013. Differences in the Sophistication of Value-Based Management: the Role of Top Executives [J]. Management Accounting Research, 24 (1): 3-22.

Butler A, Letza S R, Neale B, 1997. Linking the Balanced Scorecard to Strategy [J]. Long Range Planning, 30 (2): 242-153.

Cardinaels E, van Veen-Dirks P M, 2010. Financial Versus Non-Financial Information: the Impact of Information Organization and Presentation in a Balanced Scorecard [J]. Accounting, Organizations and Society, 35 (6): 565–578.

Carmona S, Gronlund A, 2003. Measures vs Actions: The Balanced Scorecard in Swedish Law Enforcement [J]. International Journal of Operations & Production Management, 23 (12): 1475–1496.

Chalmeta R, Palomero S, 2010. Methodological Proposal for Business Sustainability Management by Means of the Balanced Scorecard [J]. Journal of the Operational Research Society, 62 (7): 1344–1356.

Cheng M M, Humphreys K A, 2012. The Differential Improvement Effects of the Strategy Map and Scorecard Perspectives on Managers' Strategic Judgments [J]. The Accounting Review, 87 (3): 899–924.

Chenhall R H, 2003. Management Control Systems Design Within Its Organizational Context: Findings from Contingency–Based Research and Directions for the Future [J]. Accounting. Organizations and Society, 28 (2/3): 127–168.

Chesley J A, Wenger M S, 1999. Transforming an Organization: Using Models to Foster a Strategic Conversation [J]. California Management Review, 41 (3): 54–73.

Cooper H M, 1982. Scientific Guidelines for Conducting Integrative Research Reviews [J]. Review of Educational Research, 52 (2): 291–302.

Craig J, Moores K, 2005. Balanced Scorecards to Drive the Strategic Planning of Family Firms [J]. Family Business Review, 18 (2): 105–122.

Creamer G, Freund Y, 2010. Learning a Board Balanced Scorecard to Improve Corporate Performance [J]. Decision Support Systems, 49（4）: 365-385.

Davis S, Albright T, 2004. An Investigation of the Effect of Balanced Scorecard Implementation on Financial Performance [J]. Management Accounting Research, 15（2）: 135-153.

De Geuser F, Mooraj S, Oyon D, 2009. Does the Balanced Scorecard Add Value? Empirical Evidence on Its Effect on Performance [J]. European Accounting Review, 18（1）: 93-122.

DeBusk G K, Brown R M, Killough L N, 2003. Components and Relative Weights in Utilization of Dashboard Measurement Systems Like the Balanced Scorecard [J]. The British Accounting Review, 35（3）: 215-231.

Decoene V, Bruggeman W, 2006. Strategic Alignment and Middle-Level Managers' Motivation in a Balanced Scorecard Setting [J]. International Journal of Operations & Production Management, 26（4）: 429-448.

Dias-Sardinha I, Reijnders L, 2005. Evaluating Environmental and Social Performance of Large Portuguese Companies: A Balanced Scorecard Approach [J]. Business Strategy and the Environment, 14（2）: 73-91.

Dilla W N, Steinbart P J, 2005. Relative Weighting of Common and Unique Balanced Scorecard Measures by Knowledgeable Decision Makers [J]. Behavioral Research in Accounting, 17（1）: 43-53.

Ding S, Beaulieu P, 2011. The Role of Financial Incentives in Balanced Scorecard-Based Performance Evaluations: Correcting Mood Congruency Biases

［J］. Journal of Accounting Research, 49（5）: 1223–1247.

Edenius M, Hasselbladh H, 2002. The Balanced Scorecard as an Intellectual Technology［J］. Organization, 9（2）: 249–273.

Elefalk K, 2001. The Balanced Scorecard of the Swedish Police Service: 7000 Officers in Total Quality Management Project［J］. Total Quality Management, 12（7/8）: 958–966.

Eng L L, Mak Y T, 2003. Corporate Governance and Voluntary Disclosure［J］. Journal of Accounting and Public Policy,（22）: 325 –345.

Epstein M J, Manzoni J, 1998. Implementing Corporate Strategy: From Tableaux de Bord to Balanced Scorecards［J］. European Management Journal, 16（2）: 190–203.

Evans N, 2005. Assessing the Balanced Scorecard as a Management Tool for Hotels［J］. International Journal of Contemporary Hospitality Management, 17（5）: 376–390.

Farneti D F, 2009. Balanced Scorecard Implementation in an Italian Local Government Organization［J］. Public Money & Management, 29（5）: 313–320.

Feliniak U, Olezak I, 2005. Balanced Scorecard and Managing Human Resources: The Case of Employee Remuneration. Organizasiju Vadiba［J］. Systeminai Tyrimai, 36（4）: 19–29.

Fernandes K J, Raja V, Whalley A, 2006. Lessons from Implementing the Balanced Scorecard in a Small and Medium Size Manufacturing Organization［J］. Technovation, 26（5）: 623–634.

Fiss P C, Zajac E J, 2004. The Diffusion of Ideas Over Contested Terrain: The (Non) Adoption of a Shareholder Value Orientation Among German Firms [J]. Administrative Science Quarterly, 49 (4): 501-534.

Franco-Santos M, Lucianetti L, Bourne M, 2012. Contemporary Performance Measurement Systems: A Review of Their Consequences and A Framework for Research [J]. Management Accounting Research, 23 (1): 79-119.

Garengo P, Biazzo S, 2012. Unveiling Strategy in SMEs Through Balanced Scorecard Implementation: A Circular Methodology [J]. Total Quality Management & Business Excellence, 23 (1): 79-102.

Ghadikolaei A S, Chen I S, Zolfani S H, et al. 2011. Cause and Effect Relations of BSC in Universities of Iran [J]. International Journal of Management & Innovation, 3 (2): 16-25.

Gonzalez J M H, Calderon M A, Gonzalez J L G, 2012. The Alignment of Managers' Mental Models With the Balanced Scorecard Strategy Map [J]. Total Quality Management & Business Excellence, 23 (5/6): 613-628.

Gosselin M, 2006. A Review of Activity-Based Costing: Technique, Implementation, and Consequences [J]. Handbooks of Management Accounting Research, (2): 641-671.

Grando A, Belvedere V, 2008. Exploiting the Balanced Scorecard in the Operations Department: the Ducati Motor Holding Case [J]. Production Planning and Control, 19 (5): 495-507.

Greatbanks R, Tapp D, 2007. The Impact of Balanced Scorecards in a Public Sector Environment: Empirical Evidence from Dunedin City

Council, New Zealand [J]. International Journal of Operations & Production Management, 27 (8): 846–873.

Griffith R, Neely A, 2009. Performance Pay and Managerial Experience in Multitask Teams: Evidence from Within a Firm [J]. Journal of Labor Economics, 27 (1): 49–82.

Grigoroudis E, Orfanoudaki E, Zopounidis C, 2012. Strategic Performance Measurement in a Healthcare Organisation: A Multiple Criteria Approach Based on Balanced Scorecard" [J]. Omega, 40 (1): 104–119.

Gumbus A, Lyons B, 2002. The Balanced Scorecard at Philips Electronics [J]. Strategic Finance, 84 (5): 45–49.

Gumbus A, Lussier R N, 2006. Entrepreneurs Use a Balanced Scorecard to Translate Strategy into Performance Measures [J]. Journal of Small Business Management, 44 (3): 407–425.

Chang H H, 2009. An Empirical Study of Evaluating Supply Chain Management Integration Using the Balanced Scorecard in Taiwan [J]. The Service Industries Journal, 29 (2): 185–202.

Hansen E G, Sextl M, Reichwald R, 2010. Managing Strategic Alliances Through a Community-Enabled Balanced Scorecard: The Case of Merck Ltd, Thailand [J]. Business Strategy and the Environment, 19 (6): 387–399.

Harvey C, Kelly A, Morris H, et al. 2010. Academic Journal Quality Guide [M]. The Association of Business Schools, London.

Healy P M, Palepu K, 2001. Information Asymmetry. Corporate Disclosure. and the Capital Markets: A Review of the Empirical Disclosure

Literature [J]. Journal of Accounting and Economics, (31): 405 –440.

Hilton P J, Maher M W, Selto F H, 2003. Cost Management: Strategies for Business Decisions [M]. McGraw–Hill, Boston, MA.

Ho S M, Wong K S A, 2001. A Study of the R elationship between Corporate Governance Structures and the Extent of Voluntary Disclosure [J]. Journal of International Accounting. Auditing and Taxation, (10): 139 –158.

Hooppe F, Moers F, 2011. The Choice of Different Types of Subjectivity in CEO Annual Bonus Contracts [J]. The Accounting Review, 86 (6): 2023–2046.

Hoque Z, 2014. 20 Years of Studies on The Balanced Scorecard: Trends, Accomplishments, Gaps and Opportunities for Future Research [J]. The British Accounting Review, (46): 33–59.

Hoque Z, Adams C, 2011. The Rise and Use of Balanced Scorecard Measures in Australian Government Departments [J]. Financial Accountability & Management, 27 (3): 308–334.

Hoque Z, James W, 2000. Linking Balanced Scorecard Measures to Size and Market Factors: Impact on Organizational Performance [J]. Journal of Management Accounting Research, 12 (1): 1–17.

Hu Q, Huang C D, 2006. Using the Balanced Scorecard to Achieve Sustained IT–Business Alignment: A Case Study [J]. Communications of the Association for Information Systems, 17 (1): 8.

Huang C D, Hu Q, 2007. Achieving IT–business Strategic Alignment via Enterprise–Wide Implementation of Balanced Scorecards [J]. Information

Systems Management, 24（2）: 173–184.

Huang L, 2008. Strategic Orientation and Performance Measurement Model in Taiwan's Travel Agencies [J]. The Service Industries Journal, 28（10）: 1357–1383.

Humphreys K A, Trotman K T, 2011. The Balanced Scorecard: The Effect of Strategy Information on Performance Evaluation Judgments [J]. Journal of Management Accounting Research, 23（1）: 81–98.

Iselin E R, Mia L, Sands J, 2008. The Effects of the Balanced Scorecard on Performance: The Impact of the Alignment of the Strategic Goals and Performance Reporting [J]. Journal of General Management, 33（4）: 71–85.

Ittner C D, Larcker D, 2002a. Empirical Managerial Accounting Research: Are We Just Describing Management Consulting Practice? [J]. European Accounting Review, 11（4）: 787–794.

Ittner C D, Larcker D F, 2003. Coming Up Short on Nonfinancial Performance Measurement [J]. Harvard Business Review, 81（11）: 88–95.

Ittner C D, Larcker D F, 2002b. Determinants of Performance Measure Choices in Worker Incentive Plans [J]. Journal of Labor Economics, 20（2）: 58–90.

Ittner C D, Larcker D F, 1997. Quality Strategy. Strategic Control Systems. and Organizational Performance [J]. Accounting, Organizations & Society, 22（3/4）: 293–314.

Ittner C D, Larcker D F, Meyer M W, 2003. Subjectivity and the

Weighting of Performance Measures: Evidence from a Balanced Scorecard [J]. The Accounting Review, 78 (3): 725-758.

Jazayeri M, Scapens R W, 2008. The Business Values Scorecard within BAE Systems: The Evolution of a Performance Measurement System [J]. The British Accounting Review, 40 (1): 48-70.

Jensen M C, 2010. Value Maximization. Stakeholder Theory, and the Corporate Objective Function[J]. Journal of Applied Corporate Finance, 22(1): 32-42.

Kald M, Nilsson F, 2000. Performance Measurement at Nordic Companies [J]. European Management Journal, 18 (1): 113-127.

Kaplan R S, Norton D P, 2006. Alignment: Using the Balanced Scorecard to Create Corporate Synergies [M]. Harvard Business School Press, Boston, MA.

Kaplan R S, Norton D P, 2000a. Having Trouble with Your Strategy?: Then Map It [M]. Harvard Business School Publishing, Boston, MA.

Kaplan R S, Norton D P, 1993a. Implementing the Balanced Scorecard at FMC Corporation: An Interview with Larry D. Brady [J]. Harvard Business Review, 71 (5): 143-147.

Kaplan R S, Norton D P, 2001a. Leading Change with the Balanced Scorecard [J]. Financial Executive, 17 (6): 64-66.

Kaplan R S, Norton D P, 1996b. Linking the Balanced Scorecard to Strategy [J]. California Management Review, 39 (1): 53-79.

Kaplan R S, Norton D P, 1993b. Putting the Balanced Scorecard to Work [J]. The Performance Measurement, Management and Appraisal

Sourcebook, 66–79.

Kaplan R S, Norton D P, 2004. Strategy Maps: Converting Intangible Assets into Tangible Outcomes [M]. Harvard Business Press, Boston, MA.

Kaplan R S, Norton D P, 1992. The Balanced Scorecard–Measures that Drive Performance [J]. Harvard Business Review, 70 (1): 71–79.

Kaplan R S, Norton D P, 1996a. The Balanced Scorecard: Translating Strategy into Action [M]. Harvard Business School Press, Boston, MA.

Kaplan R S, Norton D P, 2008. The Execution Premium: Linking Strategy to Operations for Competitive Advantage [M]. Harvard Business Press, Boston, MA.

Kaplan R S, Norton D P, 2000b. The Strategy–Focused Organization: How Balanced Scorecard Companies Thrive in the New Business Environment [M]. Harvard Business Press, Boston, MA.

Kaplan R S, Norton D P, 2001b. The Strategy–Focussed Organization: How Balanced Scorecard Companies Thrive in the New Business Environment [J]. Harvard Business School Press, Boston, MA.

Kaplan R S, Norton D P, 2001c. Transforming the Balanced Scorecard from Performance Measurement to Strategic Management: Part I [M]. Accounting Horizons, 15 (1): 87–104.

Kaplan R S, Norton D P, 2001d. Transforming the Balanced Scorecard from Performance Measurement to Strategic Management: Part II [J]. Accounting Horizons, 15 (2): 147–160.

Kaplan R S, Norton D P, 1996c. Using the Balanced Scorecard as A

Strategic Management System [J]. Harvard Business Review, 74 (1): 75–85.

Kaplan R S, 2012. The Balanced Scorecard: Comments on Balanced Scorecard Commentaries [J]. Journal of Accounting & Organizational Change, 8 (4): 539–545.

Kaplan S E, Wisner P S, 2009. The Judgmental Effects of Management Communications and a Fifth Balanced Scorecard Category on Performance Evaluation [J]. Behavioral Research in Accounting, 21 (2): 37–56.

Kasperskaya Y, 2008. Implementing the Balanced Scorecard: A Comparative Study of Two Spanish City Councils: An Institutional Perspective [J]. Financial Accountability & Management, 24 (4): 363–384.

Kasurinen T, 2002. Exploring Management Accounting Change: The Case of Balanced Scorecard Implementation [J]. Management Accounting Research, 13 (3): 323–343.

Katsikeas C S, Leonidou L C, Morgan N A, 2000. Firm-Level Export Performance Assessment: Review, Evaluation, and Development [J]. Journal of the Academy of Marketing Science, 28 (4): 493–511.

Khan M, Halabi A, Masud M, 2010. Empirical Study of the Underlying Theoretical Hypotheses in the Balanced Scorecard (BSC) Model: Further Evidence from Bangladesh [J]. Asia-Pacific Management Accounting Journal, 5 (2): 45–73.

Kim J, Rhee J, 2012. An Empirical Study on the Impact of Critical Success Factors on the Balanced Scorecard Performance in Korean Green Supply Chain Management Enterprises [J]. International Journal of Production

Research, 50（9）：2465-2483.

Kim J, Suh E, Hwang H, 2003. A Model for Evaluating the Effectiveness of CRM Using the Balanced Scorecard［J］. Journal of Interactive Marketing, 17（2）：5-19.

Kloot L, Martin J, 2000. Strategic Performance Management：A Balanced Approach to Performance Management Issues in Local Government［J］. Management Accounting Research, 11（2）：231-251.

Kraus K, Lind J, 2010. The Impact of the Corporate Balanced Scorecard on Corporate Control：A Research Note［J］. Management Accounting Research, 21（4）：265-277.

Kumru M, 2012. A Balanced Scorecard-Based Composite Measuring Approach to Assessing the Performance of a Media Outlet［J］. The Service Industries Journal, 32（5）：821-843.

Chang L C, 2007. The NHS Performance Assessment Framework as a Balanced Scorecard Approach：Limitations and Implications［J］. International Journal of Public Sector Management, 20（2）：101-117.

Lang M, Lundholm R, 1993. Cross-sectional Determinants of Analysts ratings of Corporate Disclosures［J］. Journal of Accounting Research,（31）：246 -271.

Lau C M, Sholihin M, 2005. Financial and Nonfinancial Performance Measures：How do They Affect Job Satisfaction?［J］. The British Accounting Review, 37（4）：389-413.

Lawrence S, Sharma U, 2002. Commodification of Education and Academic Labour：Using the Balanced Scorecard in a University Setting［J］.

Critical Perspectives on Accounting, 13（5）: 661-677.

Lee C L, Lai S Q, 2007. Performance Measurement Systems for Knowledge Management in High Technology Industries: A Balanced Scorecard Framework [J]. International Journal of Technology Management, 39（1）: 158-176.

Li Y L, Huang M, Chin K S, et al. 2011. Integrating Preference Analysis and Balanced Scorecard to Product Planning House of Quality [J]. Computers & Industrial Engineering, 60（2）: 256-268.

Libby T, Salterio S E, Webb A, 2004. The Balanced Scorecard: The Efects of Assurance and Process Accountability on Managerial Judgment [J]. The Accounting Review, 79（4）: 1075-1094.

Liedtka S L, Church B K, Ray M R, 2008. Performance Variability. Ambiguity Intolerance, and Balanced Scorecard-Based Performance Assessments [J]. Behavioral Research in Accounting, 20（2）: 73-88.

Lipe M G, Salterio S, 2002. A Note on the Judgmental Effects of the Balanced Scorecard's Information Organization. Accounting [J]. Organizations and Society, 27（6）: 531-540.

Lipe M G, Salterio S E, 2000. The Balanced Scorecard: Judgmental Effects of Common and Unique Performance Measures [J]. The Accounting Review, 75（3）: 283-298.

Lueg R, Jakobsen M, 2014. Balanced Scorecard and Controllability at the Level of Middle Managers: The Case of Unintended Breaches [J]. Journal of Accounting and Organizational Change, 10（4）.

Lueg R, Schaffer U, 2010. Assessing Empirical Research on Value-

Based Management: Guidelines for Improved Hypothesis Testing [J]. Journal fur Betriebswirtschaft, 60 (1): 1–47.

Lueg R, 2008. Value–Based Management: Empirical Evidence on Its Determinants and Performance Effects [M]. WHU Otto Beisheim School of Management. Vallendar.

Luo C M A, Chang H F, Su C H, 2012. Balanced Scorecard' as an Operation–Level Strategic Planning Tool for Service Innovation [J]. The Service Industries Journal, 32 (12): 1937–1956.

Malina M A, Selto F H, 2001. Communicating and Controlling Strategy: An Empirical Study of the Effectiveness of the Balanced Scorecard [J]. Journal of Management Accounting Research, 13 (1): 47–90.

Malina M A, Norreklit H, Selto F H, 2007. Relations among Measures. Climate of Control. and Performance Measurement Models [J]. Contemporary Accounting Research, 24 (3): 935–982.

Malmi T, Brown D A, 2008. Management Control Systems as a Package: Opportunities, Challenges and Research Directions [J]. Management Accounting Research, 19 (4): 287–300.

Malmi T, Granlund M, 2009. In Search of Management Accounting Theory [J]. European Accounting Review, 18 (3): 597–620.

Malmi T, Ikaheimo S, 2003. Value Based Management Practices: Some Evidence from the Field [J]. Management Accounting Research, 14 (3): 235–254.

Malmi T, 2001. Balanced Scorecards in Finnish Companies: A Research Note [J]. Management Accounting Research, 12 (2): 207–220.

McAdam R, Walker T, 2003. An Inquiry into Balanced Scorecards within Best Value Implementation in UK Local Government [J]. Public Administration, 81（4）: 873–892.

Modell S, 2009. Bundling Management Control Innovations: A Field Study of Organizational Experimenting with Total Quality Management and the Balanced Scorecard [J]. Accounting. Auditing & Accountability Journal, 22（1）: 59–90.

Mooraj S, Oyon D, Hostettler D, 1999. The Balanced Scorecard: A Necessary Good or an Unnecessary Evil? [J]. European Management Journal, 17（5）: 481–491.

Norreklit H, 2000. The Balance on the Balanced Scorecard: A Critical Analysis of Some of Its Assumptions [J]. Management Accounting Research, 11（1）: 65–88.

Norreklit H, 2003. The Balanced Scorecard: What is the Score? A Rhetorical Analysis of the Balanced Scorecard [J]. Accounting. Organizations and Society, 28（6）: 591–619.

Norreklit H, Norreklit L, Mitchell F, et al. 2012. The Rise of the Balanced Scorecard: Relevance Regained? [J]. Journal of Accounting and Organizational Change, 8（4）: 490–510.

Norreklit H, Jacobsen M, Mitchell F, 2008. Pitfalls in Using the Balanced Scorecard [J]. Journal of Corporate Accounting & Finance, 19（6）: 65–68.

Northcott D, Taulapapa T M A, 2012. Using the Balanced Scorecard to Manage Performance in Public Sector Organizations: Issues and

Challenges[J]. International Journal of Public Sector Management, 25(3): 166–191.

Ong T S, The B H, Lau C K, et al. 2010. Adoption and Implementation of Balanced Scorecard in Malaysia[J]. Management Accounting Journal, 5(1): 21–40.

Papalexandris A, Ioannou G, Prastacos G P, 2004. Implementing the Balanced Scorecard in Greece: A Software Firm's Experience [J]. Long Range Planning, 37（4）: 351–366.

Patel B, Chaussalet T, Millard P, 2008. Balancing the NHS Balanced Scorecard! [J]. European Journal of Operational Research, 185（3）: 905–914.

Phadtare M T, 2010. Developing Balanced Scorecard: Case of Three Construction Firms of Small Size[J]. Journal of Asia–Pacific Business, 11(2): 135–157.

Phillips P, Louvieris P, 2005. Performance Measurement Systems in Tourism [J]. Hospitality, and Leisure Small Medium–Sized Enterprises: A Balanced Scorecard Perspective. Journal of Travel Research, 44（2）: 201–211.

Phillips P, 2007. The Balanced Scorecard and Strategic Control: A Hotel Case Study Analysis [J]. The Service Industries Journal, 27（6）: 731–746.

Rampersad H K, 2008. The Way to a Highly Engaged and Happy Workforce Based on the Personal Balanced Scorecard [J]. Total Quality Management, 19（1/2）: 11–27.

Rapp M, Schellong D, Schmidt M, et al. 2011. Considering the Shareholder Perspective: Value-Based Management Systems and Stock Market Performance [J]. Review of Managerial Science, 5 (2): 171-194.

Reisinger H, Cravens K S, Tell N, 2003. Prioritizing Performance Measures within the Balanced Scorecard Framework [J]. MIR: Management International Review, 43 (4): 429-437.

Roberts M L, Albright T L, Hibbets A R, 2004. Debiasing Balanced Scorecard Evaluations [J]. Behavioral Research in Accounting, 16 (1): 75-88.

Rompho N, 2011. Why the Balanced Scorecard Fails in SMEs: A Case Study [J]. International Journal of Business and Management, 6 (11): 39-46.

Rousseau D M, Manning J, Denyer D, 2008. Evidence in Management and Organizational Science: Assembling the Field's Full Weight of Scientific Knowledge through Syntheses [J]. Academy of Management Annals, 2 (1): 475-515.

Chen S H, Yang C C, Shiau J Y, 2006. The Application of Balanced Scorecard in the Performance Evaluation of Higher Education [J]. The TQM Magazine, 18 (2): 190-205.

Sandstrom J, Toivanen J, 2002. The Problem of Managing Product Development Engineers: Can the Balanced Scorecard be an Answer? [J]. International Journal of Production Economics, 78 (1): 79-90.

Speckbacher G, Bischof J, Pfeiffer T, 2003. A Descriptive Analysis on the Implementation of Balanced Scorecards in German-Speaking Countries

[J] . Management Accounting Research, 14（4）: 361–388.

Sujatha P, Herbert S, Saba S, 2007. Adoption of the Balanced Scorecard in Local Government Organizations: An Exploratory Study [J] . Asia–Pacific Management Accounting Journal, 2（1）: 53–70.

Sundin H, Granlund M, Brown D A, 2010. Balancing Multiple Competing Objectives with a Balanced Scorecard [J] . European Accounting Review, 19（2）: 203–246.

Tapinos E, Dyson R, Meadows M, 2010. Does the Balanced Scorecard Make a Difference to the Strategy Development Process? [J] . Journal of the Operational Research Society, 62（5）: 888–899.

Tayler W B, 2010. The Balanced Scorecard as a Strategy–Evaluation Tool: The Effects of Implementation Involvement and a Causal–Chain Focus [J] . The Accounting Review, 85（3）: 1095–1117.

Thompson K, Mathys N, 2008. An Improved Tool for Building High Performance Organizations [J] . Organizational Dynamics, 37（4）: 378–393.

Tsai W, Chou W, Hsu W, 2008. The Sustainability Balanced Scorecard as a Framework for Selecting Socially Responsible Investment: An Effective MCDM Model [J] . Journal of the Operational Research Society, 60（10）: 1396–1410.

Tuomela T S, 2005. The Interplay of Different Levers of Control: A Case Study of Introducing a New Performance Measurement System [J] . Management Accounting Research, 16（3）: 293–320.

Ukko J, Tenhunen J, Rantanen H, 2007. Performance Measurement

Impacts on Management and Leadership: Perspectives of Management and Employees [J]. International Journal of Production Economics, 110 (1): 39–51.

Upton D R, Arrington C E, 2012. Implicit Racial Prejudice Against African-Americans in Balanced Scorecard Performance Evaluations [J]. Critical Perspectives on Accounting, 23 (4): 281–297.

Van der Stede W A, Young S M, Chen C X, 2005. Assessing the Quality of Evidence in Empirical Management Accounting Research: The Case of Survey Studies[J]. Accounting, Organizations and Society, 30(7/8): 655–684.

Van Der Zee J, De Jong B, 1999. Alignment is not Enough: Integrating Business and Information Technology Management with the Balanced Business Scorecard [J]. Journal of Management Information Systems, 16 (2): 137–156.

Van Veen-Dirks P, Wijn M, 2002. Strategic Control: Meshing Critical Success Factors with the Balanced Scorecard[J]. Long Range Planning, 35(4): 407–427.

Chang W C. Tung Y C, Huang C H, et al. 2008. Performance Improvement After Implementing the Balanced Scorecard: a Large Hospital's Experience in Taiwan [J]. Total Quality Management, 19 (11): 1143–1154.

Wang C H, Lu L Y, Chen C B, 2010. Integrating Hierarchical Balanced Scorecard with Non-Additive Fuzzy Integral for Evaluating High Technology Firm Performance [J]. International Journal of Production Economics, 128 (1):

413-426.

Wiersma E, 2009. For which Purposes do Managers Use Balanced Scorecards? [J]. An Empirical Study. Management Accounting Research, 20(4): 239-251.

Wisniewski M, Dickson A. Measuring Performance in Dumfries and Galloway Constabulary with the Balanced Scorecard [J] . Journal of the Operational Research Society, 52 (10): 1057-1066.

Wong-On-Wing B, Guo L, Li W, et al. 2007. Reducing Conflict in Balanced Scorecard Evaluations [J] . Accounting, Organizations and Society, 32 (4): 363-377.

Woods M, Grubnic S, 2008. Linking Comprehensive Performance Assessment to the Balanced Scorecard: Evidence from Hertfordshire County Council [J] . Financial Accountability & Management, 24 (3): 343-361.

Wu I L, Chang C H, 2012. Using the Balanced Scorecard in Assessing the Performance of E-SCM Diffusion: A Multi-Stage Perspective [J] . Decision Support Systems, 52 (2): 474-485.

Wu J C T, Tsai H T, Shih M H, et al. 2010. Government Performance Evaluation Using a Balanced Scorecard with a Fuzzy Linguistic Scale [J] . The Service Industries Journal, 30 (3): 449-462.

Chan Y C L, 2004. Performance Measurement and Adoption of Balanced Scorecards: A Survey of Municipal Governments in the USA and Canada [J] . International Journal of Public Sector Management, 17 (3): 204-221.

Yan K Q, Wang S C, 2004. Balanced Scorecard Visited Taiwan Firms [J] . Academy of Strategic Management Journal, 3 (1): 93-

114.

Zimmerman J L, 2001. Conjectures Regarding Empirical Managerial Accounting Research [J]. Journal of Accounting & Economics, 32 (1/3): 411-427.

Zimmerman K, Seuring S, 2009. Two Case Studies on Developing, Implementing and Evaluating a Balanced Scorecard in Distribution Channel Dyads [J]. International Journal of Logistics: Research and Applications, 12 (1): 63-81.

附录一

国内平衡计分卡与薪酬关联研究文献汇总表（非核心期刊，共63篇）

作者	年度	研究类型	行业	管理阶段	样本规模	BSC- 薪酬
杨有红	2017	描述性	无	规划	无	无
方洁，闫敏	2016	描述性	医疗业	规划	中型	无
崔建国	2016	描述性	医疗业	控制	小型	有
张洁	2016	描述性	房地产业	规划	中型	有
古明	2016	描述性	银行业	规划	中型	无
颜廷军	2016	描述性	银行业	规划	小型	无
黄海荣，娄雅婷	2015	描述性	无	规划	无	有
崔玉波	2015	描述性	能源业	规划	中型	无
沈建琴	2015	描述性	医疗业	规划	中型	无
孙浩	2015	描述性	专业服务	控制	中型	无
张笑楠	2015	描述性	专业服务	规划	无	无
李慧敏	2015	描述性	医疗业	规划	中型	有
江燕	2015	描述性	教育	规划	小型	有
翟德怀，杜鲲等	2015	描述性	专业服务	控制	无	有
方士浩，王莹	2014	描述性	无	控制	无	有
本刊记者	2014	描述性	教育	规划	无	无
苏绍云	2014	描述性	银行业	控制	小型	有
丁智萍	2014	描述性	教育	规划	小型	无
李志宏	2014	描述性	烟草行业	规划	大中型	有
张洁	2013	描述性	医疗业	控制	无	有
曹凯	2013	描述性	医疗业	控制	小型	有
张志行	2013	描述性	民营企业	规划	小型	无
陈航光	2013	描述性	银行业	规划	小型	无
陈钢，张焰	2013	描述性	军工业	规划	中型	无
李楠	2013	描述性	无	控制	无	有
胡红伟	2012	描述性	无	规划	无	无
梁美	2012	描述性	无	规划	中小型	有
吴子竑	2012	描述性	无	控制	无	有
陈奕伊	2012	描述性	无	规划	小	无
杜少毅，马思蕴等	2012	描述性	医疗业	控制	无	有
李冬菊	2012	描述性	无	规划	无	有
易利华，胡敏敏等	2012	描述性	医疗业	规划	小型	无
林景行	2011	描述性	无	规划	无	有
胡晶	2011	描述性	无	规划	无	有

续表

作者	年度	研究类型	行业	管理阶段	样本规模	BSC-薪酬
晋容珍，沈明等	2011	实证性	医疗业	规划	小型	有
肖雄松	2011	描述性	无	规划	无	无
向佐春，唐张文	2011	描述性	无	规划	无	有
李益华	2010	描述性	教育	规划	小型	有
张海博	2010	描述性	无	控制	无	无
武志敏，王秀英	2009	描述性	无	规划	无	有
于江龙，支玲	2008	描述性	无	规划	无	无
张超武	2008	实证性	专业服务	控制	无	有
谷静	2008	描述性	无	控制	无	有
李晓红	2008	描述性	专业服务	规划	大型	有
闫金，马冬梅，白金	2007	描述性	集团公司	控制	大型	有
董霞	2007	描述性	无	控制	无	有
任大进	2007	描述性	无	规划	无	无
王瑞，田文华等	2007	描述性	医疗业	规划	中型	有
刘雅荣，苏志	2006	描述性	无	规划	无	无
应益华，张玉静	2006	描述性	专业服务	控制	小型	有
王宾	2006	描述性	专业服务	控制	小型	有
王瑞，田文华等	2006	描述性	专业服务	规划	中型	有
平昭，朱黎，曾小莹	2006	实证性	医疗业	规划	无	无
沈群红	2005	描述性	医疗业	规划	无	无
邹伶	2005	描述性	无	规划	无	无
夏新莉	2005	描述性	专业服务	控制	中型	有
沈东华	2005	描述性	专业服务	规划	小型	无
郭弘波	2005	描述性	无	规划	无	无
杨力	2005	描述性	专业服务	控制	小型	有
宋平	2004	描述性	无	规划	无	有
林慧翔	2004	描述性	无	控制	无	有
李欲晓	2004	描述性	专业服务	规划	无	有
谢艳红	2004	描述性	无	规划	无	有
刘昕，李刚	2003	描述性	无	规划	无	无

附录二

（一）表 5-4 敏感性分析结果

我国煤炭业上市公司股价对平衡计分卡指标回归结果：

依是否纳入中国 500 强分组（期间：2011—2017）EA08，RDDEN _L

	全体样本		有纳入 500 强		未纳入 500 强	
	（1）	（2）	（3）	（4）	（5）	（6）
BPS	0.970***	0.951***	1.086***	1.031***	0.950***	0.933***
	（4.60）	（4.49）	（2.99）	（2.81）	（3.67）	（3.60）
EA 08	0.846**	0.852**	3.540***	3.551***	0.608	0.616
	（2.20）	（2.20）	（3.67）	（3.69）	（1.38）	（1.39）
REVG	0.006 97	0.004 91	0.010 3	0.009 84	−0.005 15	−0.008 35
	（0.94）	（0.65）	（1.03）	（0.98）	（−0.48）	（−0.75）
RDDEN _L	−7.518	−7.409	236.3*	267.7**	−21.77	−25.24
	（−0.20）	（−0.20）	（1.87）	（2.12）	（−0.54）	（−0.62）
AGE	−0.257*	−0.248*	−0.286	−0.241	−0.193	−0.184
	（−1.85）	（−1.76）	（−1.06）	（−0.87）	（−1.14）	（−1.08）
HI	−0.560	−0.528	−1.064	−1.529	−0.042 8	0.016 7
	（−0.60）	（−0.55）	（−0.53）	（−0.72）	（−0.04）	（0.02）
CRS	−1.805**		−1.312		−1.796*	
	（−2.44）		（−1.38）		（−1.69）	
VRS		−1.894**		−1.787		−2.027
		（−2.02）		（−1.39）		（−1.54）
LDR	0.001 70	0.001 25	0.037 7	0.033 6	0.006 25	0.004 48
	（0.08）	（0.06）	（0.62）	（0.57）	（0.25）	（0.18）
SHA	0.108***	0.114***	0.143***	0.141***	0.123***	0.129***
	（4.58）	（4.89）	（3.12）	（3.22）	（4.07）	（4.25）
CONS	16.36	16.23	19.19	24.91	9.824	9.441
	（1.51）	（1.47）	（0.87）	（1.05）	（0.76）	（0.73）
Observations	216	216	66	66	150	150
R^2	0.275	0.268	0.528	0.529	0.230	0.227
Adjusted R^2	0.099	0.090	0.361	0.362	0.028	0.024

注：表格中括号内为 t 值；* $p < 0.1$，** $p < 0.05$，*** $p < 0.01$。

我国煤炭业上市公司股价对平衡计分卡指标回归结果：

依是否纳入中国 500 强分组（期间：2011—2017）EA12，RDDEN _L

	全体样本		有纳入 500 强		未纳入 500 强	
	（1）	（2）	（3）	（4）	（5）	（6）
BPS	1.004***	0.985***	1.227***	1.173***	0.974***	0.958***
	（4.83）	（4.72）	（3.36）	（3.17）	（3.84）	（3.77）
EA 12	0.846**	0.852**	3.540***	3.551***	0.608	0.616
	（2.20）	（2.20）	（3.67）	（3.69）	（1.38）	（1.39）
REVG	0.006 97	0.004 91	0.010 3	0.009 84	−0.005 15	−0.008 35
	（0.94）	（0.65）	（1.03）	（0.98）	（−0.48）	（−0.75）
RDDEN _L	−7.518	−7.409	236.3*	267.7**	−21.77	−25.24
	（−0.20）	（−0.20）	（1.87）	（2.12）	（−0.54）	（−0.62）
AGE	−0.257*	−0.248*	−0.286	−0.241	−0.193	−0.184
	（−1.85）	（−1.76）	（−1.06）	（−0.87）	（−1.14）	（−1.08）
HI	−0.560	−0.528	−1.064	−1.529	−0.042 8	0.016 7
	（−0.60）	（−0.55）	（−0.53）	（−0.72）	（−0.04）	（0.02）
CRS	−1.805**		−1.312		−1.796*	
	（−2.44）		（−1.38）		（−1.69）	
VRS		−1.894**		−1.787		−2.027
		（−2.02）		（−1.39）		（−1.54）
LDR	0.001 70	0.001 25	0.037 7	0.033 6	0.006 25	0.004 48
	（0.08）	（0.06）	（0.62）	（0.57）	（0.25）	（0.18）
SHA	0.108***	0.114***	0.143***	0.141***	0.123***	0.129***
	（4.58）	（4.89）	（3.12）	（3.22）	（4.07）	（4.25）
CONS	16.36	16.23	19.19	24.91	9.824	9.441
	（1.51）	（1.47）	（0.87）	（1.05）	（0.76）	（0.73）
Observations	216	216	66	66	150	150
R^2	0.275	0.268	0.528	0.529	0.230	0.227
Adjusted R^2	0.099	0.090	0.361	0.362	0.028	0.024

注：表格中括号内为 t 值；$*p < 0.1$，$** p < 0.05$，$*** p < 0.01$。

我国煤炭业上市公司股价对平衡计分卡指标回归结果：

依是否纳入中国 500 强分组（期间：2011—2017）EA，RDDEN _L

	全体样本		有纳入 500 强		未纳入 500 强	
	（1）	（2）	（3）	（4）	（5）	（6）
BPS	0.987***	0.968***	1.156***	1.102***	0.962***	0.945***
	（4.72）	（4.60）	（3.18）	（2.99）	（3.76）	（3.69）
EA	0.846**	0.852**	3.540***	3.551***	0.608	0.616
	（2.20）	（2.20）	（3.67）	（3.69）	（1.38）	（1.39）
REVG	0.006 97	0.004 91	0.010 3	0.009 84	−0.005 15	−0.008 35
	（0.94）	（0.65）	（1.03）	（0.98）	（−0.48）	（−0.75）
RDDEN _L	−7.518	−7.409	236.3*	267.7**	−21.77	−25.24
	（−0.20）	（−0.20）	（1.87）	（2.12）	（−0.54）	（−0.62）
AGE	−0.257*	−0.248*	−0.286	−0.241	−0.193	−0.184
	（−1.85）	（−1.76）	（−1.06）	（−0.87）	（−1.14）	（−1.08）
HI	−0.560	−0.528	−1.064	−1.529	−0.0428	0.0167
	（−0.60）	（−0.55）	（−0.53）	（−0.72）	（−0.04）	（0.02）
CRS	−1.805**		−1.312		−1.796*	
	（−2.44）		（−1.38）		（−1.69）	
VRS		−1.894**		−1.787		−2.027
		（−2.02）		（−1.39）		（−1.54）
LDR	0.001 70	0.001 25	0.037 7	0.033 6	0.006 25	0.004 48
	（0.08）	（0.06）	（0.62）	（0.57）	（0.25）	（0.18）
SHA	0.108***	0.114***	0.143***	0.141***	0.123***	0.129***
	（4.58）	（4.89）	（3.12）	（3.22）	（4.07）	（4.25）
CONS	16.36	16.23	19.19	24.91	9.824	9.441
	（1.51）	（1.47）	（0.87）	（1.05）	（0.76）	（0.73）
Observations	216	216	66	66	150	150
R^2	0.275	0.268	0.528	0.529	0.230	0.227
Adjusted R^2	0.099	0.090	0.361	0.362	0.028	0.024

注：表格中括号内为 t 值；$*p < 0.1$，$** p < 0.05$，$*** p < 0.01$。

（二）表5-5 敏感性分析结果

我国煤炭业上市公司股价对平衡计分卡指标回归结果：

依成立年数分组（期间：2011—2017）EA08，RDDEN _L

	成立年数小于17年		成立年数大于16年	
	（1）	（2）	（3）	（4）
BPS	1.346***	1.299***	0.803***	0.776***
	（3.32）	（3.22）	（2.75）	（2.67）
EA 08	4.099***	4.438***	−0.011 8	−0.0120
	（2.95）	（3.21）	（−0.03）	（−0.03）
REVG	−0.012 8	−0.030 1	0.003 71	0.003 12
	（−0.52）	（−1.15）	（0.56）	（0.47）
RDDEN _L	−63.90	−46.95	61.82	62.62
	（−0.74）	（−0.55）	（1.44）	（1.44）
AGE	0.293	0.434	0.006 72	0.004 72
	（0.65）	（0.97）	（0.05）	（0.03）
HI	−1.546	−2.248	−0.992	−0.851
	（−0.52）	（−0.77）	（−0.98）	（−0.84）
CRS	−2.168*		−0.853	
	（−1.73）		（−0.80）	
VRS		−3.731**		−0.406
		（−2.04）		（−0.36）
LDR	0.011 3	0.003 41	−0.026 4	−0.026 2
	（0.32）	（0.10）	（−0.82）	（−0.82）
SHA	0.215***	0.219***	0.031 8	0.032 1
	（5.92）	（6.28）	（0.99）	（0.99）
CONS	18.70	27.10	16.40	14.60
	（0.59）	（0.86）	（1.33）	（1.19）
Observations	93	93	123	123
R^2	0.398	0.409	0.168	0.163
Adjusted R^2	0.077	0.094	−0.181	−0.188

注：表格中括号内为 t 值；$*p < 0.1$，$** p < 0.05$，$*** p < 0.01$。

我国煤炭业上市公司股价对平衡计分卡指标回归结果：

依成立年数分组（期间：2011—2017）EA12，RDDEN _L

	成立年数小于 17 年		成立年数大于 16 年	
	（1）	（2）	（3）	（4）
BPS	1.510***	1.477***	0.803***	0.775***
	（3.62）	（3.57）	（2.81）	（2.73）
EA 12	4.099***	4.438***	−0.011 8	−0.0120
	（2.95）	（3.21）	（−0.03）	（−0.03）
REVG	−0.012 8	−0.030 1	0.003 71	0.003 12
	（−0.52）	（−1.15）	（0.56）	（0.47）
RDDEN _L	−63.90	−46.95	61.82	62.62
	（−0.74）	（−0.55）	（1.44）	（1.44）
AGE	0.293	0.434	0.006 72	0.004 72
	（0.65）	（0.97）	（0.05）	（0.03）
HI	−1.546	−2.248	−0.992	−0.851
	（−0.52）	（−0.77）	（−0.98）	（−0.84）
CRS	−2.168*		−0.853	
	（−1.73）		（−0.80）	
VRS		−3.731**		−0.406
		（−2.04）		（−0.36）
LDR	0.011 3	0.003 41	−0.026 4	−0.026 2
	（0.32）	（0.10）	（−0.82）	（−0.82）
SHA	0.215***	0.219***	0.031 8	0.032 1
	（5.92）	（6.28）	（0.99）	（0.99）
CONS	18.70	27.10	16.40	14.60
	（0.59）	（0.86）	（1.33）	（1.19）
Observations	93	93	123	123
R^2	0.398	0.409	0.168	0.163
Adjusted R^2	0.077	0.094	−0.181	−0.188

注：表格中括号内为 t 值；*$p<0.1$，** $p<0.05$，*** $p<0.01$。

我国煤炭业上市公司股价对平衡计分卡指标回归结果：

依成立年数分组（期间：2011—2017）EA，RDDEN _L

	成立年数小于 17 年		成立年数大于 16 年	
	（1）	（2）	（3）	（4）
BPS	1.428***	1.388***	0.803***	0.776***
	（3.48）	（3.40）	（2.78）	（2.70）
EA	4.099***	4.438***	−0.0118	−0.0120
	（2.95）	（3.21）	（−0.03）	（−0.03）
REVG	−0.012 8	−0.030 1	0.003 71	0.003 12
	（−0.52）	（−1.15）	（0.56）	（0.47）
RDDEN _L	−63.90	−46.95	61.82	62.62
	（−0.74）	（−0.55）	（1.44）	（1.44）
AGE	0.293	0.434	0.006 72	0.004 72
	（0.65）	（0.97）	（0.05）	（0.03）
HI	−1.546	−2.248	−0.992	−0.851
	（−0.52）	（−0.77）	（−0.98）	（−0.84）
CRS	−2.168*		−0.853	
	（−1.73）		（−0.80）	
VRS		−3.731**		−0.406
		（−2.04）		（−0.36）
LDR	0.011 3	0.003 41	−0.026 4	−0.026 2
	（0.32）	（0.10）	（−0.82）	（−0.82）
SHA	0.215***	0.219***	0.031 8	0.032 1
	（5.92）	（6.28）	（0.99）	（0.99）
CONS	18.70	27.10	16.40	14.60
	（0.59）	（0.86）	（1.33）	（1.19）
Observations	93	93	123	123
R^2	0.398	0.409	0.168	0.163
Adjusted R^2	0.077	0.094	−0.181	−0.188

注：表格中括号内为 t 值；*$p < 0.1$，**$p < 0.05$，***$p < 0.01$。

（三）表 5-6 敏感性分析结果

我国煤炭业上市公司股价对平衡计分卡指标回归结果：

依年度分组（期间：2011—2017）EA08，RDDEN _L

	2011—2013		2014—2017	
	（1）	（2）	（3）	（4）
BPS	1.700***	1.705***	0.927***	0.921***
	（4.13）	（3.90）	（3.70）	（3.68）
EA 08	2.552**	2.670**	−0.121	−0.122
	（2.25）	（2.34）	（−0.39）	（−0.39）
REVG	0.007 07	0.005 98	0.008 78	0.008 58
	（0.59）	（0.49）	（1.04）	（1.02）
RDDEN _L	−56.43	−52.86	30.66	31.13
	（−0.76）	（−0.70）	（1.05）	（1.06）
AGE	−3.362***	−3.526***	−0.246	−0.241
	（−4.76）	（−4.66）	（−1.18）	（−1.15）
HI	−0.936	−0.868	0.715	0.772
	（−0.55）	（−0.49）	（0.71）	（0.76）
CRS	−1.151		−0.210	
	（−0.89）		（−0.31）	
VRS		−0.000 144		0.018 4
		（−0.00）		（0.02）
LDR	0.034 6	0.037 7	−0.012 6	−0.012 7
	（0.69）	（0.73）	（−0.50）	（−0.50）
SHA	0.086 4	0.083 4	0.055 4*	0.055 6*
	（0.94）	（0.89）	（1.91）	（1.94）
CONS	63.77***	64.65***	−0.557	−1.475
	（3.59）	（3.57）	（−0.05）	（−0.12）
Observations	72	72	144	144
R^2	0.825	0.821	0.172	0.171
Adjusted R^2	0.572	0.561	−0.172	−0.173

注：表格中括号内为 t 值；*$p < 0.1$，** $p < 0.05$，*** $p < 0.01$。

我国煤炭业上市公司股价对平衡计分卡指标回归结果：

依年度分组（期间：2011—2017）EA12，RDDEN _L

	2011—2013		2014—2017	
	（1）	（2）	（3）	（4）
BPS	1.802***	1.812***	0.922***	0.916***
	（4.38）	（4.14）	（3.76）	（3.74）
EA 12	2.552**	2.670**	−0.121	−0.122
	（2.25）	（2.34）	（−0.39）	（−0.39）
REVG	0.007 07	0.005 98	0.008 78	0.008 58
	（0.59）	（0.49）	（1.04）	（1.02）
RDDEN _L	−56.43	−52.86	30.66	31.13
	（−0.76）	（−0.70）	（1.05）	（1.06）
AGE	−3.362***	−3.526***	−0.246	−0.241
	（−4.76）	（−4.66）	（−1.18）	（−1.15）
HI	−0.936	−0.868	0.715	0.772
	（−0.55）	（−0.49）	（0.71）	（0.76）
CRS	−1.151		−0.210	
	（−0.89）		（−0.31）	
VRS		−0.000 144		0.018 4
		（−0.00）		（0.02）
LDR	0.034 6	0.037 7	−0.012 6	−0.012 7
	（0.69）	（0.73）	（−0.50）	（−0.50）
SHA	0.086 4	0.083 4	0.055 4*	0.055 6*
	（0.94）	（0.89）	（1.91）	（1.94）
CONS	63.77***	64.65***	−0.557	−1.475
	（3.59）	（3.57）	（−0.05）	（−0.12）
Observations	72	72	144	144
R^2	0.825	0.821	0.172	0.171
Adjusted R^2	0.572	0.561	−0.172	−0.173

注：表格中括号内为 t 值；*$p < 0.1$，** $p < 0.05$，*** $p < 0.01$。

我国煤炭业上市公司股价对平衡计分卡指标回归结果：

依年度分组（期间：2011—2017）EA，RDDEN _L

	2011—2013		2014—2017	
	（1）	（2）	（3）	（4）
BPS	1.751***	1.759***	0.924***	0.918***
	（4.26）	（4.03）	（3.73）	（3.71）
EA	2.552**	2.670**	−0.121	−0.122
	（2.25）	（2.34）	（−0.39）	（−0.39）
REVG	0.007 07	0.005 98	0.008 78	0.008 58
	（0.59）	（0.49）	（1.04）	（1.02）
RDDEN _L	−56.43	−52.86	30.66	31.13
	（−0.76）	（−0.70）	（1.05）	（1.06）
AGE	−3.362***	−3.526***	−0.246	−0.241
	（−4.76）	（−4.66）	（−1.18）	（−1.15）
HI	−0.936	−0.868	0.715	0.772
	（−0.55）	（−0.49）	（0.71）	（0.76）
CRS	−1.151		−0.210	
	（−0.89）		（−0.31）	
VRS		−0.000 144		0.018 4
		（−0.00）		（0.02）
LDR	0.034 6	0.037 7	−0.012 6	−0.012 7
	（0.69）	（0.73）	（−0.50）	（−0.50）
SHA	0.086 4	0.083 4	0.055 4*	0.055 6*
	（0.94）	（0.89）	（1.91）	（1.94）
CONS	63.77***	64.65***	−0.557	−1.475
	（3.59）	（3.57）	（−0.05）	（−0.12）
Observations	72	72	144	144
R^2	0.825	0.821	0.172	0.171
Adjusted R^2	0.572	0.561	−0.172	−0.173

注：表格中括号内为 t 值；$*p < 0.1$，$** p < 0.05$，$*** p < 0.01$。

（四）表 5-7 敏感性结果分析

我国煤炭业上市公司股票报酬率对平衡计分卡指标回归结果：

依是否纳入中国 500 强分组（期间：2012—2017）EA08，RDDEN _L

	全体样本		有纳入 500 强		未纳入 500 强	
	（1）	（2）	（3）	（4）	（5）	（6）
BPS	0.042 1*	0.040 6*	0.012 5	0.006 55	0.053 7**	0.052 4*
	（1.87）	（1.81）	（0.28）	（0.15）	（2.02）	（1.98）
EA 08	−0.035 2	−0.034 6	0.188	0.176	−0.068 1	−0.067 2
	（−0.86）	（−0.85）	（1.61）	（1.52）	（−1.51）	（−1.49）
REVG	−0.000 329	−0.000 484	−0.000 116	−0.000 0942	−0.000 953	−0.001 23
	（−0.42）	（−0.61）	（−0.10）	（−0.08）	（−0.84）	（−1.07）
RDDEN _L	−4.405	−4.575	1.463	4.274	−4.146	−4.499
	（−1.10）	（−1.15）	（0.07）	（0.21）	（−1.01）	（−1.09）
AGE	0.057 5***	0.058 9***	0.102***	0.108***	0.050 7***	0.052 0***
	（3.82）	（3.90）	（3.11）	（3.27）	（2.86）	（2.92）
HI	0.110	0.098 9	−0.074 1	−0.155	0.156	0.153
	（1.10）	（0.99）	（−0.30）	（−0.61）	（1.40）	（1.38）
CRS	−0.093 3		−0.041 0		−0.127	
	（−1.17）		（−0.35）		（−1.16）	
VRS		−0.143		−0.150		−0.178
		（−1.45）		（−0.97）		（−1.30）
LDR	0.003 54	0.003 54	0.016 0**	0.015 4**	0.002 52	0.002 40
	（1.43）	（1.44）	（2.20）	（2.15）	（0.94）	（0.90）
SHA	−0.002 05	−0.001 58	−0.006 72	−0.007 15	−0.000 189	0.000 270
	（−0.80）	（−0.62）	（−1.22）	（−1.36）	（−0.06）	（0.08）
CONS	−2.505**	−2.336**	−0.816	0.163	−2.981**	−2.907**
	（−2.19）	（−2.02）	（−0.30）	（0.06）	（−2.27）	（−2.21）
Observations	210	210	63	63	147	147
R^2	0.143	0.147	0.295	0.308	0.139	0.142
Adjusted R^2	−0.072	−0.068	0.029	0.046	−0.093	−0.090

注：表格中括号内为 t 值；$*p < 0.1$，$** p < 0.05$，$*** p < 0.01$。

我国煤炭业上市公司股票报酬率对平衡计分卡指标回归结果：

依是否纳入中国 500 强分组（期间：2012—2017）EA12，RDDEN _L

	全体样本		有纳入 500 强		未纳入 500 强	
	（1）	（2）	（3）	（4）	（5）	（6）
BPS	0.040 7*	0.039 2*	0.020 0	0.013 6	0.050 9*	0.049 7*
	（1.84）	（1.78）	（0.45）	（0.31）	（1.95）	（1.91）
EA 12	−0.035 2	−0.034 6	0.188	0.176	−0.068 1	−0.067 2
	（−0.86）	（−0.85）	（1.61）	（1.52）	（−1.51）	（−1.49）
REVG	−0.000 329	−0.000 484	−0.000 116	−0.000 094 2	−0.000 953	−0.001 23
	（−0.42）	（−0.61）	（−0.10）	（−0.08）	（−0.84）	（−1.07）
RDDEN _L	−4.405	−4.575	1.463	4.274	−4.146	−4.499
	（−1.10）	（−1.15）	（0.07）	（0.21）	（−1.01）	（−1.09）
AGE	0.057 5***	0.058 9***	0.102***	0.108***	0.050 7***	0.052 0***
	（3.82）	（3.90）	（3.11）	（3.27）	（2.86）	（2.92）
HI	0.110	0.098 9	−0.074 1	−0.155	0.156	0.153
	（1.10）	（0.99）	（−0.30）	（−0.61）	（1.40）	（1.38）
CRS	−0.0933		−0.041 0		−0.127	
	（−1.17）		（−0.35）		（−1.16）	
VRS		−0.143		−0.150		−0.178
		（−1.45）		（−0.97）		（−1.30）
LDR	0.003 54	0.003 54	0.016 0**	0.015 4**	0.002 52	0.002 40
	（1.43）	（1.44）	（2.20）	（2.15）	（0.94）	（0.90）
SHA	−0.002 05	−0.001 58	−0.006 72	−0.007 15	−0.000 189	0.000 270
	（−0.80）	（−0.62）	（−1.22）	（−1.36）	（−0.06）	（0.08）
CONS	−2.505**	−2.336**	−0.816	0.163	−2.981**	−2.907**
	（−2.19）	（−2.02）	（−0.30）	（0.06）	（−2.27）	（−2.21）
Observations	210	210	63	63	147	147
R^2	0.143	0.147	0.295	0.308	0.139	0.142
Adjusted R^2	−0.072	−0.068	0.029	0.046	−0.093	−0.090

注：表格中括号内为 t 值；$*p < 0.1$，$** p < 0.05$，$*** p < 0.01$。

我国煤炭业上市公司股票报酬率对平衡计分卡指标回归结果：

依是否纳入中国 500 强分组（期间：2012—2017）EA，RDDEN _L

	全体样本		有纳入 500 强		未纳入 500 强	
	（1）	（2）	（3）	（4）	（5）	（6）
BPS	0.041 4*	0.039 9*	0.016 2	0.010 1	0.052 3**	0.051 1*
	（1.86）	（1.80）	（0.37）	（0.23）	（1.99）	（1.95）
EA	−0.035 2	−0.034 6	0.188	0.176	−0.068 1	−0.067 2
	（−0.86）	（−0.85）	（1.61）	（1.52）	（−1.51）	（−1.49）
REVG	−0.000 329	−0.000 484	−0.000 116	−0.000 094 2	−0.000 953	−0.001 23
	（−0.42）	（−0.61）	（−0.10）	（−0.08）	（−0.84）	（−1.07）
RDDEN _L	−4.405	−4.575	1.463	4.274	−4.146	−4.499
	（−1.10）	（−1.15）	（0.07）	（0.21）	（−1.01）	（−1.09）
AGE	0.057 5***	0.058 9***	0.102***	0.108***	0.050 7***	0.052 0***
	（3.82）	（3.90）	（3.11）	（3.27）	（2.86）	（2.92）
HI	0.110	0.098 9	−0.074 1	−0.155	0.156	0.153
	（1.10）	（0.99）	（−0.30）	（−0.61）	（1.40）	（1.38）
CRS	−0.093 3		−0.041 0		−0.127	
	（−1.17）		（−0.35）		（−1.16）	
VRS		−0.143		−0.150		−0.178
		（−1.45）		（−0.97）		（−1.30）
LDR	0.003 54	0.003 54	0.016 0**	0.015 4**	0.002 52	0.002 40
	（1.43）	（1.44）	（2.20）	（2.15）	（0.94）	（0.90）
SHA	−0.002 05	−0.001 58	−0.006 72	−0.007 15	−0.000 189	0.000 270
	（−0.80）	（−0.62）	（−1.22）	（−1.36）	（−0.06）	（0.08）
CONS	−2.505**	−2.336**	−0.816	0.163	−2.981**	−2.907**
	（−2.19）	（−2.02）	（−0.30）	（0.06）	（−2.27）	（−2.21）
Observations	210	210	63	63	147	147
R^2	0.143	0.147	0.295	0.308	0.139	0.142
Adjusted R^2	−0.072	−0.068	0.029	0.046	−0.093	−0.090

注：表格中括号内为 t 值；*$p < 0.1$，** $p < 0.05$，*** $p < 0.01$。

（五）表 5-8 敏感性分析结果

我国煤炭业上市公司股票报酬率对平衡计分卡指标回归结果：

依成立年数分分组（期间：2013—2017）EA08，RDDEN _L

	成立年数小于 17 年		成立年数大于 16 年	
	（1）	（2）	（3）	（4）
BPS	0.055 7	0.053 8	0.099 0**	0.091 8**
	（1.45）	（1.39）	（2.49）	（2.31）
EA 08	0.171	0.175	−0.092 1*	−0.091 7*
	（1.28）	（1.32）	（−1.76）	（−1.73）
REVG	0.000 196	−0.000 125	−0.000 926	−0.001 12
	（0.08）	（−0.05）	（−1.03）	（−1.23）
RDDEN _L	−4.383	−4.236	−1.932	−2.194
	（−0.53）	（−0.51）	（−0.33）	（−0.37）
AGE	0.113**	0.115**	0.0360*	0.0364*
	（2.34）	（2.38）	（1.80）	（1.79）
HI	−0.056 5	−0.063 1	0.191	0.219
	（−0.19）	（−0.22）	（1.38）	（1.58）
CRS	−0.0109		−0.258*	
	（−0.09）		（−1.78）	
VRS		−0.062 6		−0.192
		（−0.37）		（−1.26）
LDR	0.003 71	0.003 47	0.004 58	0.004 73
	（0.98）	（0.93）	（1.05）	（1.08）
SHA	−0.005 11	−0.004 94	0.000 847	0.001 16
	（−1.31）	（−1.27）	（0.19）	（0.26）
CONS	−1.251	−1.140	−3.260*	−3.589**
	（−0.42）	（−0.38）	（−1.94）	（−2.14）
Observations	87	87	123	123
R^2	0.221	0.223	0.146	0.131
Adjusted R^2	−0.241	−0.238	−0.211	−0.233

注：表格中括号内为 t 值；* $p < 0.1$，** $p < 0.05$，*** $p < 0.01$。

我国煤炭业上市公司股票报酬率对平衡计分卡指标回归结果：

依成立年数分组（期间：2013—2017）EA12, RDDEN _L

	成立年数小于 17 年		成立年数大于 16 年	
	（1）	（2）	（3）	（4）
BPS	0.062 5	0.060 8	0.095 3**	0.088 2**
	（1.56）	（1.52）	（2.45）	（2.27）
EA 12	0.171	0.175	−0.092 1*	−0.091 7*
	（1.28）	（1.32）	（−1.76）	（−1.73）
REVG	0.000 196	−0.000 125	−0.000 926	−0.001 12
	（0.08）	（−0.05）	（−1.03）	（−1.23）
RDDEN _L	−4.383	−4.236	−1.932	−2.194
	（−0.53）	（−0.51）	（−0.33）	（−0.37）
AGE	0.113**	0.115**	0.036 0*	0.036 4*
	（2.34）	（2.38）	（1.80）	（1.79）
HI	−0.056 5	−0.063 1	0.191	0.219
	（−0.19）	（−0.22）	（1.38）	（1.58）
CRS	−0.010 9		−0.258*	
	（−0.09）		（−1.78）	
VRS		−0.062 6		−0.192
		（−0.37）		（−1.26）
LDR	0.003 71	0.003 47	0.004 58	0.004 73
	（0.98）	（0.93）	（1.05）	（1.08）
SHA	−0.005 11	−0.004 94	0.000 847	0.001 16
	（−1.31）	（−1.27）	（0.19）	（0.26）
CONS	−1.251	−1.140	−3.260*	−3.589**
	（−0.42）	（−0.38）	（−1.94）	（−2.14）
Observations	87	87	123	123
R^2	0.221	0.223	0.146	0.131
Adjusted R^2	−0.241	−0.238	−0.211	−0.233

注：表格中括号内为 t 值；*$p < 0.1$，**$p < 0.05$，***$p < 0.01$。

我国煤炭业上市公司股票报酬率对平衡计分卡指标回归结果：

依成立年数分组（期间：2013—2017）EA，RDDEN _L

	成立年数小于 17 年		成立年数大于 16 年	
	（1）	（2）	（3）	（4）
BPS	0.059 1	0.057 3	0.097 1**	0.090 0**
	（1.51）	（1.46）	（2.47）	（2.29）
EA	0.171	0.175	−0.092 1*	−0.091 7*
	（1.28）	（1.32）	（−1.76）	（−1.73）
REVG	0.000 196	−0.000 125	−0.000 926	−0.001 12
	（0.08）	（−0.05）	（−1.03）	（−1.23）
RDDEN _L	−4.383	−4.236	−1.932	−2.194
	（−0.53）	（−0.51）	（−0.33）	（−0.37）
AGE	0.113**	0.115**	0.036 0*	0.036 4*
	（2.34）	（2.38）	（1.80）	（1.79）
HI	−0.056 5	−0.063 1	0.191	0.219
	（−0.19）	（−0.22）	（1.38）	（1.58）
CRS	−0.010 9		−0.258*	
	（−0.09）		（−1.78）	
VRS		−0.062 6		−0.192
		（−0.37）		（−1.26）
LDR	0.003 71	0.003 47	0.004 58	0.004 73
	（0.98）	（0.93）	（1.05）	（1.08）
SHA	−0.005 11	−0.004 94	0.000 847	0.001 16
	（−1.31）	（−1.27）	（0.19）	（0.26）
CONS	−1.251	−1.140	−3.260*	−3.589**
	（−0.42）	（−0.38）	（−1.94）	（−2.14）
Observations	87	87	123	123
R^2	0.221	0.223	0.146	0.131
Adjusted R^2	−0.241	−0.238	−0.211	−0.233

注：表格中括号内为 t 值；$*p < 0.1$，$** p < 0.05$，$*** p < 0.01$。

（六）表5-9敏感性分析结果

我国煤炭业上市公司股票报酬率对平衡计分卡指标回归结果：

依年度分组（期间：2012—2017）EA08，RDDEN _L

	2012—2014		2015—2017	
	（1）	（2）	（3）	（4）
BPS	0.089 7***	0.088 9***	0.114***	0.110***
	（3.37）	（3.10）	（2.96）	（2.86）
EA 08	0.167**	0.178**	−0.0310	−0.027 4
	（2.28）	（2.40）	（−0.65）	（−0.57）
REVG	−0.000 210	−0.000 320	0.002 72**	0.002 42*
	（−0.27）	（−0.40）	（2.10）	（1.87）
RDDEN _L	0.561	0.828	−6.487	−6.985
	（0.12）	（0.17）	（−1.44）	（−1.54）
AGE	−0.185***	−0.195***	−0.097 0***	−0.096 1***
	（−3.95）	（−3.88）	（−3.00）	（−2.96）
HI	−0.104	−0.103	0.386**	0.387**
	（−0.94）	（−0.89）	（2.48）	（2.48）
CRS	−0.096 5		−0.176*	
	（−1.12）		（−1.69）	
VRS		−0.016 6		−0.199
		（−0.16）		（−1.49）
LDR	0.001 85	0.002 02	0.001 38	0.001 02
	（0.58）	（0.61）	（0.35）	（0.26）
SHA	−0.006 92	−0.007 15	−0.000 343	0.000 744
	（−1.18）	（−1.20）	（−0.08）	（0.17）
CONS	3.435***	3.541***	−3.186*	−3.148
	（3.02）	（3.02）	（−1.69）	（−1.65）
Observations	68	68	142	142
R^2	0.776	0.765	0.204	0.199
Adjusted R^2	0.443	0.417	−0.133	−0.140

注：表格中括号内为 t 值；* $p < 0.1$，** $p < 0.05$，*** $p < 0.01$。

我国煤炭业上市公司股票报酬率对平衡计分卡指标回归结果：

依年度分组（期间：2012—2017）EA12，RDDEN _L

	2012—2014		2015—2017	
	（1）	（2）	（3）	（4）
BPS	0.096 4***	0.096 0***	0.112***	0.109***
	（3.62）	（3.34）	（2.98）	（2.89）
EA 12	0.167**	0.178**	−0.031 0	−0.027 4
	（2.28）	（2.40）	（−0.65）	（−0.57）
REVG	−0.000 210	−0.000 320	0.002 72**	0.002 42*
	（−0.27）	（−0.40）	（2.10）	（1.87）
RDDEN _L	0.561	0.828	−6.487	−6.985
	（0.12）	（0.17）	（−1.44）	（−1.54）
AGE	−0.185***	−0.195***	−0.097 0***	−0.096 1***
	（−3.95）	（−3.88）	（−3.00）	（−2.96）
HI	−0.104	−0.103	0.386**	0.387**
	（−0.94）	（−0.89）	（2.48）	（2.48）
CRS	−0.096 5		−0.176*	
	（−1.12）		（−1.69）	
CRS		−0.016 6		−0.199
		（−0.16）		（−1.49）
LDR	0.001 85	0.002 02	0.001 38	0.001 02
	（0.58）	（0.61）	（0.35）	（0.26）
SHA	−0.006 92	−0.007 15	−0.000 343	0.000 744
	（−1.18）	（−1.20）	（−0.08）	（0.17）
CONS	3.435***	3.541***	−3.186*	−3.148
	（3.02）	（3.02）	（−1.69）	（−1.65）
Observations	68	68	142	142
R^2	0.776	0.765	0.204	0.199
Adjusted R^2	0.443	0.417	−0.133	−0.140

注：表格中括号内为 t 值；$*p < 0.1$，$** p < 0.05$，$*** p < 0.01$。

我国煤炭业上市公司股票报酬率对平衡计分卡指标回归结果：

依年度分组（期间：2012—2017）EA，RDDEN_L

	2012—2014		2015—2017	
	（1）	（2）	（3）	（4）
BPS	0.093 0***	0.092 5***	0.113***	0.110***
	（3.50）	（3.22）	（2.97）	（2.88）
EA	0.167**	0.178**	−0.031 0	−0.027 4
	（2.28）	（2.40）	（−0.65）	（−0.57）
REVG	−0.000 210	−0.000 320	0.002 72**	0.002 42*
	（−0.27）	（−0.40）	（2.10）	（1.87）
RDDEN_L	0.561	0.828	−6.487	−6.985
	（0.12）	（0.17）	（−1.44）	（−1.54）
AGE	−0.185***	−0.195***	−0.0970***	−0.0961***
	（−3.95）	（−3.88）	（−3.00）	（−2.96）
HI	−0.104	−0.103	0.386**	0.387**
	（−0.94）	（−0.89）	（2.48）	（2.48）
CRS	−0.0965		−0.176*	
	（−1.12）		（−1.69）	
VRS		−0.016 6		−0.199
		（−0.16）		（−1.49）
LDR	0.001 85	0.002 02	0.001 38	0.001 02
	（0.58）	（0.61）	（0.35）	（0.26）
SHA	−0.006 92	−0.007 15	−0.000 343	0.000 744
	（−1.18）	（−1.20）	（−0.08）	（0.17）
CONS	3.435***	3.541***	−3.186*	−3.148
	（3.02）	（3.02）	（−1.69）	（−1.65）
Observations	68	68	142	142
R^2	0.776	0.765	0.204	0.199
Adjusted R^2	0.443	0.417	−0.133	−0.140

注：表格中括号内为 t 值；*$p < 0.1$，** $p < 0.05$，*** $p < 0.01$。

博士在读期间的主要研究成果

一、攻读博士期间发表的文章

[1] 张学慧，长青，张宇佳．政府补助与租税奖励对企业经营绩效的影响——基于大陆与台湾地区 LED 产业的比较［J］.财经问题研究，2016（08）．

[2] 张玉娟，张学慧（通讯作者），长青，汤湘希．股权结构、高管激励对企业创新的影响机理及实证研究——基于 A 股上市公司的经验数据［J］.科学管理研究，2018（04）．

[3]戴玉慧，张学慧.基于供应链视角的制造企业物流成本核算与控制[J].山西财经大学学报，2017（11）．

[4] 严丽娜，吴琦宇，张学慧．创新驱动发展战略下高校科研项目经费监管研究［J］.财政监督，2018（11）．（2018 年 12 月被人大复印资料转载）

[5]张学慧，彭剑巍.企业社会责任水平、研发投入对资本结构的影响——基于我国中小板上市企业的实证分析［J］.会计之友，2019（07）．

二、攻读博士期间参加的会议

1. 2015 年第十一届全国无形资产理论与实务研讨会（2015.10，首都经贸大学）。

2. 2016 年中国会计学会年会（2016.07，重庆工商大学）。

3. 2016 年会计理论与实务国际研讨会（2016.11，云林科技大学）。

4. 2016 年新世代会计发展学术研讨会（2016.11，彰化师范大学）。

5. 2017 年第十二届全国无形资产理论与实务研讨会（2017.08，贵州财经大学）。

6. 2018 年内蒙古煤炭生产消费总量控制与建设现代化能源体系研讨会（2018.10，内蒙古大学）。

三、攻读博士期间主持课题

1. 主持（纵向）：内蒙古软科学基金项目：内蒙古煤炭企业的战略绩效评价研究。批号：2060402，项目期间（201601-201806），已结题。

2. 主持（横向）：神东煤炭集团精益化财务管理，项目期间（201507-201606），已结题。

3. 主持（横向）：神东煤炭集团的价值创造"之谜"解析——与永续精益管控评价体系的构建，项目期间（201603-201706），已结题。